AF252355

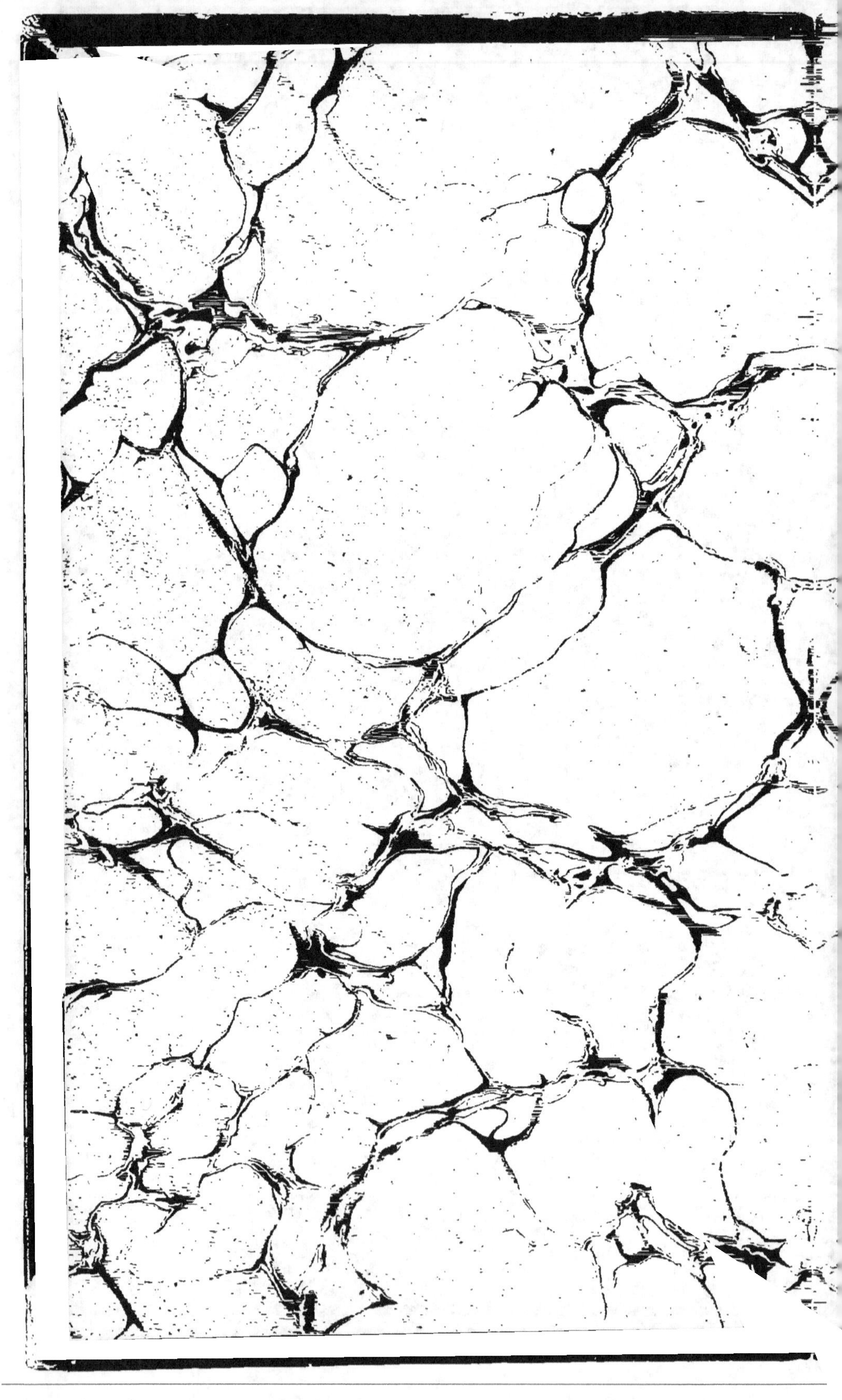

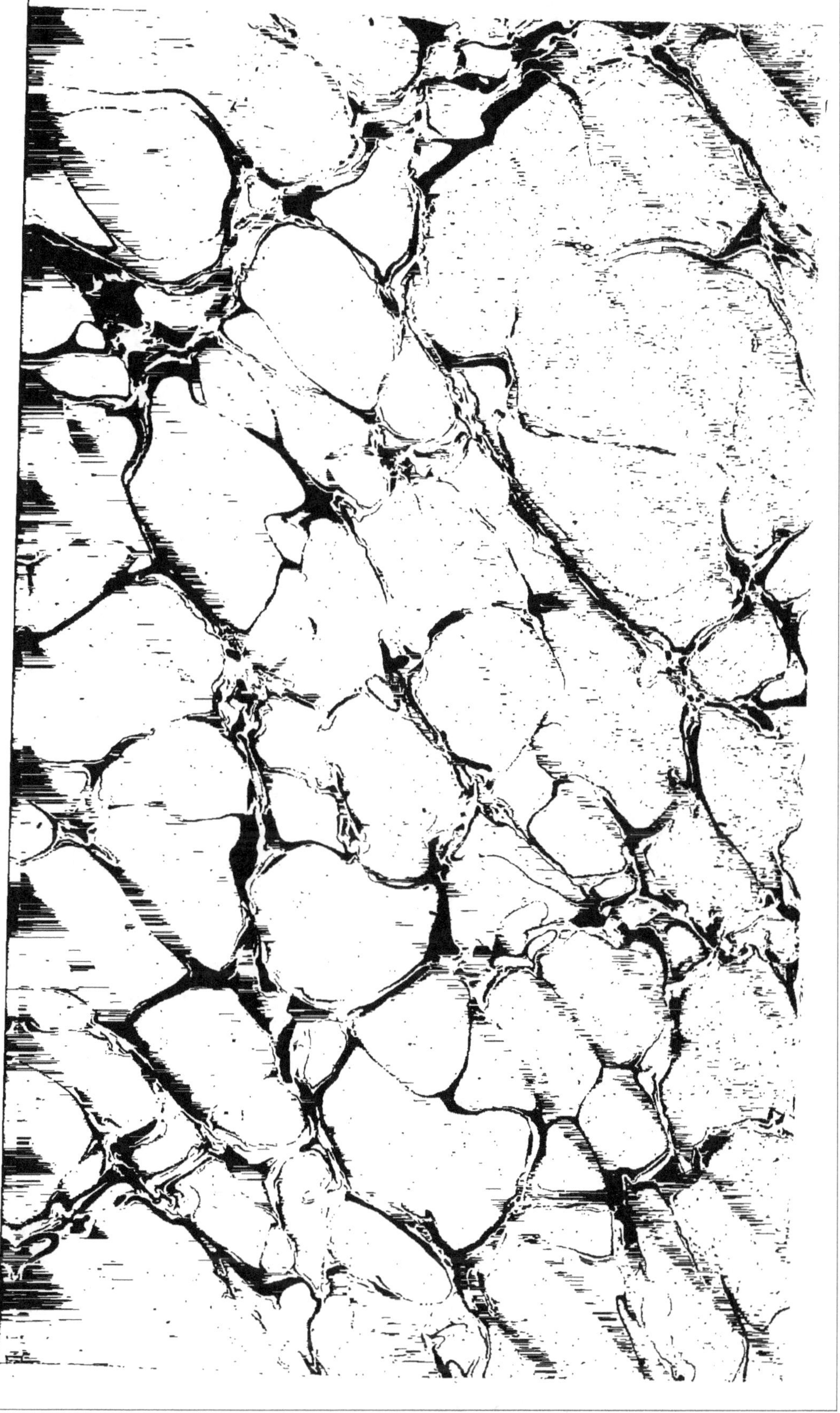

L'ANGLAIS A PARIS

CLICHY. — Imp. de MAURICE LOIGNON et Cie, rue du Bac-d'Asnières, 12.

L'ANGLAIS A PARIS

HISTOIRE HUMORISTIQUE

DE SON INTRODUCTION

DANS

NOTRE LANGUE ET DANS NOS MŒURS

PAR

AURÈLE KERVIGAN

PARIS

E. DENTU, ÉDITEUR

LIBRAIRE DE LA SOCIÉTÉ DES GENS DE LETTRES

PALAIS-ROYAL, 17 ET 19, GALERIE D'ORLÉANS

—

1865

Tous droits réservés

PRÉFACE

—

J'ai réuni dans ce livre les six cents mots et locutions que nous avons pris à la langue anglaise et qui se trouvaient épars et comme errants dans notre langue. Dans tous les sujets de conversation et d'étude, politique, finances, marine, commerce, industrie, chemins de fer, journaux, romans, modes, salons, table et jeux divers, ces mots, qui se rencontraient comme par hasard et d'une façon interlope, prennent aujourd'hui leur droit de cité. En s'en servant, on en saura désormais, et d'une manière exacte, la signification, l'étymologie, la prononciation.

Par la variété des mots qu'il contient, ce livre est utile à toutes les classes de lecteurs.

En lui donnant l'utilité d'un dictionnaire, il fallait lui en éviter la roideur et la sécheresse. C'est ce que j'ai tenté. Avec quel succès ? le lecteur en jugera. A plusieurs chapitres j'ai essayé de donner la forme, le mouvement, la couleur d'un récit. Dans d'autres, les mots sont encadrés dans une anecdote, un fait historique peu connu, une institution curieuse, un trait de mœurs singulier, une critique de la société anglaise et quelquefois de la société française. De là une diversité de tableaux d'un intérêt égal peut-être à celui du fond même de l'ouvrage.

Mon sujet appartenant à la patrie de l'*humour*, j'y ai introduit des anecdotes *humouristiques* qui pourront paraître quelque peu étranges au lecteur français qui n'a point visité la société britannique. Telles sont les anecdotes de l'*Alderman*, du *Ranter*, du *Chemist* et quelques autres, qui ne sont que des tableaux de mœurs légèrement teintés d'humour.

Je n'aurais point osé entreprendre un tel livre, si un long séjour en Angleterre et des études spéciales ne m'eussent appris la langue, l'histoire et les usages de ce pays, presque en toutes choses différents des nôtres.

L'ANGLAIS A PARIS

CHAPITRE PREMIER

DE LA TABLE

En Angleterre, les grandes maisons où l'on aime le luxe de la table ont toutes un cuisinier français. Des émoluments de douze et quinze mille francs attestent le talent de ces artistes culinaires. Cela prouve aussi le bon goût des Anglais, qui date de loin, en cette importante matière. Le roi Jacques Ier avait pour le service de sa bouche *sixty French cocks,* soixante cuisiniers français.

Moins riches et plus sages, c'est le *comfort* (et non *confort*), c'est-à-dire le solide de la cuisine anglaise, que depuis quelques années nous adoptons en France. Comfort économique, favorable à la santé, et dont le bœuf et le mouton sont les bases succulentes et fortifiantes.

Les tavernes anglaises et *dining-rooms* « restaurants, » de la rue de Rivoli, du quartier de la Madeleine et des Champs-Elysées, voient chaque jour s'accroître la foule de leurs *customers* « pratiques » qui, pour un prix modéré, donnent satisfaction au plus robuste appétit. Après y être allés par curiosité, les Parisiens y retournent par économie.

Les Anglais y vont pour retrouver les *breakfasts* « déjeuners, » les *dinners* « dîners » et les *suppers* « soupers » de la patrie absente. C'est du patriotisme britannique et du meilleur.

Voulez-vous connaître le rang et la fortune de ces insulaires à face rubiconde et que la nature a doués d'un perpétuel appétit? Examinez de quoi se compose le menu de leur dîner; c'est là une des mille distinctions de classe chez ce peuple essentiellement aristocratique. On peut appliquer ce proverbe à un Anglais quelconque : « Dis-moi ce que tu manges, je te dirai qui tu es. »

Le lord ou le riche *gentleman* demande *the bill of fare,* « la carte des mets, » que lui apporte *the waiter,* « le garçon, » ou *the waitress,* « la fille. » Après avoir parcouru d'un coup d'œil cette carte britannique, qui n'est jamais bien longue, l'important personnage, noble ou millionnaire, *noble man* ou *wealthy man*, se fait servir :

A turtle soup, une soupe à la tortue, ce qui est le *nec plus ultra* de la cuisine anglaise ;

A cod-fish, une tranche de morue fraîche ;

A rump-steak, une tranche de filet de bœuf grillée. La tranche de bœuf rôtie, *sirloin*, devrait avoir sa place dans l'Annuaire de la noblesse anglaise, dont elle est un membre distingué et excellent. *Sir* est le titre des baronnets anglais, et ce titre a été dûment octroyé à ce morceau du bœuf qu'on appelle la longe, *loin*, par un roi d'Angleterre, Charles Ier. Ce monarque, qui finit si tristement sa joyeuse vie, dînait un jour chez un des seigneurs de sa cour, qui tint à honneur de le traiter royalement. Parmi les plats délicieux qui couvraient la table, le roi distingua surtout une longe de bœuf rôtie, et la trouva si excellente, qu'il résolut de lui donner sur-le-champ un témoignage éclatant de sa royale satisfaction. Il tira son épée, en frappa le morceau de bœuf, lui donna l'accolade, en disant à haute voix : « Je te fais chevalier, *sir loin* ; » nom et dignité qui, jusqu'à ce jour, se sont fidèlement et sans tache conservés dans la famille du... bœuf rôti.

A roasted chicken, un poulet rôti ;

Veal cutlets, des côtelettes de veau ;

Mutton chops, des côtelettes de mouton.

1.

Les légumes ordinaires sont :

The Brussels sprouts, le choux de Bruxelles ;

Smashed turnips, une purée de navets ;

Greens, des choux verts bouillis ;

Son dessert se composera de :

Plumpudding, gâteau compliqué où dominent la graisse de bœuf, la mie de pain et le raisin de Corinthe ;

Jam-tart, une tarte aux confitures, ou bien d'un *rhu-barb-pie*, une tarte à la rhubarbe ;

Cracknels, petits biscuits sucrés ;

Queen's cakes, des gâteaux à la reine.

La meilleure de ces friandises est sans contredit le *plumpudding*, dont voici l'histoire et l'origine :

Philippe II d'Espagne, dans un voyage qu'il fit en Angleterre, y mena son pâtissier en chef, nommé Balthasar Sanchez, qui, le premier, révéla aux Anglais l'art de la pâtisserie. Ses produits délicieux, et jusqu'alors inconnus, furent tellement goûtés que Balthasar fit une fortune colossale, surtout par la vente du *plumpudding*. Le peuple assiégeait sa boutique, et les grands lui adressaient des commandes de toutes les parties du royaume.

L'artiste espagnol obtint de Philippe la permission de rester dans un pays où son art était si bien goûté. Il se fit protestant, et mourut en 1602, au village de Tottenham, à quatre milles de Londres.

Dans ce village subsiste encore un hospice pour les vieillards infirmes, fondé par le bon pàtissier espagnol, inventeur du *plumpudding*.

Le *plumpudding* est tellement un mets national, qu'à *Noël, Christmas*, qui est la plus grande fête religieuse des Anglais, les plus pauvres gens mettent en gage leurs effets et se privent de toute autre chose pour manger ce gâteau fameux. Pendant la guerre de Crimée, les dames anglaises envoyèrent du *plumpudding* aux soldats, à l'époque de Noël, pour qu'au milieu de tant de privations, ils n'eussent pas du moins à souffrir de celle-là, qui eût été la plus vivement sentie.

Une autre coutume des fêtes de Noël, c'est de suspendre au plafond du *parlour*, petit salon de famille, une branche de gui, *mistletoe*, avec ses feuilles et ses fruits; toute femme ou jeune fille qui passe sous cette branche doit se laisser embrasser par l'homme qui se trouve en ce moment le plus près d'elle. Les belles Anglaises évitent-elles avec le plus grand soin le voisinage du rameau fatal? Les opinions ne sont pas unanimes sur cette grave question.

A la Saint-Michel, un autre plat traditionnel orne les tables du peuple et de la petite bourgeoisie. C'est l'oie rôtie, *roasted goose*, farcie avec des oignons et de la sauge, assaisonnement aromatique qui n'est pas désagréable. Il y a trois cents ans, la reine Élisabeth dînait d'une oie ainsi préparée, quand on lui annonça la nouvelle d'une grande victoire. Il n'en fallut pas davantage à ce loyal peuple pour adopter une coutume patriotique et nourrissante qui dure encore. Les lords de naissance et de finance ont substitué depuis longtemps à l'oie, vulgaire volatile, la dinde, *turkey*, oiseau étranger et orgueilleux comme le paon auquel il croit ressembler parce qu'il fait la roue.

Ce trait, comme cent autres de l'histoire d'Angleterre, démontre que la royauté est loin de trouver dans le cœur de la noblesse le même attachement que dans le cœur du peuple. C'est que la royauté est pour ce dernier une protection, et pour l'autre, une *rivale*.

Ce bon dîner anglais se terminera par une friandise toute française : *a cup of coffee*, une tasse de café; *and a glass of brandy* et un verre d'eau-de-vie.

Quant aux vins et aux bières de son pays (dont la nomenclature sera donnée ailleurs), le riche Anglais leur préfère, pendant qu'il est en France, le *claret*, bordeaux, le *burgundy*, bourgogne, et le champagne, qu'il prononce *tchammpéne*.

Cette préférence fait honneur à son goût.

Si le pain, *bread*, et l'eau, *water*, ne figurent point dans le dîner dont nous venons de donner la carte, ce n'est pas qu'ils en soient absolument exclus; mais ils y tiennent si peu de place, que ce n'est pas la peine d'en parler.

Le petit bourgeois, *the independent gentleman*, et le petit marchand, *small tradesman*, demandent :

A beefsteak (et non *bifteck*), qui est beaucoup moins succulent que le *rumpsteak*, ce dernier étant pris dans le filet, l'autre dans une partie quelconque du bœuf.

A piece of boiled veal and ham, un morceau de veau bouilli et du jambon.

Deux onces de pain et *three or four large potatoes*, trois ou quatre grosses pommes de terre. Elles sont *steamed*, cuites à la vapeur, ce qui leur donne un goût exquis et cette blancheur farineuse et diamantée que n'ont jamais les pommes de terre cuites à l'eau.

Pour dessert il demande :

An apple-tart, une tarte aux pommes, ou *a rice-pudding*, un *pudding* au riz ; *a piece of Chester cheese*, un morceau de fromage de Chester.

Le tout est arrosé d'un grand verre de *grog* au *rhum*, qui ne ressemble que par la couleur à notre délicieux punch français.

L'ouvrier, *workman*, le cocher, *coachman*, le laquais, *groom*, dînent avec : *A piece of boiled beef, or boiled mutton*, un morceau de bœuf ou de mouton bouilli ;

Cinq ou six grosses pommes de terre ;

Ou des pois, *beans ;*

A piece of Gloucester cheese, un morceau de fromage de Gloucester.

A bread and butter pudding, un *pudding* au pain et au beurre.

Le meilleur digestif qui soit pour lui au monde c'est un verre de *gin*, eau de genièvre, verre aussi grand que sa bourse lui permet de le prendre.

Pour assaisonner ce dîner frugal et peu dispendieux, l'humble mangeur le saupoudre d'une énorme quantité de poivre, *pepper*, de sel, *salt*, et mange la moutarde, *mustard*, à cuillerées.

Les couteaux, *knives*, les fourchettes, *forks*, les cuillers, *spoons*, les salières, *salt-box*, les poivrières, *pepper-box*, les moutardiers, *mustard-pot*, sont d'argent, argentés ou d'étain, selon le rang et l'importance du *mangeur*.

Même observation pour la finesse et la blancheur des nappes, *table-cloth*, et des serviettes, *towels*.

Ami lecteur, qui vous servez de votre fourchette avec la main droite, remarquez que les Anglais qui mangent là, près de vous, tiennent leur fourchette de la main gauche quand ils mangent de la viande, *meat*, et de la main droite en mangeant du poisson, *fish*. C'est une règle de l'étiquette britannique : faute de l'avoir connue ou observée, bien des Français ont passé en Angleterre pour de petites gens et n'ont pas reçu une seconde invitation à dîner. Un autre crime de lèse-belles manières, un oubli impardonnable du bon ton, c'est de verser son thé, *tea*, ou son café dans la soucoupe, *saucer*, pour le refroidir et le boire. C'est dans la tasse, *cup*, qu'il faut humer ces deux liquides toniques et exhilarants; un *fashionable* usage le commande impérieusement. Brûlez-vous, s'il le faut, mais ne brûlez pas la politesse anglaise en buvant dans la soucoupe.

Le dîner étant le repas le plus important, nous l'avons placé le premier, au lieu de suivre l'ordre ordinaire. Voici le déjeuner anglais, qui est fort simple :

Thé ou café, *a slice of cold meat*, « une tranche de viande froide, » bœuf ou mouton ; *two boiled eggs*, « deux œufs à la coque ; » *some toasts*, « quelques tranches de pain rôties, » *with butter*, « avec du beurre. »

Souvent on mange cette viande froide avec des conserves au vinaigre, *pickles*.

La collation, *lunch*, se fait entre onze heures et midi, et se compose de *sandwiches*, tranches minces de pain entre lesquelles sont des tranches de bœuf ou de jambon, souvent les deux ensemble ;

White celery, du céleri blanc, dont on ne mange que les tiges ; *Stilton cheese*, du fromage de Stilton, persillé comme notre roquefort, et qui, pour être excellent, selon le goût d'une foule d'Anglais et d'Anglaises, doit avoir une quantité raisonnable de *maggots*. Vous traduirai-je littéralement, lecteur, ce petit mot bizarre : *maggots?*..... Oui, car vous ne voulez rien ignorer de ce qui concerne nos amis et voisins d'outre-Manche. Eh bien, les *maggots* ce sont des... j'hésite encore, ce sont des vers. Oui, des petits vers jaunâtres fourmillent dans le fromage de Stilton; et ils sont succulents (à ce qu'il paraît), car je vous jure que je n'en ai pas goûté; mais j'ai vu mainte fois de beaux *gentlemen*, de nobles et charmantes ladies manger ces vers à la cuillerée avec le *stilton* qui leur donna naissance. Disons, pour être juste, que pour manger cette friandise, on ne se sert que de petites cuillers à café. La sensation que me faisait éprouver cette chatterie britannique, je la laisse à deviner.

La publicité donnée ici à ce fait aussi peu connu qu'authentique, est un service rendu à la patrie, et qui me vaudra, j'ose l'espérer, la reconnaissance de mes concitoyens. Je viens de mettre en leurs mains une arme puissante pour combattre et vaincre les Anglais sur un terrain brûlant. De toutes les humiliations que nous ont fait subir ces fiers et puissants insulaires, celle d'être appelés par eux mangeurs de grenouilles, *frog eaters*, n'était pas la moindre, à leurs yeux, car la grenouille est en abomination aux Anglais comme le porc aux musulmans.

Quand donc ils vous lanceront désormais cette redoutable épithète : *Frog eaters !* ripostez, ô mes compatriotes ! par celle de : *Maggots eaters !* « mangeurs de vers, » et de votre côté restera la victoire ; j'en atteste le bon goût de toutes les nations.

La cuisine anglaise est peu variée ; le souper, *supper*, à peu de chose près ressemble au dîner. On y ajoute quelquefois *a stew*, un ragoût de mouton ;

Mince-pies, des pâtés d'émincé ;

A welsh rabbit (littéralement : un lapin du pays de Galles), et qui n'est autre chose que du fromage fondu et étendu comme du beurre sur le pain. Quoique insolite, c'est un manger agréable.

Aux enfants que l'on mène en promenade on achète des *buns*, sorte d'échaudés, et des *sweet-meats*, sucreries de divers genres qui, avec les gâteaux divers dont nous avons parlé, se débitent en abondance à Paris chez les pâtissiers anglais et même français, *pastry-cooks*.

CHAPITRE II

DE L'INFLUENCE DE LA TABLE SUR LES INSTITUTIONS ANGLAISES

On ne se fait pas une idée, disait Goldsmith, du nombre incalculable de bœufs, de moutons, d'oies, de canards, de poulets et de dindons qui, à l'époque de nos élections générales, meurent pour le bien de la patrie. Le tour « *humoristique* » de cette phrase du charmant auteur du *Vicaire de Wakefield* ne doit pas faire douter du fait qu'elle constate.

De tout temps les Anglais ont été grands mangeurs. En 1575, la reine Élisabeth alla visiter à son château de Cowdry, à Gorhambury, comté de Herts, sir Nicolas Bacon, chancelier d'Angleterre, et père du célèbre philosophe François Bacon, qui fut aussi chancelier. La royale visite dura cinq jours, du samedi 18 mai au mercredi suivant, et ce qu'elle coûta à sir Nicolas peut être évalué, d'après le détail du menu dressé par lui-même. « Sa Majesté, dit-il, a daigné passer plusieurs jours dans ma maison, et la proportion, pour chaque déjeuner, était de trois bœufs et cent quarante oies. On mangea, en outre, pendant ces cinq journées, trois cerfs et quinze chevreuils; plus une grande quantité de gibier, tels que hérons, butors, barges, pluviers, souchets, courlieux, au nombre de plusieurs centaines de têtes. La dépense en vins, bières, pâtisseries et autres objets de table, s'est élevée à 577 livres sterling 6 schellings, 7 pence et demi. » Cette somme représente aujourd'hui environ cent mille francs. Quatre ou cinq visites pareilles dans le cours d'une année eussent suffi pour ruiner le plus riche et le plus loyal sujet.

Ce fut en cette occasion qu'Élisabeth, qui savait être aimable quand elle le voulait, dit à sir Nicolas que sa maison était bien petite pour un homme tel que lui. A quoi le chancelier répondit : « Non, madame, c'est Votre Majesté qui m'a fait trop grand pour ma maison. » Se tournant ensuite vers François Bacon, le futur restaurateur des sciences, qui était alors un jeune garçon de douze à quinze ans, la reine lui demanda quel âge il avait : « Deux ans de moins que l'heureux règne de Votre Majesté, » répondit le courtisan précoce, qui devint garde des sceaux.

Aujourd'hui, comme il y a trois siècles, les repas homériques attestent à la fois la loyauté des Anglais pour leurs souverains et leur amour pour la liberté.

Pour se mettre en belle humeur et se donner les forces nécessaires dans une grande lutte civique, électeurs et candidats mangent avec un dévouement digne des Curtius et des Mucius Scœvola. Comme toute lutte, celle-ci implique deux partis antagonistes qui s'appellent ici, l'un *whig*, l'autre *tory*. (Nous dirons ailleurs l'origine et l'étymologie très-peu connues de ces deux mots, ainsi que leur prononciation.) Mais elle ne met en péril ni la sécurité du trône, ni la stabilité des institutions, du moins en ce qu'elles ont de bon, parce que les adversaires sont dans les dispositions pacifiques des gens qui ont bien déjeuné avant de se rendre sur le champ de bataille. Ils n'ont qu'un pas à faire de la salle à manger aux *hustings, lieu où s'assemble le collége électoral;* et le *poll, élection,* est suivi d'un *lunch, collation* copieuse, où chacun se rend à la hâte pour récomforter un estomac qu'ont creusé les cris et le tumulte des *hustings.* La bonne chère, ennemie des discordes politiques ou privées, joue, après comme avant le combat, son rôle conciliateur. Chez les vainqueurs elle tempère l'orgueil du succès, chez les vaincus, l'amertume de la défaite. Aussi les haines de partis ne couvent point sourdement dans les larges poitrines de ces heureux citoyens à figures épanouies et rubicondes. *Poh! poh!* « Bah! bah ! » disent les torys défaits, en retournant chez eux; nous prendrons dans sept ans notre revanche sur ces damnés whigs. Et s'ils font bien les affaires du pays, nous leur donnerons même un coup d'épaule en attendant. Mais avant tout, qu'ils veillent avec soin à la régularité et à l'abondance des approvisionnements de bouche!

Les élections générales sont pour le pays tout entier une époque de réjouissance publique. Dans les hôtels, sous les toits domestiques, les foyers flambent, les broches tournent, les rôtis succulents fument et se dorent, les pots d'étain, remplis de cette bière noire et écumante appelée *porter*, circulent de main en main autour des tables d'acajou polies comme des miroirs. Là, accoudés dans un enviable bien-être, les électeurs discutent en même temps les mérites des candidats rivaux et ceux du *porter* et du jambon fournis par les tavernes du voisinage qui, en se faisant une vive concurrence, ont peine à satisfaire aux demandes de leurs nombreuses pratiques. Loin d'être alors inquiet et paralysé comme à l'approche de quelque événement subversif, le commerce, en ces jours de trémoussement national, prend une vigueur nouvelle, surtout le commerce des boissons et des comestibles. L'argent circule avec la joie chez les *shopkeepers*, *boutiquiers*, comme chez leurs pratiques, *customers*; joie accrue par l'espérance

2.

que le futur parlement fera plus et mieux que le dernier pour que le bien-être de la nation et l'abondance des vivres s'obtiennent à meilleur marché.

De même que les questions d'intérêt public, tout projet privé, toute entreprise particulière, grande ou petite, est, chez les Anglais, précédée d'un bon repas. A cette coutume hospitalière est due en grande partie le succès de la chose proposée.

La fondation d'un hôpital, d'un orphelinat, d'un asile pour les malheureux qui meurent de faim, se discute au milieu d'un festin splendide. Voilà pourquoi elle est votée à l'unanimité par les souscripteurs qu'une bonne action et un plaisir solide ont réunis de corps et d'esprit dans une même bonne pensée et un même bon dîner. Le sourire du contentement s'épanouit sur tous les visages, au fond de tous les cœurs parlent en même temps la satisfaction du bien-être actuel et la compassion pour les infortunés qui manquent des bonnes choses dont on vient de jouir si plantureusement. C'est en ce moment que le riche est véritablement pour le pauvre le ministre débonnaire de la Providence. Les bourses s'ouvrent avec les âmes, l'or et les sentiments de charité en découlent à la fois libéralement ; la liste de souscription se trouve remplie, et dans quelque temps la mappemonde des misères humaines sera rétrécie d'un espace, hélas ! infinitésimal, mais c'est toujours cela de moins. Aux spectacles, aux bals, aux concerts de bienfaisance, le riche donne aussi son or; mais, en de telles occasions, cet or est plus le don de la main que celui du cœur.

Le côté matériel de ces mœurs anglaises souvent frappe seul et scandalise les étrangers qui ne voient que les surfaces d'un peuple; mais le côté moral n'échappe point à quiconque a vécu longtemps dans ce pays. Et l'on peut affirmer que la stabilité de ses institutions sociales et politiques, malgré de grands et nombreux abus, est due, dans une grande mesure, à ce que les Anglais appellent *a merry conviviality, une joyeuse convivialité.* Ce terme a un sens bien plus large que ceux de commensalité et de sociabilité. Il implique les idées de joyeux repas, de convives réunis par une communauté harmonieuse de projets, de sentiments, de gaieté franche, poursuivant un but utile; l'unité dans la *pluralité* et l'accord dans la *liberté,* deux des plus belles et des plus rares choses de ce monde.

Voyez le parlement anglais, *the English Parliament,* les discussions y sont rarement brillantes, mais toujours solides. Il y a souvent antagonisme sur les moyens, presque jamais sur le but, s'il est utile et patriotique. Les fautes du gouvernement sont vigoureusement attaquées; le gouvernement lui-même est respecté et stable comme un roc.

Les débats y sont de bonne humeur, parce qu'ils suivent de près le dîner des *lords* et des *commoners, membres de la Chambre des communes.* Le travail de la digestion n'ôte-t-il rien, direz-vous, à la lucidité des esprits? Non; il laisse le jugement sobre et apte à l'appréciation des questions graves, tout en modérant peut-être les écarts de l'imagination qui se lancerait dans l'utopie, si les orateurs étaient à jeun.

Les séances commencent entre sept et huit heures du soir et se prolongent jusqu'à trois et quatre heures du matin. Aussi, à la fin de chaque séance, les représentants de la nation, si dévoués qu'ils soient à ses intérêts, ne sont point insensibles au plaisir d'aller dormir jusqu'à onze heures ou midi, heure à laquelle ils ne quittent leur lit que pour se mettre à table.

Un instant de réflexion sur la nature mixte de l'homme, matière et intelligence, fait admirer la sagesse profonde et pratique de nos voisins. Le temps choisi par eux, entre le dîner et le coucher, pour s'occuper des affaires publiques est excellemment propre à cette tâche patriotique. Sous l'influence de ces deux grands bien-être de la vie, le manger et le dormir, le parlement anglais a un caractère que ne présente la législature d'aucun autre pays. Discussion calme, sans être froide; dignité patiente et courtoise dans le choc des opinions; liberté complète à chacun de développer et de défendre la sienne, si contraire qu'elle soit à celle de tous ; dédain profond pour l'abstraction et l'utopie, ce qui laisse une aptitude admirable pour les choses pratiques, les améliorations possibles et opportunes. L'intelligence de ces hommes à figures reposées semble faite de deux éléments : le solide et l'utile. Le génie des révolutions, si éloquent qu'il fût, n'aurait nulle chance d'être écouté dans une telle réunion. Ceux qui la composent connaissent trop bien ce proverbe de leur pays : *A bird in the hand is worth two in the bush,* « un oiseau dans la main en vaut deux dans la haie. » Pas plus pour eux que pour le reste de l'humanité le présent n'est sans déboire, mais ils savent trop bien en goûter les réalités pour leur préférer les hasards *incomfortable* d'un avenir inconnu. « Je ne donnerais pas une demi-guinée, disait, il y a un siècle, le célèbre docteur Johnson, pour vivre sous une forme de gouvernement plutôt que sous une autre. » L'opinion du grand moraliste est encore et sera toujours celle des Anglais. Peu leur importe la forme, quand le fond est bon. Voilà pourquoi tous les *bills,* « projets de lois, » proposés dans cette grande assemblée, sont frappés au coin d'une utilité clairement démontrée et réalisable sans bouleversement. Par cette sage et habile tactique, les vrais patriotes, les sincères amis du peuple finissent toujours par triompher de l'égoïste résistance de l'aristocratie. Ces séances de nuit ont un autre avantage. Quand un orateur extravague, ce qui arrive quelquefois, même en Angleterre, ou qu'il parle trop longtemps, ce qui arrive souvent, l'assemblée, anticipant sur l'heure du départ, s'endort à l'unanimité, et ses ronflements seuls répondent au discoureur prolixe. Ce procédé, qui serait incivil si les séances se tenaient pendant le jour, paraît tout naturel aux heures tranquilles et somnifères de la nuit. Le *Speaker*, « président » (ainsi appelé par antiphrase, car il ne parle pas), après avoir résisté quelque temps à la somnolence générale, finit par s'endormir aussi sous son énorme perruque, et l'orateur diffus se tait ou parle aux banquettes.

Il serait à désirer que les séances législatives eussent lieu la nuit, après dîner, dans tous les pays où le régime parlementaire anglais n'a pu jusqu'ici s'établir solidement. Si, au moyen de cette mesure, qui est, comme le reste du système, toute britannique, ledit régime continuait à mal fonctionner, c'est que décidément il ne conviendrait qu'aux Anglais et qu'il faut à eux seuls en laisser la pratique.

Les observations précédentes, que plusieurs prendront pour une plaisanterie, je les déclare très-sérieuses. Elles s'appliquent avec la même vérité aux *meetings* et aux *clubs* où les débats ont lieu entre gens qui sortent de table et sont sous l'influence pacifique de la digestion. Voilà pourquoi un *meeting* de quinze à vingt mille personnes se tient en plein air sans tumulte ni danger pour l'ordre public. S'il s'élève par hasard des clameurs séditieuses, s'il se donne des coups de poings inconstitutionnels, au milieu de bousculades qui ne sont ni civiles ni politiques, c'est le fait d'estomacs à jeun, et partant, irritables, ou d'estomacs imprudemment gonflés de café et de spiritueux et plus irritables encore. Même dans ce dernier cas, il suffit qu'un commissaire, escorté de trois *policemen*, « agents de police, » vienne lire le *Riot act*, « ordonnance sur les attroupements tumultueux, » pour que le *meeting* se disperse aussitôt et sans résistance.

En mêlant les solides plaisirs du bien-vivre, aux exercices de la vie publique, les Anglais ont fait acte de gens sensés et en même temps de loyaux sujets. Ils ont suivi l'exemple de leurs rois, de tout temps amateurs passionnés de la bonne chère. Ces souverains joyeux et bien nourris ont quelquefois donné des domaines pour un plat de choix. Le château d'Addington, comté de Surrey, avec ses magnifiques dépendances, champs, prés, bois et forêts, fut donné autrefois par Henri III à un seigneur de sa cour nommé Trecothick, qui lui avait fait manger un ragoût délicieux et de son invention. Depuis le milieu du treizième siècle jusqu'à Charles II, la famille de Trecothick posséda le fief d'Addington, sous la teneur ou condition expresse, mais sans autres charges ni redevances, de présenter aux rois d'Angleterre un bon et succulent plat le jour de leur couronnement. De sorte que ces puissants seigneurs eussent été dépossédés et réduits à l'indigence, si, à l'avénement de chaque nouveau souverain, ils eussent manqué de cuisiner avec une habileté supérieure. Quelle fortune eussent faite dans ces heureux temps des artistes tels que Carême, Soyer ou Chevet! Le palais d'Addington appartient aujourd'hui aux archevêques de Canterbury, sans aucune clause culinaire.

La chronique du savant bénédictin William de Malmesbury nous apprend que Guillaume le Conquérant avait, lui aussi, récompensé les bons et loyaux services de son cuisinier Tzélin par une donation de terres riches et fertiles. Et Tzélin, dans sa reconnaissance, quoiqu'il ne dirigeât plus les cuisines du roi, lui envoyait chaque année, le jour de sa fête, un mets de sa composition et qu'on appelait *deligrout*.

Les raffinements de la table furent toujours une preuve de civilisation. Le sauvage mange son poisson cru ou son écureuil grillé ; l'homme civilisé mange l'esturgeon au bleu ou en papillotes et les perdrix à la chipolata. Ce n'était donc point un siècle barbare que celui où le talent d'un cuisinier était récompensé par une fortune en bonnes terres de labour.

L'importance qu'attachait le Conquérant au *deligrout* et aux autres mets de Tzélin prouve leur excellence et élucide en même temps un fait historique : c'est l'embonpoint de Guillaume, malgré les fatigues et les agitations d'une vie guerrière. On sait que cet embonpoint le fit plaisamment comparer par Philippe Ier, de France, à une femme prête à..... augmenter d'une unité, peut-être de deux, la somme toujours incomplète du genre humain. Cette plaisanterie eut peut-être coûté cher à Philippe, sans la blessure mortelle que reçut à Mantes-sur-Seine le gros homme qui venait se venger d'un bon mot par une guerre.

Voici un autre bon mot qui n'eût pas davantage été du goût des robustes hommes d'armes, qui, sous la conduite du vaillant Bâtard, firent cette belle conquête de l'Angleterre. Pour cette besogne peu facile ils avaient besoin d'un régime à la fois excitant et substantiel. Regnard, ce moqueur riant de tout et de tous, fait dire à Démocrite, dans sa comédie de ce nom :

> Qui ne rirait de voir qu'avec un soin extrême
> L'homme ait mis son plaisir à se tuer lui-même !
> A force de ragoûts et de mets succulents,
> Il creuse son tombeau lui-même avec ses dents.

Cela pouvait être vrai pour les comtes et les marquis

du xviii⁰ siècle, qui passaient la nuit à souper et le jour à dormir. Ils dansaient, dira-t-on, la gavotte et le menuet. Beaux exercices, ma foi ! pour faire digérer des hommes qui sortaient d'un dîner à trois services, c'est-à-dire à quarante-cinq plats. Aussi quelle mine ! des mannequins couverts de velours, de satin et de dentelles ! pâles, chétifs, ou pléthoriques et goutteux, et portant sous la large basque de leur habit brodé une brette bonne pour tuer des rats. Ni goutte ni pléthore n'affligeaient les guerriers vêtus de fer qui à Hastings battirent Harold et ses Saxons.

Benè vivere et lætari, a dit un médecin célèbre au commencement de ce siècle : *bien vivre et se réjouir*. Aujourd'hui beaucoup de gens peu sensés se réjouissent à voir courir des chevaux sur l'herbe, au lieu d'y courir soi-même, ce qui serait beaucoup plus hygiénique; ou à suivre d'un regard anxieux les mouvements d'hommes qui, au risque de se rompre le cou, sautillent et gambadent sur des cordes à cent pieds du sol comme des singes, auxquels ils s'efforcent de ressembler par des prodiges d'agilité stérile; mais il faut le reconnaître, le plus grand nombre, en France, fait de son mieux pour bien vivre : ce qui se voit à la bonne mine des gens de toutes conditions et au nombre merveilleux d'établissements qui ont la bouche pour pratique. Dans toutes les rues de **Paris,** sur huit boutiques, il y en a cinq qui sont restaurants ou débits de comestibles.

L'expérience du parlement d'Angleterre ne fut-elle jamais consultée par les rois sur la préparation d'un rôti ou d'une sauce, comme le fut celle du sénat romain pour le turbot de Domitien? Un navire anglais ne fut-il jamais équipé pour porter en toute hâte un Apicius couronné sur un lointain rivage où se trouvait quelque rare poisson digne seulement d'une bouche royale? Les chroniqueurs n'en parlent pas, mais de tels faits gastronomiques sont présumables dans le pays natal du *roastbeaf,* de la soupe à la tortue et du *plumpudding*.

Un honnête industriel de Gloucester, **M.** Lazenby, s'est illustré et a acquis une belle fortune par l'invention de la sauce qui porte son nom. Cette sauce transcendante rehausse également la saveur d'un poisson ou d'un rôti ; elle est apéritive, digestive, tonique autant qu'agréable ; elle fortifie la voix et la rend plus sonore ; elle prolonge la vie en préservant de la pléthore les beaux mangeurs qui en font un constant usage ; enfin elle est brevetée avec garantie du gouvernement et porte sur les étiquettes de ses bouteilles noires et plates les armes des trois royaumes, le trèfle, la rose et le chardon : ce qui n'empêche pas le débit d'une foule de contrefaçons, aussi préjudiciables au goût du public qu'aux intérêts de **M.** Lazenby, ainsi que l'affirme souvent, dans les journaux de Londres, le savant inventeur : *Read well the label before you buy,* lisez attentivement l'étiquette avant d'acheter et surtout avant de dîner.

Les clubs, dont, en certains pays, le nom seul est un épouvantail, ne font en Angleterre tressaillir personne, pas même les vieilles femmes, douairières ou lavandières.

Ce sont des hôtels magnifiques à l'extérieur comme à l'intérieur, dont mille à quinze cents personnes sont à la fois hôtes et propriétaires. Pour le prix modique de deux francs cinquante centimes à trois francs, elles y font d'excellents dîners, et y trouvent en même temps réunis les avantages et les plaisirs d'un café, d'un salon de lecture, d'un salon de conversation et d'une bibliothèque. Chacun, selon ses goûts, va prendre place, après dîner, dans une de ces différentes parties du vaste établissement. Les discussions politiques ne sont donc point, comme on le croit, l'unique objet des *clubs,* en Angleterre. Elles y ont, sans doute, leur place au salon de conversation, comme tous les grands intérêts du pays; mais comme au parlement, elles conservent le calme, la tolérance, l'esprit pratique, qui constituent la force et l'utilité de l'opinion publique chez un peuple. Assurément tout n'est pas pour le mieux dans la société anglaise. Les richesses et les priviléges énormes de la noblesse, la misère et l'ignorance de la grande majorité du peuple, les étroites limites où sont enfermés le droit électoral et l'exercice de ce droit ; l'absence de contrôle sérieux dans l'emploi des deniers publics, et bien d'autres abus appellent des réformes nombreuses et sévères. Comme tant d'autres, elles s'accompliront à leur jour, seront durables et porteront leurs fruits, parce qu'elles auront poussé dans le terrain de toute vraie réforme : discussions graves, ayant pour objet, non la parole, mais le fait ; emploi de moyens où la pratique laisse très-peu de place aux théories impossibles, efforts non pour renverser, mais pour améliorer.

Ainsi, tout récemment (1), un membre du ministère, M. Milner Gibson, déclarait, dans un joyeux banquet que lui donnaient ses électeurs, que le moment était venu d'étendre le suffrage électoral à des classes de citoyens qui en sont actuellement exclues. Ce ministre admettait ainsi l'existence d'une opinion mûrie dans la conscience publique, et, comme telle, tombant d'elle-même dans le domaine des faits pour y prendre racine. Ce genre de progrès avec ordre, d'amélioration sans soubresaut, se retrouve même dans les deux grands *Clubs* essentiellement politiques qui existent en Angleterre, *the Reform-Club* « le Club de la Réforme » et le *Carlton-Club* « Club Conservateur. » Dans

____

(1) Janvier 1864.

3.

le premier, les abus sont battus en brèche par Cobden, Bright, Tompson et tous les vrais libéraux de l'école de Manchester. C'est au prix d'efforts et de sacrifices considérables de temps et d'argent, que ces hommes défendent en les étendant, les intérêts réels du peuple et les libertés publiques, sans les compromettre jamais par d'impraticables théories. Dans le second, lord Derby, lord Manners, les ducs de Richemond, de Rutland, défendent, avec la vaillance de l'égoïsme et la discipline de l'esprit de caste, la vieille citadelle dorée du privilége. Un signe certain que cette noble garnison ne tiendra pas longtemps dans la place, c'est qu'elle a été réduite à se donner pour *leader*, chef, un éloquent plébéien, transfuge du libéralisme, mais doué d'une énergique habileté que la vieille aristocratie ne trouvait plus dans ses rangs. Mais tout en combattant sous les ordres de M. Disraëli, l'aristocratie anglaise ne sauvera pas sa forteresse d'une destruction complète, qu'elle ne retarde qu'en en livrant de temps à autre une tourelle à l'ennemi. Ce qui est, après tout, la vraie politique, la politique de concessions, par laquelle les révolutions sont reléguées aux antipodes. Or, il doit arriver un temps, et il n'est pas loin, où assiégeants et assiégés seront en nombre pareil dans la citadelle. Ce qui sera la fin du privilége et le règne de l'égalité.

Dans le Club de la Réforme, *Reform-Club*, comme dans le Club Conservateur de Carlton, c'est toujours après *the merry conviviality*, « la gaie *convivialité* de la table, » que l'on ouvre les débats politiques. Chaque jour on y déblaye un bout de la route qui mène du mal au bien et du bien au mieux. Bien différents, il est permis de le croire, seraient le caractère et les résultats de ces discussions, si ces grands centres de réunions politiques, au lieu de bonne chère n'avaient à offrir aux orateurs que du café, du champagne et des liqueurs, même les plus fines et les mieux choisies. Il s'y ferait alors plus de bons mots que de bons *speeches*, « discours, » et la gloriole des orateurs y ferait souvent oublier les affaires du pays.

Il y eut cependant un club qui emprunta son nom au plus tragique événement de l'histoire d'Angleterre. Ce fut le Club de la Tête de Veau, *Calf's head Club*; triste allusion à la tête de Charles Ier. Il ne faut pas croire pourtant que ce club eût pour objet spécial la glorification d'une décapitation royale. Les Anglais sont excentriques et mangent à propos de tout. Il leur parut que c'était une joyeuse originalité de dîner en souvenir d'un fait lamentable, mais sans précédent et qui probablement serait sans imitation. Je suis sûr qu'après chaque banquet les *clubistes* disaient : «Le roi a perdu la tête, vive le roi ! et qu'ils chantaient l'hymne, ou comme on dit dans leur pays, l'antienne nationale : *God save the King*, « Dieu sauve le roi, » puis s'en allaient dormir, purs de toute velléité de régicide.

Nous appuyons ces assertions sur le jugement que les Anglais portent d'eux-mêmes. Un publiciste distingué, Douglas Jerrold, mort il y a quelques années, a dit : « Si demain un tremblement de terre engouffrait l'Angleterre, les Anglais trouveraient moyen de se réunir et dîner ensemble, quelque part au milieu des débris, ne fût-ce que pour célébrer l'événement. »

J'ignore si les membres du Club de la Tête de Veau portaient à leur boutonnière une hache en miniature et un petit billot ou un bouquet de persil ayant pour support les deux burettes d'un huilier. Mais ce qui est sûr, c'est que les membres du *Beefsteak-Club* portaient au cou, aussi fièrement que si c'eût été un collier de la Toison d'Or, un gril d'or suspendu à un ruban vert. Ce club qui existait encore en 1840, a compté parmi ses membres, Hogarth, Fox, Shéridan, John Kemble, le duc de Norfolk, le duc de Clarence (pas celui qui, sur sa demande, fut noyé dans un tonneau de Malvoisie, terrible excentricité britannico-bachique), lord Brougham, Samuel Rogers, auteur des *Plaisirs de la Mémoire,* et beaucoup d'autres célébrités.

Les amateurs de fleurs et d'oiseaux ont aussi leurs *clubs*. Ainsi, il y a le club du Dahlia et de l'OEillet, du Serin et du Bouvreuil, dont les membres sont des artisans, *mechanics,* et de petits boutiquiers, *shopkeepers*. Dans ces modestes clubs, comme dans les plus *fashionables,* on mange, car sans cet appoint nulle somme de plaisirs n'est complète pour le robuste Anglo-Saxon. Seulement, au lieu de *rumpsteaks* luxueux ou de côtelettes de veau, *veal cutlets*, mets dispendieux réservés aux fines bouches, on consomme la tranche de pain rôtie et beurrée, *toasts*, et du fromage de *Gloucester*; dans les occasions solennelles, comme la distribution des prix aux possesseurs des plus beaux spécimens de fleurs et d'oiseaux, on sert de l'excellent jambon d'York, *York ham*, et le bon fromage de *Chester*; le tout en abondante quantité.

Ces innocents passe-temps ont leur humble poésie. Ils reposent l'ouvrier de son travail de la semaine, le marchand des soucis de son petit commerce; ils établissent des rapports d'amitié et de confraternité entre les hommes d'un voisinage qui, autrement, n'auraient aucun motif de se fréquenter.

Mais partout ici-bas le mal est à côté du bien et la joie de l'un cause d'une façon quelconque la tristesse de l'autre. Les femmes se plaignent, non sans raison, de leur solitude sous le toit conjugal, délaissé pour le club par les maris. Les jeunes filles dévorent en silence l'ennui que leur cause l'absence de prétendus, sacrifiant aux charmes des clubs ceux de la grâce et de la beauté. Ce délaissement de la meilleure partie d'eux-mêmes, *of their better half*, comme on appelle l'*épouse* en Angleterre, n'est pas toujours sans périls pour les maris. Quant aux mères, surtout celles du grand monde, elles ont plus d'une fois lancé des protestations indignées contre le mauvais goût des jeunes gentlemen qui préfèrent à leurs filles, belles, jeunes et riches, le cigare et le journal, le billard et la partie de piquet des clubs du *West-End*, quartier de l'aristocratie, situé à l'ouest de la ville de Londres. Il y a cinq ou six ans, les journaux anglais ont publié les lamentations de ces nobles matrones sur la tendance des jeunes hommes du grand monde à l'égoïsme du célibat, et qui est due à la fatale influence des clubs. Que faire, oh ! ciel ! toute marquise ou comtesse que l'on soit, de cinq ou six grandes filles, — nombre très-ordinaire, en cet heureux pays favorisé de tous les genres d'abondance, — au teint de rose et de neige, aux yeux bleus, aux longues chevelures blondes, vivants camellias que le séjour indéfini du toit paternel étiole et que le droit d'aînesse, personnifié dans un frère, verrait sans déplaisir transplantés ailleurs.

Une réaction vengeresse fut naguère tentée par le beau sexe d'Albion, que Shakspeare comparait à un nid de cygnes flottant sur les eaux. Des clubs de femmes se fondèrent. Ayant depuis lors quitté l'Angleterre, j'ignore s'ils ont prospéré ; j'en doute, et ce ne serait pas à désirer. Les attributs naturels des clubs : festins, tabac, cartes et billard, ne sont point à l'usage des femmes. Qu'y feront-elles donc? de la broderie, de la tapisserie ou d'interminables conversations, sans but et sans intérêt. Cela ne vaut pas la peine de s'assembler pendant six ou huit heures. Et puis, pendant ce temps-là, le foyer domestique, le *home*, serait tout à fait désert et les enfants orphelins la moitié de la journée.

Les clubs anglais, avec leurs avantages et leurs inconvénients, ont-ils chance de jamais s'établir en France? Non ; un goût moins prononcé pour la bonne chère et plus vif pour la société des femmes, surtout à Paris (goût qui pourtant va s'affaiblissant depuis un quart de siècle), et l'habitude générale de passer les heures de loisirs au café, ne permettent guère cette innovation.

Peut-être faut-il le regretter pour notre éducation politique ; elle se ferait beaucoup mieux dans de tels clubs-restaurants que dans nos cafés où l'on boit, où l'on ne mange pas, ce qui rend notre patriotisme impatient, irritable, et, disons le mot, trop souvent *visionnaire*. J'ai mainte fois entendu les Anglais dire que nous sommes un peuple qui aime à se tenir dans de l'eau trop chaude : *To keep themselves in hot water*. Proverbe qui signifie : se complaire dans le malaise. Pour nous, l'eau chaude, c'est le café, le vieux cognac, le chambertin âgé, le champagne pétillant de jeunesse : toutes choses exquises après le dîner, mais dangereuses avant, pour les têtes qui s'occupent des affaires d'État. M. Cobden, l'illustre chef de la ligue des céréales, *anti-corn-law-league*, a dit que pour sortir vainqueur de cette grande et patriotique lutte, il s'était condamné à ne boire que de l'eau pendant tout le temps qu'elle a duré. Loin de moi la pensée de proposer ce froid exemple à nos illustrations politiques, qui d'ailleurs ne le suivraient point. Seulement je leur dis avec une conviction profonde et la main sur l'estomac : Messieurs, n'allez à la Chambre qu'après un bon repas.

La Restauration n'était point aimée. Ce nom, à double sens, réveillait en France deux idées fort disparates : les baïonnettes étrangères et le plaisir de bien vivre. La dynastie *restaurée* s'appliqua habilement à faire oublier le sens irritant du mot par le sens comfortable. Les Tuileries devinrent une abbaye de Thélème, dont bien manger et ne rien faire étaient toute la liturgie. Et dans les hôtels des ministres, quelle chère ! quels festins ! Béranger les a immortalisés dans ces vers, qui sont encore dans toutes les mémoires et datent de 1825 :

> Quels dîners ! quels dîners !
> Les Ministres m'ont donnés ;
> Dieu ! que j'ai fait de bons dîners !

Et malgré cela, cette excellente Restauration, qui vivait si bien, ne put vivre que dix-huit ans ! C'est qu'en France les meilleurs dîners doivent être assaisonnés de gloire, et que cette épice était alors au-dessus des moyens des amphitryons qui gouvernaient la France et hébergeaient si plantureusement ses députés.

En Angleterre ils eussent mieux réussi. Cette nation passionnée pour le bien-être préférerait à Alexandre et à César lui-même, le roi d'Yvetot, non parce qu'il chevauchait sur un âne, — les Anglais aiment les beaux chevaux; non parce qu'il avait un palais de chaume,—rien de confortable comme les maisons anglaises; mais parce que ce bon roi faisait chaque jour ses quatre repas et dormait fort bien sans gloire. Si, du temps de ce digne et bon prince, la clémence eût été bannie de la terre, elle se fût réfugiée dans son cœur.

Cette influence de l'alimentation sur le caractère d'un individu n'est pas moins remarquable sur le caractère d'un peuple. Tout en est plus ou moins modifié : facultés physiques et morales, institutions sociales et politiques, efforts et succès. Nulle part plus qu'en Angleterre cette vérité physiologique n'est manifeste. Voici un proverbe anglais qui le prouve : « Le soldat anglais ne se bat bien que lorsqu'il est bien repu; l'Écossais, quand il est à jeun depuis la veille; l'Irlandais, quand il est à demi mort de faim. » Aussi le soldat coûte en Angleterre un tiers de plus qu'en France, un quart de plus qu'en Allemagne, moitié plus qu'en Russie. Quant au poids du corps, il est, en moyenne, de 136 livres pour un Français, de 140 livres pour les Allemands, les Belges et les Russes, et pour les Anglais de 150 livres. On voit que ce sont des braves de poids.

L'impuissance et le découragement de l'armée anglaise, à un certain moment de la guerre de Crimée, prouvèrent une fois de plus que les proverbes sont l'extrait de la sagesse des nations. Le défaut d'abondance et la mauvaise préparation des vivres furent pendant quelque temps pour les fils d'Albion des ennemis plus redoutables que les Russes. Leur bravoure tombait dans le marasme, et la défaite pour eux était imminente. Alarmé de cet état de langueur martiale et culinaire, qui mettait en péril l'honneur des armes britanniques, le Gouvernement dépêcha à la rescousse un cuisinier fameux : c'était M. Soyer, sujet français, auteur d'un livre immortel : *La Régénération gastronomique;* et, de plus, économiste et musicien distingué, grand connaisseur en tableaux, dont il possédait une galerie, et mari d'une artiste qui en a laissé plusieurs d'un grand prix. Restaurés et ralliés autour du bonnet blanc de ce nouveau *chef,* les soldats anglais retrouvèrent le chemin de la victoire. Les compatriotes de M. Soyer, que rien n'avait arrêtés sur ce chemin, étaient déjà fort loin, et arrivèrent au but, dit-on, un peu avant leurs frères d'armes d'outre-Manche. Peut-être pensaient-ils que c'était plus original d'aller festoyer dans **la tour** même de Malakoff.

Dans la sphère pacifique du travail, le bœuf, le *porter*, la pomme de terre sont aussi, tant par la qualité que par la quantité, une condition essentielle de succès chez nos voisins. Les statistiques parlementaires et les fourneaux toujours fumants des *eating-houses* «gargotes » démontrent que les ouvriers anglais ont besoin d'une nourriture double de celle des ouvriers des autres pays. Grâce à cette sustentation puissante, ces athlètes réalisent, chaque année, une somme de travaux qui fait la véritable prééminence de leur nation sur tous les marchés du monde.

Si les dieux de l'antiquité étaient encore à la mode, **Hercule, Comus et Plutus**, dieux de la force, des festins et de la richesse, seraient les plus fêtés par les Anglais ; et à tout prendre, parmi les folies de ce monde, le culte de Comus est peut-être la moins folle. Lord Chesterfield, philosophe aimable et profond, a dit à son fils, dans une de ses lettres qui sont restées un code de sagesse pour les jeunes gens prêts à entrer dans le monde : « Après avoir essayé de tous les plaisirs, j'ai trouvé que celui d'une bonne table est le plus durable, le plus innocent, celui qui dispose le mieux à l'indulgence pour les travers des hommes et à la philosophie contre les maux inséparables de la vie humaine. »

CHAPITRE III

DES VINS ET DES BIÈRES

L'Angleterre ne produit pas de vin, mais avec ses guinées, qu'elle ne ménage jamais pour se procurer le meilleur de toutes choses, elle enlève aux pays vignobles les
vins de leurs premiers crûs. C'est à Londres que se boivent le château-margaux, le château-la-rose, le château-
laffite, le chambertin, le sauterne des meilleures années.
L'aï, le pomard, le côte-rôtie, l'hermitage, prennent le
même chemin, au grand *discomfort* des gourmets français
qui ne sont pas millionnaires.

Ce que boivent habituellement les Portugais, nous
l'ignorons, mais ce ne peut être, à coup sûr, leur vin de

Porto, port-wine, qui circule sur toutes les tables anglaises et en telle abondance qu'on se demande comment le petit royaume de Portugal peut produire une si énorme quantité de ce vin délicieux, mais capiteux au plus haut degré. Quand parfois les Portugais veulent boire du vin de leur crû, ils doivent, dit-on, l'acheter aux Anglais. C'est le traité de Méthuen qui a joué aux Portugais ce mauvais tour, en les obligeant à livrer à l'Angleterre tout ce qu'ils ont de meilleur. Le *sherry,* « Xérès, » est au Porto ce qu'un frère cadet est à son aîné, en Angleterre où fleurit le droit d'aînesse : on vide une bouteille de *port* avec un lord, un personnage important dont on reçoit la visite ; on entame une bouteille de *sherry* pour un ami, un égal, un homme qui n'a que deux cent cinquante mille livres de rentes. Rien que cela ! dites-vous ; je me croirais fort riche si j'avais deux cent cinquante mille livres de rentes. Et moi aussi parbleu ! si je devais vivre à Paris. Mais à Londres cela ne fait que dix mille livres sterling de revenu ; or, dix mille livres *sterling,* dans ce pays, classent un homme parmi les moins riches entre les riches. Au-dessous de dix mille guinées, *guineas,* on est pauvre ; à partir de cinq cent mille francs jusqu'à sept millions de rentes, on est riche : ce qui vous explique comment notre bordeaux, *claret,* et notre bourgogne, *burgundy,* passent le détroit de la Manche pour aller égayer le *spleen* britannique. C'est à

4.

tort que le spleen, ce mal étrange, national et aristocratique, est attribué au ciel sombre, au climat brumeux, aux noires vapeurs du charbon de terre que vomissent en épais tourbillons des millions de cheminées. Sa vraie cause, sa cause unique, c'est l'excès de la richesse. Quels désirs, quelles espérances, quelles illusions, peut avoir l'homme de trente ans qui, depuis son enfance, n'a eu qu'à dire : « Je veux cela » pour l'avoir à l'instant ? Luxe de table, chevaux, châteaux, voyages, bayadères de l'Inde, almées de Constantinople, houris du demi-monde qui habite le quartier Bréda, l'archimillionnaire anglais a tout essayé, tout goûté, tout épuisé jusqu'à la lie, et cela, à l'âge où les autres hommes commencent à jouir du fruit de leurs travaux et de leurs talents. Aussi la vie pour lui, qui n'en est qu'à moitié chemin, n'a plus ni lointain, ni mystère, ni promesses ; il la sent lourde, froide, sombre, insupportable : il a le *spleen.*

Spleen ! dégoût de la vie et de tout ce que la vie offre à l'homme pour se faire oublier, quand tu résistes au généreux nectar mûri sous les pampres de France, au champagne surtout, ta dernière ressource est d'aller dormir à l'ombre des cyprès !

Voici pourtant comment un poëte anglais a jugé les vins de France ; mais ses vers, il faut le dire, ne sont chantés que par les Anglais, qui n'ont que de la bière à boire et qui ne sont pas assez riches pour avoir un cuisinier français :

Let not the pert cook from Gallia dress our food,
Nor her burning spirits foul our generous blood,
Shook our strong nerve, provoke our mind to strife,
And rob us of half our length of life.

Ne laissons pas le cuisinier gaulois apprêter notre dîner,
Ni les vins brûlants de la Gaule corrompre notre généreux sang;
Ils amollissent les nerfs, excitent les esprits aux révoltes
Et accourcissent de moitié le fil de la vie de l'homme.

Si tous les compatriotes de l'auteur avaient, pour nous, l'obligeance de suivre ces conseils, nous payerions moitié moins cher nos bordeaux et nos bourgognes.

En retour des bons vins qu'elle prend à la France, à grand renfort de guinées, que nous donne l'Angleterre ? Des bières variées, *various beers*, qui ne sont pas sans mérite, mais d'un mérite de troisième classe sur la table d'un gourmet.

Il y en a de toutes les couleurs : bières blanches, brunes, noires, et pour tous les goûts, sans doute afin qu'on n'en dispute pas, comme le recommande le proverbe.

Le tonique houblon et l'orge germée et grillée, appelée

malt, sont les deux substances dont sont faites les bières connues sous le nom de *porter* et de *stout*.

Elles doivent à l'orge, brûlée comme du café, leur couleur noire et leur odeur forte. La force musculaire des ouvriers anglais peut être justement attribuée aux qualités hygiéniques d'une boisson faite de substances fortifiantes, telles que le houblon et l'orge. Les autres peuples, dit l'Anglais, mangent leur pain ; nous buvons le nôtre. Que, par reconnaissance, les Anglais donnent donc à leurs bières les noms glorieux de *splendides, brillantes, pyramidales, célèbres* et *sans pareilles ;* cela se conçoit. Mais qu'ils leur décernent la gloire d'avoir gagné la bataille de Waterloo, voilà ce que nient à la fois les Français et les Prussiens de Blücher. « A Waterloo, le vin rouge de fureur et bouillant d'audace s'est élancé comme un fleuve débordé sur la bière, mer puissante qui l'a absorbé et englouti dans son sein. »

Telle est la légende britannique de ce mémorable désastre.

Les noms de *porter* et de *stout* donnés à ces bières viennent de la grande consommation qu'en font les portefaix, *porters*, et les ouvriers généralement robustes, *stout workmen*. — Le *stout* n'est qu'un double *porter*, dont l'usage modéré est un excellent réparateur pour les estomacs faibles.

Un brasseur de Dublin, M. Guinness, a été créé baronet pour l'excellence de ses *stouts,* qui sont aux autres ce que le moët est aux champagnes ordinaires. Le *porter* et le *stout* de MM. *Ind* et *Coope,* qui sont de bonne qualité, se trouvent aujourd'hui dans tous les cafés de Paris.

Outre ces bières fortes, il s'est introduit chez nous, depuis trois ou quatre ans, des bières légères, mais horriblement capiteuses, appelées *pale ales,* bières blanches. Un bouchon fortement enfoncé et attaché pour plus de sûreté avec un fil de fer, retient prisonnière, dans de petites bouteilles au col rentré dans les épaules et très-épaisses, cette effervescente boisson. A peine délivrée de ses entraves, elle s'élance en un jet d'écume pétillante qui remplit aux trois quarts le long verre où elle ne séjourne qu'un moment. Sa couleur ambrée, son amertume acidulée, l'éveil soudain qu'elle donne à l'estomac et à la tête, vous font dire tout d'abord : Voilà une bière délicieuse ! Ce qui est vrai pour un verre ou deux ; mais gare au troisième et encore plus au quatrième ! Il en sortirait une gaieté délirante, qui, comme toutes les gaietés de ce genre, fait payer tribut à la tête et à la lucidité de l'esprit. Le houblon, base du *pale ale,* est un tonique excellent ; mais, pris à haute dose, il devient par trop exhilarant.

Méfiez-vous donc de la compagnie prolongée de ces blondes étrangères, agréables, mais un peu perfides, car elles viennent d'Albion. Partout leurs noms, écrits en noir

sur papier jaune, attirent les regards du Parisien sans défiance : *Bass' pale ale, ind and Coope's pale ale* ; c'est-
à-dire : bière blanche brassée par M. *Bass*, qui, en ce
genre, est le plus grand nom de l'Angleterre, et par MM. *Ind*
et *Coope*, dont les produits sont moins célèbres.

Il y a aussi le *scotch ale*, bière blanche écossaise, qui
se vend à Paris, mais qui est tellement forte que les têtes
écossaises, dures comme le granit, peuvent seules l'ingur-
giter sans mollir. On évalue à douze cents millions de francs
la consommation annuelle de la bière dans les trois parties
du royaume-uni : Angleterre, Écosse et Irlande. Aussi les
principaux brasseurs, Guinness, Bass, Barclay, Henri Meux
et Goding, ont-ils des fortunes colossales de deux à trois
millions de revenu. Les douze grands brasseurs anglais
sont appelés les douze Césars de la tonne.

Dans quelques tavernes anglaises de Paris on trouve
le *rum* anglais, rhum de la Jamaïque, le *gin* et le *whisky*.
Ce *rum*, beaucoup plus fort que le nôtre, est moins agréable. Le *gin*, eau de genièvre, avec de l'eau chaude et du
sucre, fait un *grog* excellent. Le *gin* pur, tel que le boit le
peuple anglais, est, à lui seul, aussi fatal à ce peuple que
son aristocratie, et que les sept plaies d'Égypte le furent aux
sujets de Pharaon. Pour boire du *gin*, le mari délaisse sa
femme, la mère délaisse ses enfants, et quelquefois les
vend ; vols, meurtres et incendies se commettent pour sa-

tisfaire la passion du *gin*. Le samedi soir, des foules hâves et déguenillées encombrent les *gin-palaces*, les palais du gin, tavernes richement décorées, où le gain de la semaine va emplir les tiroirs du *publican*, « tavernier. » Mais le logement de la famille est vide de meubles, de pain, d'union et de bonheur. Rentrés à minuit auprès du foyer éteint, les malheureux se livrent à des querelles et des luttes féroces. Nos anciennes barrières de Paris n'ont jamais offert de si navrants spectacles.

Un homme d'État moraliste et statisticien dit que la quantité de gin bue annuellement par le peuple anglais suffirait pour mettre à flot un vaisseau de ligne.

Le *whisky*, liqueur obtenue par la distillation des grains, est la consolation nationale et privée des Écossais et des Irlandais. Maux politiques et domestiques sont noyés, oubliés dans les flots de ce spiritueux limpide et blanc comme l'eau de source. Le *whisky* de M. Kinahan, distillateur de Dublin, est fameux par sa qualité et aussi par la distinction aristocratique dont l'a honoré un grand personnage. Un lord-lieutenant ou vice-roi d'Irlande (le feu duc de Richemond, je crois), appréciant l'excellence des produits de M. Kinahan, nomma ce distillateur *whisky purveyor by appointment to the Lord Lieutenant*, « fournisseur breveté de *whisky* du lord-lieutenant. » L'industriel mit, selon l'usage, cette distinction en belles lettres d'or sur un écusson dont il orna la porte de son magasin. Mais il demanda en outre, et obtint le rare privilége de mettre sur ses étiquettes et le cachet de ses bouteilles les armes de la maison de Richemond, surmontées d'une couronne ducale, ayant pour support deux L.L. qui signifient *lord-lieutenant*. Ce *whisky* anobli, élevé à la dignité ducale, ne pouvait manquer de faire fortune parmi la noblesse d'abord, puis parmi le peuple, imitateur passionné et insensé de la noblesse.

Public house. Cabaret où l'on débite de la bière et des spiritueux. Quelques-uns sont décorés avec un grand luxe, et derrière leurs *bars*, « comptoirs de zinc poli, » sont de belles filles parées comme pour une noce, qui servent gravement les consommateurs en habits noirs ou en guenilles. Ces Hébés s'appellent *bar-maids*, « filles ou vierges du comptoir. » Elles excellent à faire le *grog*, mélange d'eau de vie ou de rhum, d'eau chaude et de sucre.

L'usquebaugh, scubac, est une liqueur spiritueuse et safranée, en usage chez les Écossais.

Dans les *oyster-rooms*, « restaurants où l'on ne sert que des huîtres, » des crabes, des homards, des crevettes et du saumon salé, on trouve le *soda water*, « eau de seltz, » et le *ginger beer*, bière faite avec de la poudre de gingembre, de l'acide citrique et du sucre. C'est un breuvage rafraîchissant et fort agréable.

Privés du don de la vigne, les Anglais tâchent de s'en consoler par toutes sortes de succédanés. Ils font du vin avec des oranges, des baies de sureau, des groseilles à maquereau, des primevères ; mais tous ces breuvages ne valent pas notre vin de Suresne.

CHAPITRE IV

Sous le nom de *sport* sont compris huit sortes de jeux ou d'exercices, tous propres au développement des forces physiques; coup d'œil juste, présence d'esprit, hardiesse, mépris de la fatigue et du danger, sont des qualités indispensables pour quiconque veut se distinguer dans les virils amusements du *sport*. Aussi les Anglais les appellent-ils *manly sport*, « plaisirs dignes d'un homme. »

Ce sont d'abord *the racing*, « courses de chevaux, » et *the hunting*, « la chasse, » qui, vu leur importance, forment dans ce livre deux chapitres à part.

Puis le *boating*, l'art de conduire, de manœuvrer un bateau, *boat*, soit à la rame, soit à la voile. Les *regattas*, régates ou lutte de vitesse entre des bateaux de diverses formes et grandeurs, sont la partie la plus importante du *boating*. Les régates sont trop connues pour que nous en donnions ici une description. De celles d'Angleterre sont sortis plus d'un officier supérieur de la marine royale, ces exercices nautiques devenant pour beaucoup de jeunes hommes une passion qui les jette dans cette belle et aventureuse carrière.

Le *yachting*, exercice du *yacht*, est une navigation d'agrément et de luxe, à l'usage exclusif des archimillionnaires. Un lord, ennuyé ou rassasié de tous les plaisirs *terrestres*, s'embarque sur son *yacht* de deux ou trois cents tonneaux, ayant pour chargement des provisions de la plus fine qualité, un ameublement somptueux, une bibliothèque ; pour équipage huit ou dix vigoureux *jacks tar*, « Jacques goudron » (sobriquet du matelot anglais), un chef de cuisine et ses aides, et deux ou trois domestiques. Volontairement confiné dans cette mouvante prison, exposé, pour son plaisir, à tous les ennuis et tous les périls de la mer et des tempêtes, il va visiter le Brésil ou le Canada, les Canaries ou le Spitzberg. Pendant un tel voyage, ce favori de la fortune se donne le luxe d'émotions qui le font palpiter bien autrement que les émotions de terre ferme ; il goûte mieux, au retour, les douceurs du repos, il sent une sympathie plus vive pour ces milliers d'hommes dont la vie se passe au milieu de pareils dangers pour enrichir la patrie ou pour la défendre. Enfin, ce riche naguère oisif et *splenetic*, « rongé du *spleen*, » est devenu un homme heureux, utile, apte aux grandes choses, en un mot, un homme complet. Si son aventureuse Odyssée ne l'a pas guéri du *spleen*, il se pend ou se coupe la gorge.

The bowling, « jeu de boules, » est une des plus humbles parties du *sport*, mais non la moins amusante. Comme en Angleterre c'est sur l'herbe, *green*, qu'on joue aux boules, on a formé le mot *bowling-green*, dont nous avons fait boulingrin ; mot qui chez nous sert à nommer une pièce de gazon bien entretenue dans un jardin ou dans un parc.

Le *pedestrianism* est une lutte entre deux ou plusieurs marcheurs hors ligne, qui dans quinze à vingt heures feront à pied quarante, cinquante et même soixante lieues. Des sommes considérables sont parfois engagées dans ces luttes, d'une utilité contestable, aujourd'hui qu'il n'y a plus de coureurs comme au siècle dernier, et que des chemins de fer emportent hommes et choses avec la vitesse du vent.

Le *cricket*, « jeu de la crosse, » est après les courses de chevaux le plus favori des amusements anglais. Il est difficile d'en donner une description ; nous l'essayerons cependant. Deux ou plusieurs joueurs tenant en main une *bat*, sorte de batte pareille à celle d'Arlequin, mais épaisse de trois ou quatre centimètres, se tiennent en face l'un de l'autre, à une distance de cinquante à soixante pas, plus ou moins, selon leur adresse. Derrière chacun d'eux sont plantés en terre, à deux ou trois pouces de distance, deux petits poteaux hauts de trois pieds. Deux petites baguettes de bois de quatre à cinq pouces, appelées *wicket*, sont placées en travers au sommet des poteaux qu'elles relient entre eux ; mais le moindre choc peut les faire tomber. Enfin, il faut une balle en bois, couverte de cuir, et de la grosseur d'une forte orange. L'adresse consiste à lancer cette balle avec la batte, de façon qu'elle aille frapper les poteaux de l'adversaire, ce qu'on est assuré d'avoir fait quand on voit tomber le *wicket*.

Ce jeu a une telle importance que des joueurs de différents districts et même de différents comtés organisent de grandes parties de cricket, où ils se disputent l'honneur de la victoire. Ainsi, on voit souvent dans les journaux des annonces telles que celle-ci : « *Cricket :* il y aura, le 15 du mois courant, un grand *match*, « lutte, » entre les joueurs du comté de Middlesex et ceux du comté de Surrey. » Les noms des vainqueurs sont aussi proclamés dans les journaux.

Ce jeu, essentiellement anglais et qui demande force et adresse, vient de s'introduire en France. Boulogne, Dieppe, Calais, Paris, ont leur *club de cricketers*, « joueurs de cric-

ket. » La ville de Paris a concédé aux *cricketers* un terrain au bois de Boulogne, où le 18 mai 1864 il y a eu un *cricket-match* entre des Français et des Anglais.

Comprendrons-nous dans les nobles exercices du *sport* le vulgaire et cruel *boxing,* « la boxe ? »

Oui et non. Oui, parce que des hommes du plus grand monde assistent, comme toutes les autres classes de la société, à ces hideuses et sanglantes prouesses de la force brutale, et les encouragent, les sanctionnent ainsi de leur présence. Non, parce qu'il n'y a que des malheureux des plus infimes rangs sociaux qui, pour quelques poignées d'or, descendent dans une ignoble arène pour s'y faire affreusement mutiler et souvent y recevoir ou donner la mort.

Tous les endroits qui servent de théâtre à ces divers exercices s'appellent du nom générique de *pleasure-ground,* « terrain de plaisir, » ou *ring,* « cercle. »

Le jeu de *whist,* que nous avons emprunté aux Anglais, est trop connu pour que nous en parlions ici autrement que pour en donner la prononciation (1). *Whist* signifie aussi : « silence. »

Une partie liée, au *whist,* prend encore un nom anglais et s'appelle un *rubber,* un *rob* ou un *robre.*

Voici un merveilleux exemple du degré de force et d'a-

(1) Voir l'Index.

dresse que peuvent développer dans l'homme les exercices corporels compris sous le nom générique de *sport*. Un capitaine de la compagnie des Indes, nommé sir Edward Winter, voyant un tigre accourir sur lui, s'élance en deux bonds sur le bord d'un étang qui se trouvait à quinze ou vingt pas. Au moment où le tigre l'atteint, le capitaine le saisit dans ses bras, le presse fortement et se jette avec lui dans l'étang, où il tient le monstre sous l'eau jusqu'à ce qu'il soit noyé. Qu'aurait fait de plus Samson? dit l'épitaphe de ce capitaine, dont le monument funèbre se trouve à côté de celui du célèbre lord Bolingbroke, dans l'église de Battersea, près de Londres.

CHAPITRE V

Le *huntsman*, « chasseur, » pour avoir un établissement de chasse complet, doit, entre autres choses, posséder : *A hunting-box*, « un rendez-vous, ou maison de chasse, » où l'élégance et le confortable ne laissent rien à désirer à des gens demi-morts de plaisir, c'est-à-dire de fatigue et d'appétit. Bonne chère et délicate, moelleux divans, cigares inestimables, vins pétillants de vieillesse, bois de cerfs dix-cors, hures de sangliers, queues de renards et peaux de loups, sont l'indispensable ameublement du hunting-box.

Au *huntsman* il faut, en outre, un excellent *hunter*, « cheval de chasse ; » titre qui implique de nombreuses et solides qualités et un prix considérable, quelque chose comme huit à dix mille francs ;

Puis des chiens de races diverses, et des meilleures pour les divers genres de chasse :

Le *boar-hound*, chien pour le sanglier ;

Le *fox-hound*, chien pour le renard ;

Le *buck-hound*, chien pour le chevreuil ;

Le *harrier*, lévrier ;

Le *terrier*, basset pour chasser le lapin dans les bois et dans les *warrens*, « garennes. »

Le féroce *bull-dog*, qui n'est bon qu'à chasser le taureau sauvage ou à le déchirer dans des jeux cruels et sanglants, n'a point de place dans le *pack*, « meute, » d'un vrai chasseur.

Voici la description d'un bon lévrier *greyhound*, faite par un chasseur fameux :

> Headed like a snake ;
> Necked like a drake ;
> Sided like a bream ;
> Backed like a beam ;
> Tailed like a bat
> And footed like a cad.

Il doit avoir :

> La tête d'un serpent ;
> Le cou d'un canard ;
> Les flancs d'une brème ;

Le dos d'une poutre :
La queue d'une chauve-souris
Et les pattes d'un chat.

Le chasseur, *huntsman*, s'appelle encore *sportsman*, parce que la chasse est un des huit exercices corporels, ou plaisirs, désignés par le nom générique de *sport*. Nous avons donné dans le chapitre précédent les diverses significations de ce mot.

Ce chapitre-ci ne serait pas complet si nous omettions le *bugle*, « cor de chasse, » qui a donné son nom à un de nos nouveaux instruments de musique de cuivre.

CHAPITRE VI

Le mot *turf,* qui signifie proprement gazon, est devenu par métaphore le nom même des courses, parce qu'elles se font ordinairement sur le gazon, qui est le plus doux et le plus commode des hippodromes. Le *turf* est un des exercices désignés sous le nom générique de *sport,* qui tous demandent de la vigueur, de l'adresse et de l'audace.

Le *turfiste* est l'amateur des courses, le propriétaire de chevaux, le parieur, celui qui d'une manière quelconque s'occupe beaucoup des courses.

Le *sportsman* est spécialement le riche amateur de courses, celui qui en fait, non un moyen de gagner de l'argent, mais seulement un plaisir. Nul n'est *sportsman* s'il ne possède de très-beaux chevaux, d'habiles *jockeys*, et s'il ne monte parfaitement à cheval. Les *sportsmen* sont encore désignés sous le nom de *gentlemen riders*, « gentilshommes cavaliers. »

Le *stake* est la somme payée par chaque personne qui fait courir un cheval, et qu'on appelle aussi *entry*, « entrée. » C'est aussi le nom du prix gagné par le cheval.

Le *trial stake* est une course d'essai pour des chevaux de trois ans engagés avant même qu'ils soient nés. Ils doivent courir une distance de mille mètres.

Le *triennal stake* est la course dans laquelle des chevaux sont engaés à courir sur le même hippodrome pour trois années consécutives. Ce genre de course, qui est récent, a pour objet de mettre à l'épreuve les qualités des chevaux à divers âges. Tel cheval vaincu la première année est vainqueur la troisième, et *vice versa*. Le *stake* payé pour chaque cheval dans cette sorte de course est de dix guinées.

Le *selling-stake* est la course à la suite de laquelle les chevaux sont vendus un prix plus ou moins élevé, selon les qualités qu'ils viennent de montrer.

Closing-stake, dernière course d'une saison, ou d'une série de courses.

Sweep-stake, prix composé du prix donné par l'État et de toutes les mises des propriétaires de chevaux qui ont couru. C'est une sorte de rafle, ou de poule, que fait le propriétaire du cheval vainqueur.

Winning-Post, poteau gagnant, parce que ce poteau marque le terme de la course. Il s'élève devant la tribune des juges de la course, et une ligne noire le divise en deux parties égales, dont la dernière est la limite extrême de la course. Il faut aux juges la plus grande justesse de coup d'œil pour distinguer celui des chevaux dont la tête s'arrête juste devant cette ligne.

La tribune des juges s'appelle *stand*.

Match. Lutte, joute, ayant pour objet de savoir qui remportera l'avantage.

Post-Match. C'est le pari qu'on fait pour un cheval inconnu. Son nom et son âge ne sont indiqués qu'au terme de la course qui est marqué par un poteau, *post*.

Stud. Haras de chevaux de courses ou de chasse. Il est des *sportsmen*, lords et gentlemen, dont le stud vaut trois cent mille francs. Les écuries de ces précieux quadrupèdes pur sang sont presque des boudoirs. Ils ne mangent pas encore de l'avoine dorée comme le cheval de Caligula, ce fameux *Incitatus*, à qui son maître donna le titre de consul. Mais cela pourra se voir, si la passion du cheval et des courses arrive en France, comme en Angleterre, à l'état de folie. Il ne lui reste plus pour cela qu'un pas faire. En attendant, ces chevaux ont des vêtements de bel et bon drap, des articles de toilette comme des gentlemen. Chacun a son groom pour son service personnel et exclusif. On les mène à la promenade tous les matins, et quand ils ont à faire un voyage un peu long, ils le font en voiture. Une famille vivrait avec le revenu affecté à l'un de ces animaux, ce qui fit dire à un brave ouvrier anglais qui en voyait cinq ou six conduits avec précaution, au pas et chaudement vêtus de la tête à la croupe : « Il vaut mieux en ce pays être cheval qu'artisan. Les instituteurs de nos enfants sont moins payés et leurs écoles moins confortables que les grooms et les écuries de messieurs les chevaux et mesdames les juments. »

Le prix d'un seul de ces animaux est quelquefois de 100 à 150,000 francs, prix qui payerait de quatre à six mille recrues anglaises à qui le sergent recruteur donne une guinée par tête pour avoir l'honneur de servir la patrie.

Ces précieuses bêtes ont leur généalogie écrite avec l'exactitude, sinon le savoir d'un d'Hozier, dans un livre qui s'appelle *Stud-book*. Si elles savaient lire, nul doute qu'il n'y eût entre elles sur les hippodromes des disputes de préséance, compliquant et stimulant les luttes de force et de vitesse.

Le *stud-book*, histoire véridique des races chevalines, est l'évangile du *turfiste*, du *sportsman* et du *betting-man* « parieur ; » ils le savent aussi bien, mieux peut-être, qu'un docteur d'Oxford ou de Cambridge ne sait l'histoire d'Angleterre.

Racers est le nom commun à tous ces chevaux de grand prix, destinés aux courses, parce que ces courses elles-mêmes s'appellent *races*.

On appelle *omnium* la course où sont admis des chevaux de tout âge, depuis celui de deux ans.

La plus importante des courses est, en Angleterre, celle où se dispute le prix de Derby, fondé, en 1780, par le comte de Derby. Ce prix n'est couru que par les poulains de trois ans, à Epsom, comté de Surrey, à six lieues de Londres. C'est à Chantilly que se court chaque année, au mois de mai, le Derby français.

A voir le goût, ou pour dire vrai, l'engouement croissant des Parisiens pour les courses, on peut croire que bientôt le *Derby-day*, jour du Derby, ainsi que l'appellent les Anglais, sera bientôt chez nous, comme chez eux, une fête nationale. Le parlement s'ajourne, la plupart des boutiques se ferment, les transactions de tous genres sont suspendues, deux cent mille personnes sont emportées à *Epsom* par d'innombrables véhicules, depuis la calèche à quatre chevaux du lord jusqu'à la charrette attelée d'un âne que fouette à tour de bras le marchand de quatre saisons, *costermonger*.

Déjà les routes de Boulogne, de Vincennes et de Chantilly commencent à présenter, un jour de courses, un spectacle assez semblable à celui de la route d'Epsom, le jour du Derby. Quand Paris fermera ses magasins et le Palais législatif ses portes, l'imitation britannique sera complète. Mais autour de ces fêtes s'accumuleront des ruines et des désastres à une hauteur que n'atteignirent peut-être pas naguère ceux de la roulette et de la loterie. Voilà ce qu'il faut craindre et prévoir.

Après la fête du Derby, a lieu la même semaine, à Epsom, la course des juments, appelée course des *oaks* « chênes, » parce que la première de ces courses eut lieu, en 1780, sur un domaine de ce nom, appartenant au comte de Derby. Les *Oaks*, situé dans le comté de Surrey, entre Croydon et Dorking, où cinquante *gentlemen-hunters*, « chasseurs, » avaient fait bâtir un *club*, fut acheté plus tard par lord Derby, qui en fit une villa magnifique, où les cinquante chasseurs recevaient à la fois l'hospitalité. C'est dans cette propriété princière, d'une lieue de circonférence, que le comte de Derby célébra les fêtes de son second mariage avec la belle miss Farren, une des actrices les plus accomplies de son temps. A la course des *Oaks*, ce sont les dames qui parient le plus, non des milliers de guinées comme leurs maris, mais des douzaines de gants de Paris, *Parisian kid gloves*, les seuls dont le grand monde fasse usage en Angleterre.

Les courses d'*Ascot* sont le rendez-vous favori de l'aristocratie; la royauté elle-même y assiste et en accroît
le prestige. C'est à George IV que ces courses durent
l'origine de leur splendeur. Les dames de la cour s'y pro-
menaient en grand costume. En 1852, la reine s'y rendit
avec tout le pompeux appareil de sa cour.

La police de cette course fashionable est faite par des
serviteurs de la maison royale en livrée rouge.

Un autre intérêt s'attache aux courses d'Ascot. C'est
pendant la semaine qui précède le 2 juin, jour des courses,
que se font la plupart des mariages dans les campagnes
voisines. Plus d'une jeune villageoise, qui hésitait à prononcer le *Oui* tendre et solennel, s'y détermine dans l'espoir palpitant d'être conduite par son mari au grand spectacle des courses d'Ascot.

En 1844, le czar Nicolas y fonda un prix qui portait son
nom, mais qui n'existe plus depuis la guerre de Crimée. C'é-
tait une coupe d'or, d'un grand prix et d'un travail merveilleux. On l'appelait *the Emperor's cup*, « la coupe de
l'Empereur. »

Les courses de *Goodwood* sont, comme celles d'Ascot,
exclusivement fréquentées par l'aristocratie. Goodwood,
domaine princier du duc de Richemond, est situé dans le
comté de Sussex, à vingt lieues de Londres. Le prix de
cette course est considérable. Il consiste en une coupe

d'or, *the Goodwood cup*, et en diverses sommes d'une valeur de cent à cent vingt mille francs.

Il y a aussi *the Chesterfield cup*, « la coupe de Chesterfield, » prix fondé par le célèbre comte de ce nom. Voici une clause du testament de ce seigneur, qui connaissait bien les dangers du *turf* : « Chaque fois que mon fils fera courir, il donnera une somme de cent mille francs aux hôpitaux. » Cette précaution de la sagesse paternelle ne fit qu'accélérer la ruine du jeune lord, dont elle devait conserver la fortune.

Le plus célèbre prix de courses après celui d'Epsom, ou Derby, est celui de Saint-Léger, fondé par le comte de Saint-Léger, à Doncaster dans le comté d'York. Ne sont admis à cette course que les chevaux et juments de trois ans.

De tous les champs de courses de l'Angleterre, le plus ancien est celui de Newmarket, petite ville des comtés de Suffolk et de Cambridge. Ces courses, qui sont au nombre de sept annuellement, datent du règne de Charles II.

Le *betting*, « pari, » est la somme qu'on risque pour tel ou tel cheval, engagé dans une course. Le refus d'enjeu par un parieur autorise l'autre à déclarer nul le pari. L'absence d'un parieur, un jour de courses, annule ses paris, à moins que quelqu'un ne les tienne pour lui. Nul ne peut, sur le champ de courses, se dédire d'un pari convenu ailleurs.

Le jury nommé pour présider aux courses est, d'après

une décision du conseil d'État français, juge souverain de toutes les contestations qui naissent entre les *turfistes*.

Un pari fait après une seule épreuve est nul, si le cheval ne court pas à la seconde.

Le plus fort parieur choisit le cheval pour lequel il parie, ses risques étant les plus considérables.

Le parieur qui a fait choix d'un cheval a contre lui tous les autres chevaux qui courent ; mais si ce cheval court seul, le pari est nul.

Les paris faits quand la course est commencée ne sont valables qu'après que le prix est définitivement gagné, à moins qu'il n'ait été convenu que le pari n'est fait que pour une épreuve ou première course.

Quand on parie qu'un cheval doit nécessairement ou *absolument* gagner le prix, on perd ce pari, si ce cheval ne court pas, et on gagne lors même qu'il court seul.

Quelquefois, pour engager une personne à parier, on lui donne d'avance une certaine somme, distincte de celle qui est l'objet du pari. Cette somme n'est pas rendue lors même que la course n'a pas lieu.

Celui qui répond *all right*, ça va, à une proposition de pari, est engagé à le tenir.

Le *trial*, « épreuve, » est une distance parcourue par les chevaux engagés dans une poule, *macth-stake*. Quand il y a deux épreuves, le résultat de la seconde annule celui de la première. Quand il y en a trois, le prix est adjugé au cheval vainqueur dans les deux premières. Si trois chevaux différents sont les premiers dans chaque épreuve, ces chevaux sont seuls admissibles pour la quatrième et dernière épreuve. Si, à la troisième épreuve, l'avantage est indécis, tous les chevaux engagés peuvent prendre part à une épreuve nouvelle.

Le *warren* est l'enceinte où sont renfermés les chevaux avant la course.

Une *box* est la loge d'un seul cheval, les chevaux pur sang étant séparés les uns des autres. *Box* est aussi le nom de la tribune des jockeys sur le terrain de la course, ou hippodrome.

Jockey signifiait maquignon autrefois en Angleterre. En France, ce mot fut d'abord synonyme de laquais ; aujourd'hui c'est le nom de celui qui monte un cheval de course pour disputer le prix. Le duc d'Orléans, père de Louis-Philippe, fut le premier qui fit venir d'Angleterre des palefreniers, sous le nom de *jockeys*.

Jacket, veste ronde des jockeys, en soie, ou en satin et de couleur éclatante.

The cap, « la toque, » est la coiffure des jockeys ; elle est ordinairement de velours noir ; quelquefois jaune ou rouge.

Dead-heat, « épreuve nulle, » celle où deux chevaux arrivent ensemble et tête à tête devant la ligne qui sépare en deux le poteau marquant le terme de la course.

The rope, corde qui, attachée à des poteaux plantés **en** double rang, marque l'enceinte de l'hippodrome. Le cheval qui est le plus près de la corde est mieux placé que les autres. Cette place, ainsi que les autres, se tire au sort. Le cheval qui brise la corde, ou la franchit, est déclaré hors de concours. Dans le langage du turf, la locution *to have the rope, avoir la corde*, signifie : avoir l'avantage sur **un** concurrent.

Les paris inégaux, comme dix contre six, quatre contre deux, s'appellent *odds*.

To slip away, se dérober, se dit d'un cheval, qui, pendant une course, sort des limites de l'hippodrome pour suivre une route quelconque. Ce cheval se dérobe à la fois aux efforts de son cavalier et à la ligne qu'il doit suivre. Cet écart est une des nombreuses causes de *disqualification*, ou mise hors de concours, d'un cheval engagé.

Le cheval qui ne remplit pas une ou plusieurs conditions du programme pour une cause quelconque d'incapacité, est *disqualifié, disqualified*, c'est-à-dire, n'a plus qualité, plus droit de disputer le prix.

Distancer exprime à peu près le même sens que *disqualifier*. Est distancé tout cheval qui : 1° reste à 720 pieds en arrière du premier cheval arrivé au but ; 2° qui s'est dérobé ; 3° qu'on retire de la course avant que le prix

ne soit gagné ; 4° qui, sorti de la limite de l'hippodrome, n'y rentre pas au même endroit où il l'a franchie ;
5° tout cheval dont le jockey croise ou coudoie un autre
jockey.

Le *catch-weights*, ou « poids d'attrape et de surprise, »
est une course particulière dont voici les conditions. Chaque propriétaire, au lieu d'indiquer, comme c'est l'usage, le
poids que portera son cheval, laisse ce poids indéterminé.
Alors, pour surprendre les autres joueurs et gagner la
poule, chacun fait monter son cheval par le jockey le plus
léger qu'il puisse trouver.

Les jockeys qui ne doivent pas à la nature *l'avantage*
d'être de petits mannequins rabougris, l'acquièrent par des
exercices et un régime d'anachorète. S'ils ne diminuent
pas leur stature, ils réduisent du moins le poids et le volume de leur corps à des proportions d'une incroyable exi-
guité. John Day ne pèse que quatre-vingt-douze livres, ce
qui fait la moitié de son renom et de sa valeur comme jockey ; l'autre moitié est son habileté à conduire un cheval
de course de manière à gagner le prix. Un autre jockey du
nom de Chifney avait cinq pieds six pouces, taille bien
trop haute pour sa profession. Pour trouver à l'exercer, il
s'amoindrissait par de rudes austérités. Pour déjeuner, un
peu de pain et de beurre, et une tasse de thé ; à dîner, deux
onces de viande et une mince tranche de pudding. Pour

boisson, du vin coupé de deux tiers d'eau. Le soir, pas de souper, à moins qu'on n'appelle ainsi une simple tasse de thé. Ce régime, qui est à peu près celui de tous les jockeys, les réduit à l'état de maigreur et de légèreté que nul autre état au monde n'exige de l'homme. Pour y parvenir plus vite et plus sûrement, surtout à l'approche de l'époque des courses, ils se couvrent de lourds et chauds vêtements : quelquefois cinq ou six gilets et trois pantalons. Ainsi vêtus, ils font à pied cinq ou six milles (une lieue et demie ou deux lieues) pour exciter une abondante transpiration. Ils se reposent alors devant un grand feu, dans une taverne où ils sont attendus. A leur retour, ils se livrent au repos et aux plaisirs, mais avec la plus grande modération. Un fait curieux s'est produit parfois dans le cours de ces régimes antihygiéniques, qui détériorent la race humaine pour le perfectionnement de la race chevaline. Nous ne parlons pas des bras, des jambes et des têtes cassés dans les courses, cela fait partie du métier. Des jockeys viveurs et bien nourris, au lieu de perdre leur embonpoint, l'ont augmenté par la diète sévère que leur impose l'exercice de leur dure profession. Quelques-uns de ces hommes arrivent à la fortune et à une sorte de célébrité sur le champ d'honneur du turf.

Mais à quel prix ! En devenant une race chétive de pygmées, ayant chacun l'apparence et le poids d'un enfant de dix ans, avec les traits vieillis d'un homme de cinquante. Aussi les appelle-t-on *light weights,* « poids légers, » parmi lesquels il faut citer comme merveille du genre le jockey *Wood Scott,* dont le poids est de vingt-six kilos ou cinquante-deux livres.

To hedge, « s'entourer d'une haie, » est une expression métaphorique, qui signifie s'entourer, en pariant, de toutes les précautions qui peuvent le mieux diminuer les chances de pertes. Ainsi on parie de fortes sommes contre de faibles ou de faibles contre de fortes.

La *palm,* « paume, » est une mesure de quatre pouces anglais qui n'est en usage que pour mesurer la taille des chevaux.

Le *mile,* « mille, » est une mesure itinéraire de 1 kilomètre, 6093.

Le *stone* est un poids de quatorze livres, ou 6 kilogrammes 3490, quand il s'agit du poids des chevaux, seulement. (Voir au chapitre Poids et Mesures les variations de ce poids, selon la nature des objets.)

Le *track,* «piste,» est la ligne déterminée que doivent suivre les chevaux dans une des diverses courses qui sont l'objet du turf.

Weights, les « poids. » Il y en a de trois sortes : le *weight of age,* «poids selon l'âge du cheval; » *the equal weight,* « le poids égal pour tous les chevaux ; » *the weight for handicap,* « le poids pour le handicap, déterminé » d'après la force et la vitesse des chevaux.

Après chaque course, les chevaux sont pesés. Tout jockey est distancé qui descend avant d'amener son cheval aux balances, ou qui, étant pesé avec lui, n'a pas le poids convenu.

Le *black-leg*, « jambe noire, » est celui qui ne fait pas honneur aux engagements du turf, qui joue des jambes et se dérobe par la fuite à l'obligation de payer les paris qu'il a perdus. C'est le nom commun aux intrigants, aux bohêmes des courses, qui en vivent sans y apporter de capital. Sur le terrain, *ring*, de la boxe et autres genres de lutte, on appelle *white-livered*, « foie blanc, » celui qui refuse le combat, ou bien on dit de lui : *That he shows the white feather*, qu'il montre la plume blanche. Ainsi les lâches sont blancs et les coquins sont noirs. On n'a pas encore trouvé la couleur des honnêtes gens et des braves. Quelle pourrait bien être cette couleur ?

Elle devrait être connue et recherchée, ne fût-ce que pour sa rareté.

Play or pay, « joue ou paye ; » cette formule rend obligatoires les paris faits pour ou contre un cheval, lors même que ce cheval ne court pas.

Head, « tête. » Le cheval dont la tête est la première au but gagne le prix. De là l'expression *to Win by a head*, « gagner d'une tête. »

The age, l'âge d'un cheval pur sang, date toujours du

1ᵉʳ janvier, bien qu'il soit né dans un mois quelconque.

A brohen-down horse, « un cheval rompu, » est celui qui, par suite de la rupture d'un membre ou d'un muscle, est impropre aux courses.

Le *breeder* est l'éleveur du cheval, celui qui s'occupe de sa production. Ceux qui se livrent à cette industrie deviennent souvent millionnaires.

To train signifie dresser, former; on en a assez bizarrement fait le verbe *entraîner.* Donc *entraîner* un cheval, c'est par un art difficile et compliqué, des soins minutieux, l'hygiène et des exercices spéciaux, le préparer aux courses.

Le *training,* entraînement, est donc l'éducation du cheval.

Le *trainer,* entraîneur, c'est celui qui en est chargé. Il y a aussi le *horse-breaker,* dompteur pour les chevaux rétifs et vicieux.

Les *races,* « courses, » où les chevaux dressés par de savants et coûteux exercices se disputent le prix de la vitesse, sont de plusieurs sortes.

La course plate, *flat race,* pour les chevaux pur sang seulement, a pour objet l'épreuve de leur vitesse relative.

Dans la course des haies, *hedge-race* ou *hurdle-race,* les chevaux ont à franchir de petites haies ou claies de trois à quatre pieds de hauteur.

Quelquefois la course plate et la course des haies se combinent ensemble : les chevaux ont à franchir de petits obstacles de même nature.

Les chevaux pur sang, demi-sang et trois quarts sang, prennent part à ces courses.

Le *steeple-chase*, « course au clocher, » est la plus haute épreuve de la force et de la vitesse. Les obstacles y sont nombreux, effrayants : haies, palissades, fossés, murs et rivières. Ces exploits ne s'accomplissent guère sans un *quantum sufficit* de membres humains et chevalins brisés et souvent de cavaliers et de montures tués raides dans leur chute. Ceux que n'arrête nul obstacle, ni les murs de six pieds ni les fossés de douze, sont honorés du titre de *hard-forward-riders*, « cavaliers casse-cou. »

Quand cheval et jockey tombent, c'est pour le premier qu'est l'émotion, et cela est *naturel*, vu la différence de prix et d'importance. Une personne de même poids prend la place du jockey tombé, et à l'endroit où il est tombé; mais où trouver un cheval comme *Éclipse*, dont le maître à qui on en offre 300,000 francs en demande 500,000 comptant et une rente viagère de 7,500 francs? Comme *Crab, Godolphin, Beggarman*, qui valent eux aussi des sommes fabuleuses.

Un cheval ne peut courir à moins que son âge ne soit dûment constaté ou qu'il ne puisse porter le même poids que les autres chevaux plus âgés que lui.

La distance à parcourir varie selon l'âge et la force des chevaux.

La plus longue course est de quatre kilomètres en partie liée.

Le *prize*, prix, est l'argent gagné par le cheval vainqueur dans une course. Ces prix sont en France de diverses sortes. Il y a le grand prix impérial ou de première classe pour les chevaux qui n'ont jamais gagné ce même prix ; les prix impériaux ou de deuxième classe pour les chevaux qui n'ont jamais gagné le prix de première classe. Les prix principaux pour chevaux n'ayant jamais gagné de prix de première ou de deuxième classe ; enfin les prix spéciaux pour chevaux de toute espèce, ayant résidé deux mois sans interruption dans la même division, et n'ayant jamais gagné aucun des prix précédents. La surcharge imposée à un cheval varie de deux à quatre kilogrammes, selon le nombre et l'importance des prix qu'il a gagnés.

Ce poids ou charge de plomb, imposé aux chevaux plus vigoureux que leurs concurrents, s'appelle *dead weight*, poids mort, par opposition au poids vivant qui est le jockey.

Les prix ne sont donnés que pour les courses au galop.

Voici la valeur des divers prix énumérés plus haut :

Pour Paris, grand prix impérial 14,000 francs.

Prix impérial	6,000
Prix principal	5,000

2ᵉ Prix principal   4,500 francs.

Prix spécial   3,500

2ᵉ Prix spécial   3,000

Ces divers prix pour les départements varient de 1,000 à 3,000 francs, excepté le prix impérial, qui est uniformément de 4,000 francs.

Le *handicap* est un genre de course où sont admis des chevaux de force et de mérite différents, mais entre lesquels on égalise autant que possible les chances de victoire, au moyen de quelques livres de plomb imposées aux plus agiles. Il faut une grande habileté au juge appelé *handicaper*, pour déterminer le poids plus ou moins lourd que doit porter un cheval, selon son âge, sa vitesse, sa force, toutes les qualités dont il a fait preuve dans ses exploits antérieurs sur le turf. L'homme le plus renommé aujourd'hui pour son talent spécial dans ces difficiles appréciations est l'amiral Rous. Avant lui, un autre *handicaper* s'est presque illustré dans ces hautes et délicates fonctions; c'était le docteur Bellyse. Un handicap présidé par lui, il y a quinze ou vingt ans, à Newmarket, est demeuré le modèle du genre. Il avait assigné avec une si merveilleuse justesse d'appréciation le poids que chaque cheval devait porter, que les forces des concurrents se trouvèrent égalisées au point de rendre la victoire impossible. Quatre chevaux étaient engagés : *Nandel, Tapagon* et

7.

Nerburg, âgés de quatre, et *Cédric,* âgé de trois ans. Le premier portait 118 livres ; le second, 112 ; le troisième, 109, et le quatrième, 97. Aux trois premières épreuves, les chevaux arrivèrent en même temps. Il n'y eut donc ni vainqueur ni vaincus, par conséquent point de prix gagné. La quatrième course fut également nulle pour la même raison. Les chevaux étant trop fatigués pour une cinquième course, les propriétaires de *Tapagon,* de *Nandel* et de *Cédric* adjugèrent volontairement la somme engagée au propriétaire de *Nerburg.*

Le mot *handicap* est d'origine irlandaise et signifie littéralement : « la main dans la toque, » *the hand in the cap.* En Irlande, comme en Écosse et en Angleterre, le plaisir d'aller à cheval est commun à tous les gens riches, d'où il suit que les transactions, ventes et échanges, entre les amateurs de chevaux, sont plus fréquents qu'en tout autre pays. Pour éviter les débats et les discussions entre vendeur et acheteur, un tiers est appelé pour prononcer sur les qualités et la valeur du cheval. Son appréciation faite, les deux parties mettent en même temps la main à la poche ou dans leur *cap,* « toque, » et l'en retirent simultanément. Si chacun a de l'argent dans la main, l'évaluation de l'arbitre est acceptée et la vente conclue. Si ni l'un ni l'autre n'a d'argent en main ou qu'un seul en ait, le marché est nul.

On voit que la signification primitive de ce mot était fort différente de celle qu'il a aujourd'hui.

Le *starting*, « départ, » est un des moments solennels de la course ; il satisfait à l'impatiente curiosité de la foule, qui l'accueille par ses hourrahs.

Quand, par un motif quelconque, un cheval engagé pour une course ne peut pas courir, le propriétaire paye une somme appelée *forfeit,* « amende, confiscation. »

Le *pony,* dont on a fait poney, est un cheval de moyenne taille qu'on attelle à une voiture à deux roues appelée *poney-chaise.* Il y a aussi le *Shetland pony,* ou pony des îles Sheetland. C'est un très-petit cheval membru, à long poil, à queue longue et touffue, de la taille d'un poulain de quinze jours. Ce cheval colibri n'accomplit aucune *performance,* « exercice sur le turf. » C'est sur son dos velu qu'en Angleterre les enfants riches commencent, dès l'âge de cinq ans, leur apprentissage de cavaliers. De là cette supériorité des Anglais dans tous les exercices du cheval.

Le *winner* est le cheval qui gagne le prix. Ce cheval devient un héros, son nom est dans toutes les bouches, chacun veut le voir ou posséder son portrait, qui se vend à milliers.

Voici l'origine du nom de *Tattersall* donné aux deux grands encans de chevaux de Londres et de Paris.

Vers l'année 1750, un pauvre jockey, n'ayant pas un

shilling dans sa poche, arrivait du comté d'York à Londres pour y trouver un emploi. Il s'appelait Richard Tattersall. Reçu d'abord chez un riche marchand de chevaux, il s'y fit bientôt remarquer par une rare aptitude pour sa profession. Devenu entraîneur du duc de Kingston, et vivant familièrement avec les grands seigneurs de l'époque, il reçut de l'un d'eux, lord Grosvenor, le don d'un vaste terrain pour y créer un établissement destiné à la vente publique des chevaux. Ayant acquis une immense fortune, il acheta dans le Cambridgeshire un château où il reçut l'élite de la société du temps. Le célèbre orateur Charles Fox et le prince de Galles, qui fut depuis George IV, étaient du nombre de ses visiteurs. Tattersall, l'ancien jockey, fut le fondateur du *Morning-Post*. Le Tattersall est aujourd'hui le premier établissement de l'Europe pour la vente des chevaux. Il est situé à *Hyde-Park-Corner*, un des plus aristocratiques quartiers de Londres. Malheureusement le Tattersall est aussi le temple du hasard et des caprices de la fortune. On évalue à 100 millions les sommes qui s'y jouent annuellement en paris.

Le *Tattersall* français, situé à Paris, rue de Beaujon, a été fondé, par décret impérial, le 19 septembre 1855.

Le *Jockey-club* français est, comme son prototype d'outre-Manche, fort mal nommé, puisque tous deux n'admettent que des notabilités de fortune et de naissance et non pas des jockeys. Ces Clubs ont pour objet spécial le perfectionnement des races chevalines. Celui de Paris fut fondé au commencement de 1834, rue du Helder, par quelques riches amateurs de chevaux, parmi lesquels étaient les ducs d'Orléans et de Nemours, le prince de la Moskowa, lord Seymour, M. Charles Laffite et M. Leroy. De la rue du Helder, cette société hippique se transporta successivement rue Grange-Batelière, puis rue de Gramont ; elle siége aujourd'hui au coin de la rue Scribe et du boulevard Bonne-Nouvelle. Qu'on juge de la magnificence de ce club, dont la décoration a coûté, dit-on, deux cent cinquante mille francs ! Parmi les articles de l'ameublement se remarque dans le vestibule une paire de balances à jockeys.

Le droit d'entrée est de cinq cents francs, et la redevance annuelle de trois cents. C'est une bagatelle pour les millionnaires du lieu. La plupart sont titrés et décorés ; aussi est-il fort difficile d'être admis dans ce club fashionable.

Les départements ont aussi leurs Jockeys-clubs, qui sont aujourd'hui au nombre de cinquante.

Tout en reconnaissant le but sérieux et utile de ces sociétés, des prix qu'elles fondent, des courses qu'elles organisent pour l'amélioration des races chevalines, il faut signaler le côté dangereux des courses elles-mêmes. Elles sont en Angleterre aussi désastreuses pour toutes les classes de la population que les jeux de Bourse en France pour les capitalistes grands et petits, et que le jeu de la roulette à Bade et à Hambourg. Le Tattersall de Londres attire dans son gouffre des joueurs, ou parieurs, ce qui est la même chose, de toutes conditions : ducs et riches gentlemen, marchands, commis, épiciers, fonctionnaires publics, maîtres d'hôtel, commissionnaires, bouchers, domestiques des deux sexes, ouvriers, palefreniers apprentis. Après cette foule qui est la nation elle-même, viennent les bohêmes du turf, gens sans feu ni lieu, oiseaux de proie, s'abattant sur les champs de courses, comme sur un champ de bataille, où des milliers de dupes laissent leur fortune et quelquefois leur honneur.

L'escroquerie, la coquinerie se glissent même dans les rangs dorés des riches turfistes et nobles sportsmen, ce qui est inévitable quand il s'agit de centaines de mille francs à gagner ou à perdre, dans les spéculations aléatoires fondées sur la vitesse d'un cheval qui a vingt-cinq concurrents. Quelquefois c'est un jockey qui, pour une forte somme, se vend aux adversaires de son maître et fait perdre la victoire au cheval le meilleur et le plus renommé. C'est souvent le propriétaire d'un cheval fameux qui parie de petites sommes pour ce cheval et des sommes considérables contre, puis qui, donnant ordre à son jockey de se laisser battre, réalise, par cette friponnerie, d'énormes bénéfices. Ou bien, c'est un très-bon coureur qu'on fait passer pour une rosse, et qui, ayant été plusieurs fois vaincu dans les courses, a tous les parieurs contre lui. Le propriétaire parie un beau jour pour ce cheval, et tous ses paris sont tenus dans la proportion de dix contre un. Le cheval, habilement conduit par un jockey qui est dans le secret de la fraude, bat tous ses concurrents et gagne à son maître un demi-million. Le roi George IV, alors qu'il était prince de Galles, fut soupçonné de fraude dans ses paris pour son cheval *Escape*. Le prince vendit alors son haras, se retira du *Jockey-club* dont il était membre, et ne reparut sur le turf que plusieurs années après.

D'autres fois, c'est un cheval que l'on drogue pour lui ôter sa vigueur, comme il arriva au pur sang *Belzoni*, dont son maître avait refusé la veille deux cent soixante mille francs. C'était l'acte criminel de ceux qui, ayant parié contre ce cheval, avaient intérêt à ce qu'il ne fût pas vainqueur.

Il n'est pas rare que des chevaux soient empoisonnés par des parieurs ou par des propriétaires rivaux. Tel cheval de prix est gardé à vue, la veille d'une course, par deux jockeys et deux policemen, pour le protéger contre ce danger, ou quelque blessure qui le rende invalide.

Une autre fraude, la plus fréquente et la plus difficile à découvrir, c'est la substitution d'un cheval à un autre, et encore les fausses déclarations d'âge et de nom.

On connaît le dicton : l'Anglais invente, le Français perfectionne ; il est justifié cette année par deux exploits hippiques. Les Anglais, inventeurs des courses, ont eu leurs meilleurs chevaux battus par les nôtres ; au mois de mai, aux courses des *Oaks*, à Epsom, par Fille-de-l'Air, appartenant à M. de la Grange ; le 5 juin, au bois de Boulogne, par Vermont, à M. de Lamarre. Nous avions applaudi aux victoires remportées jusqu'alors par les coureurs anglais sur les nôtres. Au rebours de cette courtoisie, nos voisins ont sifflé Fille-de-l'Air, à Epsom ; sans l'intervention de la police, ils eussent même mis Fille-de-l'Air et son jockey à tout jamais hors d'état de courir et même de marcher.

Le 5 juin 1864, aux courses du bois de Boulogne, Vermont a gagné le prix de cent mille francs aux acclamations frénétiques de : Vive la France ! Vive l'Empereur ! poussés par cinquante mille spectateurs affolés de joie. Blair-Athol, à M. Lanson, était le champion vaincu de l'Angleterre. Ce nouveau triomphe n'était point fait pour guérir nos voisins d'une mauvaise humeur qui n'aurait dû être qu'un accès d'*humour*, et partant, beaucoup plus spirituel. Peut-être existait-il entre la France et l'Angleterre assez de sujets de rivalités petits et grands, sans les rivalités du turf, qui menacent de devenir un véritable conteste national. A celui-ci les deux nations ont peu de chose à gagner, et les particuliers, excepté quelques hommes fort riches, ont tout à perdre.

Les paris du turf, qui sont un jeu de hasard, se compliquent en outre, comme on le voit, de fraudes, de piperies et même de crimes de plus d'un genre, dont sont dupes la plupart de ceux qui vont y risquer leur argent. On comprend avec quelle rapidité s'y engloutissent les fortunes du lord, du millionnaire propriétaire ou banquier, le salaire de l'ouvrier et les économies du domestique. De là de nombreux vols et abus de confiance commis par ceux qui, ayant perdu tout leur avoir, sont encore aiguillonnés par la passion des paris.

Échapperons-nous à ces écueils, en France, où les courses se popularisent et se multiplient si étrangement ?

Comme spectacle seulement, les courses sont, au point de vue économique, un mal réel. Les spectateurs de tous rangs veulent à l'envi y figurer en grand appareil. A voir la multitude de chevaux de selle, d'équipages, de voitures de tous genres qui les emportent à Vincennes, à Boulogne, à Chantilly, on dirait qu'ils ont tous cinquante, ou tout au moins vingt-cinq mille livres de rentes. Chacun veut paraître les avoir réellement et n'y réussit que pour se trouver un peu plus pauvre le lendemain qu'il n'était la veille. Toilettes extravagantes, chevaux à grelots, postillons à culottes jaunes, champagne et dîners rabelaisiens se soldent tristement à la fin du mois. Nous en connaissons plus d'un exemple.

CHAPITRE VII

LE PUNCH ET LE PUFF

C'est aux Anglais que nous devons le *punch*; nous leur avons emprunté la chose et le nom; et dans une réunion d'amis, par une froide soirée d'hiver, cet emprunt a bien son mérite.

Punch est aussi le nom du Polichinelle anglais, sans doute parce qu'il a comme son homonyme des qualités exhilarantes qui font oublier un moment les ennuis de la vie. M. *Punch* a conservé chez nos voisins une popularité qu'il n'a plus chez nous. A Paris, les bonnes d'enfants et leurs troupeaux de bébés sont à peu près les seuls spectateurs des querelles de Polichinelle avec sa femme et le commissaire.

A Londres, tout le monde s'en amuse; et l'on voit des banquiers, des députés, des artistes, des lords, autour du théâtre de serge verte de M. *Punch*. Un auteur contemporain attribue la faveur de *Punch* à une cause peu flatteuse pour nos voisins. « Malgré les mauvaises actions de sa vie, *Punch*, dit-il, personnifie un côté du caractère anglais : la force d'âme, la présence d'esprit, l'empire sur soi-même. » Voilà de belles qualités sans doute. Mais si l'Anglais les mettait en pratique, à la façon de *Punch*, il devrait bâtonner sa femme toute la journée, gourmer le commissaire, tuer l'agent de police venu pour l'arrêter, et enfin se délivrer des tracas du ménage en jetant ses enfants par la fenêtre. L'Anglais fait de sa force d'âme et de corps un emploi plus moral et plus profitable : il gagne de l'argent, beaucoup, toujours, presque sans repos ni relâche. Ayant peu de temps à donner aux plaisirs, il n'est pas difficile sur ceux qui se présentent. Le premier venu est le meilleur ; il a d'abord le mérite de ne pas se faire chercher ; et s'il a, en outre, celui de ne pas exiger de frais d'imagination, il est parfait. Les Anglais aiment le gros rire, qui presque toujours est le plus gai, parce qu'il est le plus franc. Or, *Punch* avec ses énormes lazzi et ses éternels coups de bâton amuse à perpétuité ces rudes travailleurs britanniques. Leur figure rubiconde s'épanouit à ce spectacle, et leur digestion en devient moins difficile. Les Anglais sont donc un peuple infiniment plus amusable que les Français légers, flâneurs, et qui, grands faiseurs eux-mêmes de mots et de choses pour rire, sont difficiles sur la qualité des choses risibles que leur offrent les amuseurs de gens.

Jamais Albert Smith, un ancien dentiste, homme d'esprit d'ailleurs, n'eût gagné un million en montrant aux Parisiens, tous les soirs, pendant cinq ans, le *Mont-Blanc* peint sur une petite toile d'un mètre carré, et en leur racontant dix-huit cents fois de suite la même aventure, médiocrement comique, de trois ou quatre Anglais qui tentent avec certaines mésaventures l'ascension de ladite blanche montagne. A Londres, ce spectacle valut à son auteur cinquante mille livres de rentes ; c'est ce que nous avons vu de nos yeux. Jamais, en France, l'Anglais Richardson (pas l'auteur de *Clarisse Harlowe*) n'eût amassé cinquante mille livres sterling (1,250,000 francs) avec un petit spectacle portatif, *peep-show*, où à travers des verres grossissants on voyait des places publiques, des monuments, une église de village, un troupeau de moutons, une chaumière, etc. ; un de ces petits spectacles, comme il y en a un en permanence et en plein vent au coin de la rue Réaumur. Notre *clown* Auriol, quoique très-amusant, n'a jamais excité chez nous le frénétique enthousiasme qui saluait à Londres ses prototypes, les *Wallet*, les *Seal*, les *Flexmore*. Il a dû s'en prendre au goût national, qui en

France ne se passionne pas pour les bêtises, même les bêtises supérieures.

Ce qui plaît encore aux Anglais, c'est l'insolite, l'anormal, le phénoménal. Aussi est-ce chez eux que le *puff* ramasse de colossales fortunes. Les *puffistes* de tous les pays amènent à Londres de douteuses curiosités plus ou moins monstrueuses, et qui comme telles ont une vogue californienne. L'un est *exhibitor*, « exhibiteur, » d'un cheval à toison de brebis ; le pauvre animal était tout uniment emmaillotté dans des peaux de mouton qui déguisaient tant bien que mal sa véritable espèce. L'autre montre une affreuse demoiselle, née de la rencontre lamentable d'un grand singe et d'une belle Américaine égarée dans les bois. Cette intéressante jeune personne, âgée de vingt ans, ressemble, hélas ! beaucoup à son père par la figure et les membres velus, et à sa mère par sa taille et sa belle voix, car elle chante à ravir et danse de même. Miss *Nondescript*, « indescriptible, » comme on l'appelle, devait à l'art d'un habile industriel de ressembler assez bien à un semi-individu de l'espèce simiane. La pauvre enfant devait se trouver bien heureuse et bien belle le soir en se dépouillant de son masque noir et velu.

C'est avec de telles inventions pour amuser les Anglais et les Américains que M. Barnum a fait une fortune de douze à quinze millions. Son château et son domaine d'Iranestan, aux États-Unis, sont d'une royale magnificence. Non moins admirable que ses talents a été la reconnaissance de M. Barnum pour le bon public auquel il doit ses richesses. Se donnant lui-même, avec une sincérité sans exemple chez ses pareils, le titre hardi de *Prince of Humbug, prince de la blague,* il a fait un livre et des cours publiés à Londres sur l'art de gagner de l'argent en se moquant des *cockneys,* « badauds. »

Le *cockney* est de force à acheter du clair de lune en bouteille et à croire que la lune est un fromage d'or. Charmés de la spirituelle mystification, les Anglais affluaient au cours de M. Barnum. Chacun payait gaiement *un shilling* pour apprendre comment on lui en avait fait débourser tant d'autres. Dans un siècle tel que le dix-neuvième, M. Barnum est un grand homme; ses contemporains, ébahis et reconnaissants, lui ont dressé un piédestal d'argent; admirant encore davantage son art, qu'elle perfectionnera sans doute, la postérité mettra sa statue en or sur ce piédestal, et le *humbug* aura atteint la dernière limite des honneurs et du progrès.

CHAPITRE · VIII

ARTICLES ANGLAIS QUI SE VENDENT EN FRANCE

Bath paper. Papier de Bath.

Carpet dont on a fait *carpette*. Petit tapis.

Grass-cloth. Tissu d'herbe (le tchou-ma des Chinois) qui ressemble à la batiste.

Hand-book. Guide du voyageur, manuel.

Lasting (qui dure). Tissu uni et ras, dont les variétés sont le satin turc et le satin Montpensier.

Long Ell. Tissu de laine croisée dont l'Angleterre fait une exportation considérable dans l'Inde. On l'imite à Roubaix.

Middling. Coton en balle, de qualité moyenne.

Post Stamps. Timbres-poste.

Steel pens. Plumes d'acier de Mitchell, Gillott, Perry.

Soda Water. Eau de Seltz.

Velvet. Velours.

Wrapper. Couverture de voyage qui se met sur les genoux.

Short horns. Courtes cornes, espèce renommée de taureaux, dits de *Durham*.

The strangers diary. Livre contenant tous les renseignements d'hôtels, spectacles, marchands, dont un voyageur anglais a besoin à Paris.

Stock fish. Poissons salés pour approvisionnements, tels que morue, merluche, saumons, harengs.

Stoff (corruption de l'anglais Stuff). Étoffe de laine peignée, longue, à fond lisse, en uni ou en broché; c'est une espèce de lasting.

CHAPITRE IX

CHEMINS DE FER

A quiconque fait un petit voyage de Paris à Londres, et surtout revient de Londres à Paris, la connaissance d'un certain nombre de mots anglais est indispensable pour éviter plus d'un embarras et plus d'un mécompte. Prenez-vous la voiture de première, seconde ou troisième classe, *the first, second or third class carriage?* Les prix varient et la commodité du voyageur aussi.

Le billet pour l'aller et le retour, *return ticket*, coûte moins cher que le billet simple, *single ticket*. Enfin, il s'agit de savoir si vous prenez le train à grande vitesse, *express train*, ou le train ordinaire, *ordinary or slow train*. Quant à votre bagage, *baggage luggage*, tenez constamment un œil dessus, car des deux côtés du détroit les gares *stations* de chemins de fer sont hantées par d'adroits voleurs, *sharp thieves*.

En automne, il y a des trains de plaisir, *excursions trains,* dans lesquels on fait d'agréables voyages à prix réduits, *at reduced fares*.

Si pendant le voyage vous entendez parler du *Terminus*, sachez que ce mot est le nom de la dernière gare d'un chemin de fer, l'endroit où il se termine. Ainsi le London *Terminus*, le Terminus de Londres, ou plutôt du pont de Londres, est la dernière station des chemins de fer de Douvres, de Folkstone, etc.

Les lettres A. M. et P. M. placées après les heures de départ sur les pancartes de chemins de fer signifient : *ante meridiem, post meridiem,* avant midi, après midi.

En attendant l'heure du départ, promenons-nous dans cette gare et jetons un coup d'œil sur quelques-uns des objets qui composent une voie ferrée.

Le gros sable, la terre et les pierres cassées qui forment le sol de la voie s'appellent *ballast*. Sous ce *ballast* sont quelquefois placées de longues pièces de bois sur lesquelles reposent longitudinalement les *rails* et qui s'appellent *longrines*. Mais généralement c'est sur des pièces de bois transversales et dont la longueur se mesure sur la largeur de la voie ferrée que sont posés les *rails* ou longues bandes de fer sur lesquelles courent les roues de la machine, *engine,* et celles des *waggons.*

Le *waggon* est le chariot aux marchandises; le *truck* est un *waggon* découvert pour les bestiaux , les pierres, le charbon; le *carriage* est la voiture des voyageurs.

The mail, « la malle, » est le *waggon* qui emporte les dépêches et les lettres.

Entre la machine, *engine,* qui s'appelle aussi locomotive, et la première voiture de voyageurs, *carriage,* se place le *tender, waggon* vide destiné à amortir le choc et à protéger les voyageurs, en cas d'accident.

Le mécanicien se nomme *engeener,* ingénieur.

Le *stuffing-box* est une boîte remplie d'étoupes destinée à empêcher la fuite de la vapeur par le mouvement du piston.

Le *cow-catcher* est une machine adaptée à la locomotive pour enlever les vaches, bœufs et autres animaux errant sur la voie ferrée, et pouvant causer les plus graves accidents. Elle est d'un usage général en Amérique, où les chemins de fer ne sont point fermés de chaque côté par des palissades, *fence ;* mais elle serait utilement employée sur nos chemins de fer, où, malgré les clôtures, des animaux pénètrent souvent, au grand danger des membres et de la vie des voyageurs.

Le *tramway* est une voie ferrée, sur laquelle passent, sans l'endommager, toutes sortes de véhicules, les rails étant à rainure et au niveau du sol. Tel est le chemin de fer américain du Cours-la-Reine.

Il y aussi le *edge-rail* ou rail à rebord, comme ceux du chemin de fer de Paris à Sceaux.

Nos voisins d'outre-Manche, qui dans la voie, ferrée ou non ferrée, du progrès matériel, courent à la tête de tous les peuples, en sont venus à ce point d'économie du temps et de l'argent qu'ils expédient comme ballots étiquetés des êtres humains incapables de prendre soin d'eux-mêmes. Ainsi, pour s'éviter la peine et la dépense de conduire chez des parents qui demeurent loin, un père octogénaire, qui ne marche plus, ou un enfant de deux ou trois ans qui ne marche pas encore, on lui met sur le dos une étiquette portant son nom, son âge et sa destination, puis on le fait transporter à la gare avec un mot de recommandation pour le chef de train qui devra le déposer, sans fracture ni endommagement, si c'est possible, au lieu indiqué sur l'étiquette dorsale, laquelle indique aussi la provenance de l'article. Un jour viendra où les fiancés, pour éviter les déplacements onéreux, seront aussi expédiés les uns aux autres dans les meilleures conditions possibles d'emballage et de conservation. Quelle joie pour une jeune fille d'être remise saine et sauve au domicile de son futur et *franco !* Ce système est déjà en usage, mais en peinture seulement, comme tout le monde sait, pour les fiancées princières. C'est sur le vu de l'échantillon que la personne est acceptée ou refusée.

CHAPITRE X

MARINE

Il y a quatre ans, la reine Victoria fit à Spithead une grande revue des forces maritimes de l'Angleterre, et ce fut un beau et flatteur spectacle pour l'orgueil britannique. Mais il n'était nullement besoin d'y mêler la bravade et la provocation, comme le firent beaucoup d'Anglais et notamment lord Brougham. Je voudrais, s'écria ce lord, voir se répéter souvent de telles revues, sur nos côtes sud-est, pour ma satisfaction personnelle et pour la confusion des gouvernements voisins.

Ne peut-on se bien réjouir chez soi sans confondre ses voisins ? Et puis, est-il bien sûr que lesdits voisins soient confondus? Les quarante vaisseaux, les cinquante frégates et les deux cents navires d'un rang inférieur, qui paradaient dans la rade de *Spithead*, ont à Lorient, à Brest et à Cherbourg des voisins tout prêts à leur répondre, si jamais il leur prend fantaisie d'avoir avec eux un petit mot de conversation.

En attendant la satisfaction problématique qui leur reviendrait de ce colloque, que les Anglais se contentent de celle-ci qui est aussi flatteuse que réelle pour leur amour-propre national. Nous empruntons à leur langue beaucoup de mots pour exprimer les choses que nous empruntons à leur génie industriel, commercial et mécanique. C'est une reconnaissance implicite de leur supériorité dans certaines branches de la science économique. Oui, ils sont de bons modèles à suivre pour l'acquisition de la richesse, nous voudrions pouvoir dire aussi pour son équitable répartition.

Voici les termes de marine empruntés aux Anglais :

Blinder. C'est couvrir comme d'un bouclier un vaisseau qui va essuyer le feu d'un vaisseau ennemi, d'une batterie ou d'une citadelle. Le blindage se fait au moyen de chaînes, de vieux cordages, attachés aux flancs du navire ou sur le pont. Aujourd'hui on entend spécialement par *blindé* un vaisseau protégé contre les boulets par des plaques de fer variant de cinq à douze pouces d'épaisseur.

Blockhouse, dont on a fait *blockhaus.* Petit fort fait de grosses pièces de bois, barricadé et défendu par quelques canons. C'est aussi un mât planté en terre, avec une sorte de hune ou plate-forme, garnie de petits canons.

Boat, dont a fait le français Bot. Petite embarcation soit à voiles soit à rames. C'est aussi un petit navire cabotier gréé en *sloop.*

On l'écrit aussi *Both* et *Booth.*

Cutter, Cotre. Petit navire de guerre à un seul mât, portant une très-grande voile. Les grands *cutters* ont un mât de hune et même de perroquet.

Clipper. Navire construit pour une marche rapide.

Dogre et *Dogreboat.* Bâtiment ponté, de commerce et de pêche, surtout la pêche du hareng et du maquereau. Il a deux mâts : un grand au milieu, portant deux voiles carrées ; un petit à l'arrière, gréé d'une voile carrée et d'une brigantine. Pour conserver le poisson vivant, il a un vivier dans son fond.

Drague. Gros filet muni d'une lame de fer pour racler le fond de la mer et y retrouver les objets perdus, et aussi pour prendre les poissons plats, les huîtres, les moules ; du saxon *to drag,* tirer.

Ironsides. Vaisseaux ou plutôt immenses forteresses flottantes, moitié fer et moitié bois, quelques-unes même entièrement en fer, sur les flancs, *sides,* desquelles des boulets de deux cents livres rebondissent comme des balles de caoutchouc. Tels sont, en France, la *Gloire*, le *Napoléon* ; en Angleterre, le *Warrior*, le *Wellington* et un grand nombre de pareils formidables engins de destruction.

Les *ironsides, côtes de fer*, remplacent les *hearts of oaks, cœurs de chênes*, et les *woodens bulwarks*, les boulevards de bois, noms métaphoriques que les Anglais donnaient à leurs vaisseaux.

Indiaman, « homme de l'Inde. » Expression figurée par laquelle les Anglais désignent un grand navire de commerce spécialement destiné aux voyages des Indes orientales.

Man of War, « homme de guerre. » Nom figuré donné à un vaisseau de guerre de premier rang.

Monitor. Nom donné par les Américains à un navire de guerre de récente invention. Les *monitors* sont entièrement construits en fer ; leur pont est presque à fleur d'eau. Leur proue est armée d'un éperon d'acier de sept à huit pieds de longueur, destiné à éventrer les navires ennemis. Au milieu du pont s'élève une tour mouvante en fer, dont les parois ont dix à douze pouces d'épaisseur, et qui est armée d'un ou deux canons rayés de très-fort calibre. Pendant la lutte, personne ne paraît sur ces étranges vaisseaux, qui semblent combattre tout seuls.

9.

Sloop. Petit bâtiment caboticr à un mât, qui a pour voile une brigantine. Par son gréement et sa construction il tient le milieu entre le cotre et le *both*. Le sloop de guerre est une grande corvette anglaise.

Smack, « semaque, semale. » Grand bâtiment pêcheur des côtes d'Écosse; il n'a qu'un mât gréant une voile de fortune qui se hisse et s'amène avec sa vergue.

Smogler. Faire la contrebande sur mer à bord des navires appelés smogleurs ; de l'anglais *to smuggle*.

Smogleur. Navire qui fait la contrebande; de l'anglais *smuggler*, « contrebandier. »

Steamer. C'est le vapeur proprement dit, faisant le commerce ou la guerre.

Steamboat, Steampacket, Packet boat, dont nous avons ait le mot *paquebot*, vapeurs destinés au transport des voyageurs et des marchandises.

Stop et *top*, « arrêtez ! » mot adressé par celui qui tient le sablier à celui qui file la ligne de *loch* pour l'avertir que tout le sable est passé. Il s'emploie aussi dans les opérations astronomiques.

Stopper, « ou étrangloir à lunettes. » Mécanisme pour arrêter au moment voulu un câble-chaîne que l'on file ; de l'anglais *to stop*, « arrêter. »

Wherry, en français Houari. Petit bateau de passage. C'est aussi un navire de cabotage, à deux mâts gréés chacun d'une voile triangulaire attachée par des cercles de bois qui glissent le long de ces mâts.

Yawl. C'est de ce mot qu'on a fait *yole*, petit bateau léger à voile et à rames.

Yacht. Navire d'agrément et d'apparat. Les *yachts* sont construits et gréés avec élégance, tantôt en cotres, tantôt en goëlettes, quelques-uns même, vu leurs dimensions, en bricks et en trois-mâts.

Yacht est aussi le nom de cette partie du pavillon anglais composée d'un petit carré bariolé de croix et de bandes diagonales bleues, rouges et blanches, et qui est placée à la partie supérieure de la gaîne. Cette partie du pavillon s'appelle aussi *Union-Jack.*

The Great Eastern, le Grand Oriental. C'est le plus gigantesque vaisseau qui ait jamais sillonné les mers. Il n'eut point de modèle et probablement n'en servira jamais. Son histoire est aussi pleine de péripéties que celle du navire qui portait Ulysse (1). D'une longueur de 700 pieds, muni de machines de la force de 11,500 chevaux, et pouvant porter une armée de dix mille hommes, ce navire eût été la huitième merveille du monde s'il fût né *viable,* c'est-à-dire maniable. Il fallut deux mois pour mou-

(1) Huit jours après en avoir pris le commandement, son premier capitaine, M. Harrison, s'est noyé en tombant de son bord dans la Tamise.

voir cette montagne de fer et la lancer du chantier dans les flots de la Tamise.

Cette opération coûta la vie à un homme, des membres cassés à cinq ou six autres, et à la compagnie un million de francs. Trois autres compagnies l'ont acheté et revendu à perte. On évalue à trente millions la somme qu'il a fallu pour le construire, le gréer, le munir de machines et réparer ses fréquentes avaries. La difficulté de le manœuvrer, de lui trouver des chargements et des ports où il pût aborder, les frais énormes de combustible et autres qui s'élèvent à plus de trois mille francs par jour, l'ont fait abandonner plusieurs fois comme une grande et belle chose ruineuse. De roi des mers qu'il était, il a couru le risque de devenir un immense monceau de ferraille.

Le nom de *Léviathan*, qui lui fut donné d'abord, alarma la dévotion des protestants, qui lui prédirent, en conséquence, les plus grands malheurs.

Léviathan, disaient-ils, est présenté dans la Bible comme un monstre marin, maudit de Dieu, ennemi des hommes ; c'est donc un péché que d'appeler ainsi un vaisseau chrétien. Ces zélateurs pouvaient avoir raison ; mais le *Léviathan* pouvait-il être beaucoup plus malheureux que le *Great Eastern* ne l'a été? Les roues à larges aubes, qui font aller plus vite les autres navires, retardaient la marche de celui-ci ; on les lui a ôtées et il se meut moins lentement. Ce

vaisseau monstre est cependant un chef-d'œuvre d'archi-
tecture navale dû au génie de Brunel (1) ; mais il a le sort
des empires trop vastes de l'antiquité qui, difficiles à gouverner, succombèrent sous l'excès de leur propre am-
plitude.

(1) Célèbre ingénieur d'origine française, dont le père construisit
le fameux tunnel sous la Tamise.

CHAPITRE XI

MISCELLANÉES

Goddam! « Dieu me damne! » est un juron de mauvais goût, à éviter, comme son équivalent français : « Que le diable m'emporte! » Celui qui le profère l'applique à lui-même ou à une autre personne. Les Anglais le réprouvent comme un blasphème. Le *Goddam* doit sa popularité en France à la fameuse tirade du *Mariage de Figaro*, où Beaumarchais affirme que cette expression vulgaire est le fond de la langue anglaise. Pour le peuple français, surtout celui de Paris, tout Anglais qui n'étale pas un grand luxe est un *Goddam*; dans le cas contraire, c'est un milord.

By Jove! par Jupiter! juron païen, conservé on ne sait comment en Angleterre, s'échappe souvent de la bouche de ceux qui n'osent proférer le *Goddam.* J'ai entendu un puritain en colère dire qu'il jurerait de grand cœur, si on lui indiquait le juron à la fois le plus expressif et le plus innocent. La chose étant difficile à trouver, et nul des assistants ne venant à l'aide de ce puritain dans l'embarras, il soulagea son ire par cette exclamation :

O by ! « O par !... »

Par quoi? C'est ce que personne ne put deviner ; mais cette ellipse timorée parut fort amusante.

Le peuple lui aussi abrége quelquefois, mais sans autre motif que d'abréger ; les exclamations qui expriment sa colère, sa surprise ou sa joie : *O my ! O mon !* ou *O me !* peut vouloir dire également : *O my eyes ! O my sides ! O my goodness :* « O mes yeux ! ô mes côtés ! ô ma bonté ! » car le peuple jure indifféremment par toutes ces choses.

John Bull, « Jean Taureau, » ainsi s'appelle lui-même le peuple anglais, sans doute parce qu'il a la force et la patience de cet utile quadrupède. Il laboure des champs riches et fertiles, et ne reçoit pour sa peine qu'une maigre pâture. Il marche entre deux aiguillons : la faim et l'impôt; le premier ne lui laisse point de repos; le second, point de litière. *John Bull* se croit perpétuellement à la veille d'un sort meilleur, parce que les deux partis, *whigs* et *torys,* qui, depuis des siècles, se disputent l'honneur de le faire labourer, lui chantent sans cesse ce même refrain : *Cheer boy, cheer, you wil see betterl days* : « réjouis-sez-vous, garçon, réjouissez-vous, vous verrez bientôt des jours meilleurs. » Pauvre *John Bull !* quand donc pourras-tu pâturer grassement dans les riches et verdoyantes prairies où tu ne fais que passer haletant et tout fumant de sueur ?

Paddy. Sobriquet du peuple irlandais. En Angleterre, la gravure et le théâtre donnent invariablement le même et triste portrait du pauvre *Paddy* : bouche énorme, joues creuses, nez imperceptible, une vraie tête de mort. C'est qu'il passe sa vie à mourir de faim. Le costume est à l'avenant du visage : chapeau enfoncé et sans bord, habit noir criblé de trous et dont les basques traînent à terre, souliers sans semelles. Voilà le fils de la verte Érin. Mais sous les haillons se retrouve l'antique fierté de la race celtique. Brandissant son gros bâton, appelé *shillelah*, il porte à tout venant le défi de marcher sur les basques traînantes de son habit. Un soupir pour le pauvre *Paddy* dont la misère séculaire a deux nobles causes : l'amour de la patrie et un invincible attachement à sa religion. Voilà deux griefs que la politique anglaise et l'anglicanisme ne pardonnent pas à *Paddy*. Le nom même de *Paddy* que lui a donné l'Angleterre est une injure, car ce mot vient de *pad*, « voleur de grand che-min. » Or, *Paddy* est un honnête garçon dont le plus grand défaut est d'aimer un peu trop le *gin* et le *whisky*.

There is many a slip,

Between the cup and the lip,

est un proverbe qui peut se traduire ainsi :

Il est plus d'une glissade

Entre la coupe et la rasade,

et qui nous avertit tous tant que nous sommes, que nos désirs, si ardents qu'ils soient, ne sont pas des réalités et que la sagesse et le bonheur consistent à ne jamais trop compter sur la durée des choses de ce monde.

Brother Jonathan, frère Jonathan. Sobriquet qui personnifie le peuple américain, comme *John Bull,* le peuple anglais, *Paddy,* le peuple d'Irlande, et Jacques Bonhomme le bon peuple de France. Ce nom dérive-t-il de *Jonathan Trombull,* gouverneur du Connecticut, lors de la guerre de l'indépendance, et que pour sa bonhomie on appelait frère Jonathan ? ou bien sont-ce les Anglais qui par raillerie désignèrent ainsi les Américains révoltés, dont le puritanisme affectait de ne prendre pour noms de baptême que des noms bibliques? Rien de certain à ce sujet. Mais les Américains avaient beau jeu pour répondre aux railleurs britanniques, dont une bonne moitié se compose de *Salomon,* de *David,* d'*Eliézer,* d'*Abraham,* d'*Isaac* et de *Jérémie.*

Quoi qu'il en soit, *frère Jonathan* est un grand gaillard sec et osseux dont le sourire narquois met en contact un long nez et un long menton, tous deux façonnés en bec de corbin. Son chef est couvert d'un large chapeau de paille de riz, ses jambes grêles oscillent dans un ample pantalon à carreaux et ses lèvres sont perpétuellement ornées d'un cigare virginien. Au repos, il faut le voir assis dans un fauteuil balançoire, les pieds posés sur le manteau de la cheminée, dans laquelle il crache assez souvent pour éteindre le feu au bout d'une demi-heure. Aux affaires, il déploie une ruse, un génie, une activité, un *puff* hardi que récompensent généralement des tonnes de dollars. Le dollar ! voilà son idéal, il le poursuit, sans repos ni relâche, sur la terre et les mers et ne manque guère de l'atteindre. Du reste, bon vivant, travailleur, loquace, pas mal caustique et fanfaron, en face de *John Bull* surtout, qu'il considère comme le seul rival, pour ne pas dire le seul ennemi, qu'il ait au monde. Plus sociable que *John Bull*, il a comme lui un vif amour de la patrie, mais sans y joindre cette morgue et cette morosité que *John Bull* confond à tort avec le patriotisme. De son côté, *Brother Jonathan* à des habitudes querelleuses inconnues à *John Bull*. Il porte, en guise de canne, un *bowie knife*, « couteau bowie, » dont à la plus légère provocation il fait un usage beaucoup trop prompt. A défaut de ce joujou désagréable à ses contradicteurs, *Jonathan* est muni d'un autre qui ne l'est guère moins, c'est le *revolver*, avec lequel un seul homme peut en envoyer six autres dans l'éternité dans l'espace de six secondes. L'inventeur de ce bel instrument est le colonel américain Colt, mort il y a trois ans, en laissant une fortune de cinq millions que lui avait rapportée son invention. C'est juste dix fois plus que la découverte de la vaccine ne valut à Jenner. Le *revolver* cependant peut, si les gouvernements le veulent bien, devenir pour eux un objet fort utile et fort économique. Qu'ils arment chacun de leurs soldats d'un *revolver* à six coups, et les guerres, qui durent des années et coûtent des milliards, se termineront en une demi-heure et à bon marché. Ce serait en effet tout le temps nécessaire pour s'entre-détruire à deux armées de cent mille hommes, marchant l'une sur l'autre, le *revolver* en main et s'envoyant réciproquement six cent mille balles. Ne serait-ce pas le dernier et définitif progrès de l'art de tuer, appelé l'art militaire ? Seulement le résultat de telles batailles pourrait devenir le même que celui de la bataille fameuse que se livrèrent jadis les chats de Kilkenny, en Irlande, lesquels s'entre-dévorèrent tous et si bien qu'il n'en resta pas un seul dans tout le comté de ce nom.

Yankee. Corruption du mot *Anglais* que les sauvages ne pouvaient prononcer autrement, lors de leurs premiers rapports avec les émigrés, compagnons de Guillaume Penn. Le nom de *Yankees* est resté aux habitants des États du Nord de l'ex-Union Américaine.

Locomotif, locomotive. Cet adjectif anglais devient chaque jour d'un usage plus fréquent, à une époque où hommes, choses, idées, institutions, tout s'agite en une perpétuelle locomotion. Un homme aux convictions profondes passe soudain d'un parti à l'autre : politique locomotive ; un agent de change court subitement de Paris à Bruxelles : spéculation locomotive. Un peuple est ou se croit mal à l'aise dans des frontières qui depuis des siècles lui suffisaient. Il les franchit, va guerroyer avec le voisin, qui souvent le met plus à l'étroit qu'il n'était auparavant : nationalité locomotive. Et les vieux principes, les vieilles croyances, les professions de foi, les amitiés constantes, les affections éternelles, toutes belles choses, hélas ! qui deviennent de plus en plus locomotives ! Quels invisibles chemins de fer, quels *steamers* mystérieux les emportent dans des espaces nouveaux et inconnus malgré les prostestations de nos cœurs ?

Hoax. Canard aux ailes chatoyantes, mystification prétentieuse, farce solennelle, bourde à mine imposante, charge qui se joue des gens avec gravité. Tels sont les remèdes divins que les marchands de santé annoncent à la quatrième page des journaux, devenue leur domaine, et qui est d'un bon revenu. Telle est la fraternité qui préside à beaucoup de sociétés, dont les membres n'aident et ne voient et n'estiment que leurs amis intimes, c'est-à-dire, ceux qui partagent ou feignent de partager leurs opinions politiques, littéraires et autres. Telle encore la fière indépendance de certains Brutus qui s'horripilent aux seuls mots de pouvoir, gouvernement, autorité, et qui dans dans leur maison, leur atelier, leur commerce, leur usine, sont des autocrates, des despotes inflexibles, exigeant l'obéissance passive et ôtant, sans hésiter, le pain à quiconque hasarde une timide observation. Toutes ces choses et bien d'autres encore : *hoax ! hoax ! hoax ! puff ! humbug !*

Home. La maison, le chez soi; pour un étranger ce mot n'exprime pas autre chose. Pour un Anglais c'est tout un monde d'idées et de sentiments, toute une poésie saine et charmante que ce mot rappelle. Le *home* c'est le foyer, la famille, les aïeux, les affections vivantes et celles du souvenir ; c'est l'espérance des longs bonheurs, au milieu de tout ce qui est cher. Les vieux meubles, les animaux domestiques, les vieux murs tapissés de lierre, les fenêtres encadrées de chèvrefeuilles et de rosiers ; les plantes du jardin, le petit sentier vert qui longe la haie, tous ces vieux amis donnés par l'habitude font partie du *home.* Le *home* c'est le nid où ont chanté les premières joies, les vraies joies, celles de l'enfance et de la jeunesse : heureux ceux que l'aile de l'ambition n'a jamais emportés loin de ce nid natal !

Étrange contradiction ! les Anglais, le plus voyageur,

le plus cosmopolite de tous les peuples, celui qui s'éparpille sur tous les points du globe, sont les hommes qui sentent et chantent le mieux les douceurs de la vie de famille résumées dans le *home!*

Un jeune homme est admis dans une famille, non pour faire sa cour (ce mot serait trop vif) à la jeune fille qu'il demande en mariage, mais seulement pour « lui payer ses attentions ou bien ses adresses, » *to pay her his attentions or his addresses.* On lui permet d'effectuer ce paiement en toute liberté, seul à seul avec sa fiancée, dans les champs, dans les bois, dans une partie quelconque de la maison paternelle où ils sont parfaitement seuls et tranquilles. Cette coutume patriarcale donne rarement lieu à des abus.

Dans les hautes classes, le prétendu se nomme *intended*, « époux projeté. »

Au village et dans les classes ouvrières, le galant, l'amoureux reçoit le nom touchant de *sweetheart*, « doux-cœur. »

Si cette délicatesse de langage charme l'étranger, il est aussi des expressions qui l'étonnent au plus haut degré par leur singulière hardiesse. Un jour, après avoir visité l'église de Saint-Paul de Londres, en compagnie d'un riche négociant de la Cité, de sa femme, de sa fille et de son gendre, je demandai à ce bon gentleman s'il ne se trouvait pas dans le voisinage quelque vieil édifice datant des temps catholiques.

— Oui, me dit-il, au bout d'*Aldersgate street* se trouve un ancien couvent de chartreux, jadis considérable, et qui aujourd'hui, sous le nom de *Charter-House,* est un collége ou séminaire du clergé anglican. Voulez-vous le voir?

— Avec grand plaisir.

Après avoir sonné à la lourde et vieille porte, garnie de gros clous de fer à tête héxagone, nous reçûmes, à notre demande de visiter l'édifice, cette réponse, faite par un concierge massif et rugueux comme la porte qu'il ouvrait lentement : *J am very sorry, but females are not permitted to come in,* « je suis bien fâché de vous refuser, mais les *femelles* n'entrent pas ici. » Je ne fus pas peu surpris d'entendre désigner par ce nom... les dames qui nous accompagnaient ; mais après tout, pensais-je, c'est le langage d'un portier. Quelques jours après, on demandait devant moi à un gentleman de rang et de fortune des nouvelles de sa famille ; il répondit le plus naturellement du monde : *All the* FEMALE *part of it is ill at present,* « toute la partie *femelle* est malade en ce moment. » Mainte autre circonstance m'a prouvé que ce terme, qui chez nous ne s'emploie qu'en histoire naturelle, s'applique très-souvent en Angleterre à la plus belle moitié du genre humain.

Encore! Encore! c'est avec ce mot français qu'en Angleterre le public des théâtres redemande le passage qui lui plaît. Pour le même objet nous employons en France un mot latin, *bis*. Il n'est pas impossible que dans le même cas les Allemands se servent d'un mot russe. Bizarrerie de la mode et de l'usage ! qui fait qu'à Londres les haricots verts s'appellent « pois français, » *French beans*, et dans l'Ouest de la France, pois de Rome. Quelle est en définitive la première patrie de cet excellent légume ?

Ces emprunts de mots que se font mutuellement les peuples ne sont pas toujours aussi obscurs ni aussi peu fondés dans leur origine. Ainsi le mot mannequin, qui a un sens satirique et grotesque, vient de l'anglais *manikin* ou *mannikin* « petit homme, nabot. »

De la même langue nous viennent « boulingrin, » *boulinggreen*; « redingote, » *ridingcoat*; « blockhaus » *block house*; « boulevard, » *bulwark* (1).

To be born with a silver spoon in the mouth, « être né avec une cuiller d'argent dans la bouche. » Ce proverbe qui a le même sens que le nôtre : *être né coiffé*, est commun aux Américains et aux Anglais, mais ils y croient moins qu'à la puissance féconde du travail. Chez ces deux peuples de race anglo-saxonne, peu d'hommes comptent sur la chance, chacun n'a d'espoir que dans ses efforts personnels, ce qui s'appelle *self-reliance*, « s'appuyer sur soi-même. » La chance, disait un jour devant moi un Améri-

(1) Voir à l'Index la signification et l'étymologie de ces mots composés.

cain, est un mot vide de sens, à l'usage des oisifs et des peureux. Ces gens-là espèrent que leur blé poussera sous l'ardeur de leurs désirs et que l'incendie qui dévore leur maison va s'éteindre sous l'abondance de leurs larmes.

Ces réflexions caractérisent le génie actif, entreprenant, infatigable de l'Anglais et de l'Américain. Mais l'excès de cette qualité, dangereux comme tous les excès, est exprimé dans la maxime suivante :

Go ahead ! « marche en tête ! » sois en avant de tous ! pousse, coudoie, renverse, écrase les concurrents dans la course au clocher de la fortune, sur le champ accidenté des affaires, du commerce, de la spéculation! Tel est le cri de chaque père à son fils, de chaque femme à son mari, de chaque homme à lui-même. *Go ahead !* tel est le cri de guerre des nouveaux braves qui courent à la conquête de la Toison-d'or. Ce cri de guerre et l'enthousiasme qu'il produit pour les guinées et les dollars, semblent avoir fait oublier aux Anglais un cri plus glorieux et un plus noble enthousiasme. Depuis plusieurs années , depuis trois mois srutout (1), l'Angleterre recule, recule sans cesse devant la guerre, malgré tant de pressants motifs qui l'y poussent.

Ces reculades, mises en regard de la décision martiale qui l'enflammait il y a trois siècles, peuvent bien faire dire

(1) Ceci était écrit pendant la guerre du Danemark, si tristement abandonné par l'Angleterre.

du gouvernement d'Angleterre : *Quantùm mutatus ab illo!*

La fameuse Armada d'Espagne était dans le détroit de la Manche, en 1588, et le camp de la reine Elisabeth était à *Tilbury*, comté d'Essex. Un matin la reine rassemble autour d'elle son armée et lui débite ce *speech*, digne des plus grands capitaines de l'antiquité et des temps modernes:

« A mon peuple fidèle je dis : Quelques prudents conseillers, craignant pour la sûreté de notre personne, nous ont donné avis de ne point nous aventurer au milieu d'une multitude armée, de peur de trahison. Mais nous vous assurons n'avoir aucune défiance de nos loyaux sujets. Que les tyrans tremblent devant leurs peuples! Pour nous telle a été notre conduite et notre gouvernement que, après notre espoir en Dieu, notre plus grand espoir, notre plus grande force est dans la bonne volonté et la loyauté de notre peuple. C'est pourquoi nous voici au milieu de vous en ce moment, non point pour nous livrer à quelque amusement ni agréable passe-temps, mais avec la résolution de vivre ou de mourir avec vous au milieu de la bataille que nous allons livrer; oui, nous sommes déterminée à arroser cette poussière de notre sang pour la gloire de notre Dieu et de notre royaume, pour le bien de notre peuple et la conservation de notre propre et royal honneur. Notre corps, nous le savons, n'est que celui d'une débile et faible femme, mais nous avons le cœur et l'estomac (le courage) d'un roi, et, qui plus est, d'un roi d'Angleterre ! Je rougis à la seule pensée qu'un duc de Parme, un roi d'Espagne ou n'importe quel prince d'Europe oserait envahir les rivages de notre royaume ou nous braver d'une façon quelconque. Plutôt que de vous voir subir et de subir moi-même un tel déshonneur, je prendrai une épée dans cette main de femme et je serai à la fois votre général, votre juge dans le combat et l'historien de vos exploits.

« Je n'oublie pas que par votre bravoure vous avez déjà mérité des couronnes (pièces d'argent valant 6 fr. 25 cent.), et je vous promets sur la parole d'une reine, qu'elles vous seront dûment payées. En attendant nous mettons à votre tête notre lieutenant-général ; jamais chef plus noble ne commanda de plus braves soldats. Je ne doute donc pas que, par obéissance à votre général, votre discipline dans le camp et votre valeur sur le champ de bataille, nous ne remportions bientôt une fameuse victoire sur les ennemis de notre Dieu, de notre patrie et de notre peuple. »

Ce langage était le vrai, le bon, le glorieux *go-ahead !* « marche en avant ! »

Le *go-ahead* d'aujourd'hui est à beaucoup d'égards un véritable *goback*, « marche en arrière. » Ce qu'il est pour une nation qui ne court qu'à la poursuite de l'or, il l'est aussi pour les individus dont la course n'a pas d'autre but. Nul obstacle n'arrête les coureurs : l'échalier de la délicatesse, le fossé des principes, le mur de l'honneur, ils franchissent tout, mais non sans de nombreuses chutes et de lamentables fractures à leur réputation.

Botany-Bay. Grande baie de la côte S.-E. de la Nouvelle-Hollande, dans la Nouvelle-Galle méridionale. Le capitaine Cook la découvrit en 1770 et lui donna le nom de *Botany-Bay*, baie botanique, à cause de la multitude de plantes inconnues dont ses bords étaient couverts. Les Anglais ont formé dans le voisinage un établissement pour les criminels condamnés à la déportation. Là s'est élevée la ville de Sydney, aujourd'hui l'une des plus considérables cités commerciales que possède l'Angleterre. C'est un des plus beaux ports du monde. Sa population, qui en 1818 n'était que de 8,000 habitants, est aujourd'hui de 150,000.

Coke. Charbon de terre desséché, léger, poreux, ne donnant pas de fumée, ce qui le fait souvent préférer au charbon pour l'usage domestique. Mais la combustion en dégage un gaz désagréable, souvent nuisible, que ne donne pas la houille ou charbon de terre à l'état naturel. On fait dériver le mot houille d'un forgeron, nommé Hullos, maréchal-ferrant de la principauté de Liége, qui le premier, vers l'an 1049, aurait employé le charbon de terre comme combustible.

Flint-glass, « verre de caillou. » C'est une espèce de cristal très-dur, susceptible du plus beau poli et dont la fabrication a été longtemps un secret soigneusement gardé par les Anglais. Il sert à faire les verres d'optique dits achromatiques, c'est-à-dire, qui laissent aux objets leur couleur naturelle, au lieu de leur communiquer des teintes étrangères bleuâtres et irisées, comme les verres de qualités inférieures. Les heureux procédés de MM. Dufougerais et d'Artigues dans la fabrication du *flint-glass*, nous ont affranchis de notre infériorité et du tribut que nous payions à l'Angleterre pour cet article.

Time is money, « le temps, c'est l'argent. » La pratique de ce proverbe est une des causes de la supériorité des Anglais dans les affaires. Jamais peuple ne fut plus économe du temps et des paroles. En dix minutes, deux négociants, deux banquiers, ont conclu une transaction d'un million de francs, ce qui à Paris eût coûté une demi-journée de pourparlers. Comparez maintenant le nombre d'affaires qui se traiteront dans chaque pays, pendant le même espace de temps, et la différence des résultats obtenus ! Deux Anglais ne s'écartent jamais de la question qui les rassemble : politique, arts, littérature, chronique du jour ne viennent point se mêler, hors de propos, à une affaire de sucre, de cotons ou d'actions de chemin de fer. D'où il suit que ladite affaire commerciale ou financière, étant l'unique objet de la discussion, est d'ordinaire supérieurement et promptement traitée.

Le temps, c'est l'argent : c'est bien plus encore, c'est la vie ! et cependant, étrange contradiction ! en tenant si

11

fortement à la vie qui toujours semble trop courte, nous prodiguons le temps comme si nous en avions de trop et qu'il ne dût jamais finir.

Voyez aussi l'interprétation que font certaines gens des plus sages proverbes. Puisque le temps, c'est l'argent, dit M. *Lounger*, les paresseux sont les gens les plus riches, ayant du temps à ne savoir qu'en faire. Voilà pourquoi ma fortune est assurée sans peine ni travail. Quant à moi, dit M. *Scattergood*, le temps et l'argent étant une même chose, c'est avec du temps, rien que du temps, que je paie mes créanciers.

The upper ten thousand, littéralement : « les dix mille d'en haut. « C'est ainsi qu'on désigne les dix mille personnes que leur naissance, leur fortune, leur rang et leur influence placent en Angleterre au sommet de la société. Il est plus exact de dire, qu'elles sont cette société même, car c'est en elles que réside le pouvoir politique, moral, intellectuel, qui dirige les destinées de l'Angleterre. Elles donnent le ton aux autres classes qui ne sont qu'un reflet de celle-là. Un écrivain Anglais, M. Jonathan Duncan, a prouvé dans un remarquable ouvrage, où il montre une profonde connaissance de l'histoire de son pays, que le gouvernement de l'Angleterre est une pure oligarchie.

Chose inexplicable ! c'est sur l'appui de cette oligarchie que les libéraux de l'Europe comptent avec une foi ardente, bien que toujours trompée, pour le triomphe de leurs principes et de leurs espérances. A chaque nouvelle déception, ils se reprennent à espérer avec une foi inébranlable la coopération du gouvernement qui est le plus antipathique à leurs doctrines.

Quaker, féminin, *quakresse*. Nous ne dirions rien de cette secte si elle n'était remarquable que par le costume excentrique de ses adeptes. Mais le chapeau à large bord des hommes, leur habit noir à la française et à collet droit et sans boutons, la forme disgracieuse du chapeau gris-perle des femmes, couvrent de solides qualités. Point de jurements parmi eux, tant pis pour qui ne se contente pas de leur simple parole, *oui* ou *non*. Il y a là une grande dignité et un beau sentiment de l'honneur. Point de mendicité ni de privations cruelles chez les quakers. Ceux qu'a visités l'infortune reçoivent de leurs frères plus heureux, et sans le demander, tout ce qui est nécessaire à leurs besoins, à leur *comfort* même. Cette fraternité est de bon aloi et vaut celle qui s'inscrit seulement sur les monuments publics et sur les pièces de monnaie. Elle se trouve vivante et réelle dans le cœur des quakers, elle se montre féconde et douce dans tous leurs rapports entre eux. Ces sectaires sont remarquables aussi par la pureté de leurs mœurs. Le maître et le serviteur se tutoient comme deux *amis* qu'ils sont en effet; et la secte entière porte le nom de société des Amis.

Vers le milieu du siècle dernier, une princesse de la famille royale d'Angleterre, voyageant dans le Nord du royaume, eut le désir de visiter le magnifique château d'une jeune et riche héritière quakresse, qui était orpheline. Ayant fait arrêter sa voiture devant la grille, elle demanda à la concierge, qui était une belle jeune fille, si sa maîtresse était chez elle. — Je n'ai point de maîtresse, répondit la concierge, mais une amie, qui s'appelle Sarah, et à qui appartient ce château. Si tu veux la voir, je suis sûre qu'elle te recevra avec plaisir; entre donc et suis l'avenue qui te conduira droit au grand escalier. Inutile de dire que la princesse, radicalement guérie de son envie, n'entra point chez des gens qui vivent entre eux et reçoivent les étrangers avec si peu de cérémonie.

Nugget. Mot nouveau de la langue anglaise, et employé aussi en France pour désigner les morceaux de minerai d'or trouvés dans les *placers*. Quelques chercheurs d'or ont découvert des *nuggets* d'une valeur de 80 et même de 100,000 francs. Mais ces trouvailles sont rares, et rarement la Californie a réalisé les rêves brillants que son nom seul avait de loin fait naître dans les imaginations exaltées. Voici là-dessus la confession d'un chercheur d'or :

« On croit que dans cet *Eldorado* le soleil fait pousser aux arbres des feuilles d'argent et des fruits d'or, que les rochers sont du même métal, que les jours de grand vent on est aveuglé par la poussière d'or. Voici la vérité. Le tabac, le rhum et les *revolvers* à six coups, sont les seuls produits qui se trouvent en une désolante abondance dans cette terre promise, où tant d'amants attardés de la fortune viennent périr sans la trouver. Que ne la cherchaient-ils dans leur village, en semant du blé et de l'orge, en plantant des choux et ramant des pois. C'est là qu'est la fortune en compagnie de la joie et de la santé. »

Ce petit *speech* d'un Californien désappointé serait bon à faire entendre aux fréquenteurs de cette autre Californie appelée la Bourse.

Prize medal. Médaille donnée en prix aux exposants indigènes et étrangers, aux Expositions de Londres.

Stamp, « timbre; » *post-stamps,* « timbres-poste ; » *stamped,* « lettre venant d'Angleterre, affranchie avec un timbre-poste. » Une lettre affranchie porte aussi quelquefois ces lettres : *P. D.* ou *P. P.,* abrégé des mots : *Paid,* « payé, » ou *prepaid,* « payé d'avance. »

Office, « bureau, administration.» *Post-office,* « bureau de la poste ; » *foreing-office,* « ministère des affaires étrangères ; » *insurance-office,* « bureau d'assurances ; » etc.

Reading rooms, « cabinet de lecture, » tel que celui de M. Galignani, rue de Rivoli. On y trouve *all the English news papers,* « tous les journaux anglais ; » *the best English novels,* « les meilleurs romans anglais ; » *books of history and general literature,* « des livres d'histoire et de littérature générale. »

Rout, « assemblée, réunion, soirée, bal. »

Ruber, que par corruption on écrit *rob* et robre ; partie liée au whist.

To play a ruber, « faire une partie liée. »

Whist. Jeu de cartes. Whist veut dire aussi « silence. »

Water-closets. Cabinets anglais, dont l'usage se devine et qui, comparés avec les nôtres, sont une humiliation pour notre amour-propre national et *autre. Shocking!* disent les Anglais, *very shocking!* que de tels lieux se trouvent chez le peuple le plus délicat, le plus raffiné, le plus spirituel du monde. Le water-closet, en Angleterre, est propre comme un cabinet de toilette.

Verandah, mot hindou devenu anglais. C'est le nom d'une galerie légère, couverte de toile, sous laquelle trouvent la fraîcheur et le repos les Européens et les indigènes alanguis par le climat brûlant des Indes.

References. « Renseignements, informations, » particulièrement en parlant des personnes.

Lecture. Outre sa signification ordinaire, *action de lire,* ce mot a reçu en France, depuis quelques années, la signification qu'il a en Angleterre, celle de : leçons, cours publics de littérature, de sciences ou d'art. Ainsi on dit faire une lecture, pour faire un *cours ;* les Anglais disent : *To give a lecture,* « donner une lecture. »

Placer. Nom donné aux terrains et courants d'eau au-rifères de la Californie et de l'Australie.

To be or not to be, that is the question.
« Être ou ne pas être, voilà la question. »

Ce premier vers du fameux monologue d'Hamlet (1) est devenu une sorte de proverbe, ou plutôt de texte à réflexion quand on se trouve dans des circonstances graves et embarrassantes. Il équivaut à ces questions : Quel parti prendre ? le danger d'agir est-il égal à celui de l'inaction ? lequel choisir ? Dans ce monologue, d'une profonde et sombre philosophie, la vie et ses mille douleurs sont placées en regard du calme et du repos de la mort. Ah ! combien la mort serait préférable, si, en effet, elle était le repos assuré..... Mais au moment de se jeter dans ce refuge de l'éternel silence, l'homme voit se dresser devant lui le spectre du doute ; il tient à la main un miroir vacillant où dans un demi-jour apparaît tour à tour la mort comme un sommeil paisible, puis agité de rêves affreux, puis comme un pays inconnu et sans limites d'où ne revient nul voyageur. Triste et irrésolu à l'aspect changeant de cette dérision du sort, l'homme reste dans la vie, et « s'y arme, » *takes up arms*, « contre une mer d'anxiétés » *a sea of troubles*. Est-ce là de la couardise, comme l'affirme

(1) Acte III, scène I.

Shakspeare, et le courage consisterait-il à fuir avec un poi-
gnard enfoncé dans le cœur ?

Le bonhomme La Fontaine a été plus simple et plus vrai
quand il a dit :

> Le trépas vient tout guérir,
> Mais ne bougeons d'où nous sommes ;
> Plutôt souffrir que mourir,
> C'est la devise des hommes.

Les grands écrivains sont toujours les peintres fidèles
des mœurs de leur temps. En voici un exemple nouveau
dans ces deux autres lignes du monologue d'Hamlet :

> *For who should bear the whips and scorn of time,*
> *The oppresor's wrongs, the proud man's cantumely,*
>
> *. . . . . the law's delay,*
> *THE INSOLENCE OF OFFICE.*

« Car quel homme voudrait supporter les mépris et
(les injures du monde,

« Les injustices de l'oppresseur, les outrages de
(l'orgueilleux,

« *L'insolence des gens en place ?* »

Shakspeare, qui en maint endroit de ses pièces, fustige

l'insolence des gens en place, devait en avoir souffert ; cette insolence était telle alors, en Angleterre, que les écrivains étrangers la censuraient comme chose extraordinaire à cette époque. Grotius, contemporain de Shakspeare, disait des Anglais que « ceux qui ont servi le plus volontiers, une fois élevés aux dignités, se dédommageaient par leur *insolence* de leur humilité première (1). » Tel est le jugement de l'homme qui fonda en Europe le droit des gens.

(1) « Angli, ut addicte *serviunt;* ità evecti ad dignitates, priorem humilitatem *insolentià* rependunt. » H. Grotii, Ann. lib. V. p. 95.

CHAPITRE XII

JOURNAUX ANGLAIS.

PRINCIPAUX JOURNAUX QUOTIDIENS ET DU MATIN, PUBLIÉS A LONDRES.

Le *Daily-News*. Fondé en 1846 ; libéral, *freetrader*, « libre-échangiste, » opposé à l'union de l'Église et de l'État.

Le *Daily-News*, qui fut longtemps l'organe de lord John Russell, est aujourd'hui celui des libéraux avancés. A l'exception de la paix à tout prix, dont MM. Bright et Cobden sont les avocats persévérants, la politique du *Daily-News* est celle de ces deux hommes éminents et de l'école radicale de Manchester dont ils sont les chefs. Défendue avec talent et conviction par le *Daily-News*, cette politique, qui est déjà celle d'une partie considérable du public, rallie chaque jour de nouveaux partisans.

Le *Daily-Telegraph*. Fondé en 1855, est le premier journal publié à un *penny* (10 centimes), après l'abolition du timbre, en 1855. Libéral, libre-échangiste, neutre en religion.

Le *Daily-Telegraph* est l'organe d'un très-grand capitaliste, partisan de la paix, cela va sans dire. De là la politique pacifique du *Telegraph*, qui autrefois était fort résolu.

Le *Morning-Advertiser*. Fondé en 1794; libéral, indépendant; en religion, évangélique, c'est-à-dire, non attaché à une Église particulière.

C'est l'organe reconnu des aubergistes; très-lu par les classes ouvrières dont il défend les intérêts avec chaleur. Le *Morning-Advertiser* s'est fait une triste et stérile spécialité d'attaquer sans cesse et d'insulter souvent la France et ses institutions. Peut-être croit-il sincèrement que prodiguer l'injure à l'étranger est du bon patriotisme.

Le *Morning-Chronicle*, fondé en 1770, était libéral-conservateur, libre-échangiste; en religion, anglican.

N'existe plus depuis trois ans.

Le *Morning-Herald*. Fondé en 1781; conservateur, protectionniste; en religion, anglican.

Le *Herald* défend quand même l'aristocratie, les abus, les priviléges; la paix ou la guerre, selon l'intérêt momentané du *torysme*.

Le *Morning-Post*. Fondé en 1772, par l'ancien jockey

Tattersall, qui a donné son nom aux encans de chevaux. Libéral-conservateur ; en religion, anglican.

Le *Morning-Post*, organe avoué de lord Palmerston, a pour lecteurs presque exclusifs les membres de l'aristocratie whig et de l'aristocratie tory, ce qui donne le mot de la politique énigmatique de ce très-habile premier ministre, nominalement chef des *whigs* ou soi-disant libéraux, en réalité chef de tout le parti nobiliaire. Le *Post* est aussi le chroniqueur de tous les passe-temps du grand-monde : salons, modes, théâtres, littérature On l'appelle le journal des douairières.

Le *Morning-Star*. Fondé en 1856 ; ultra-libéral, indépendant, libre-échangiste, défenseur du principe de la non-intervention (1) ; en religion, opposé à l'union de l'Église et de l'État.

(1) Cette politique de non intervention n'est pas comprise, croyons-nous, par ceux qui taxent d'égoïsme ou de pusillanimité ses défenseurs, MM. Cobden, Bright et les autres chefs de l'école de Manchester. Ces libéraux veulent à tout prix affranchir leur pays du joug de l'aristocratie ; voilà pourquoi ils repoussent, coûte que coûte, la guerre qui est pour l'aristocratie le dernier, l'unique moyen de prolonger son pouvoir. Pourquoi, alors, dira-t-on, l'aristocratie recule-t-elle d'une façon si humiliante devant la guerre que depuis deux ans, et depuis deux mois surtout (nous écrivons ceci en juillet 1864) les circonstances lui commandaient si impérieusement ? C'est qu'elle a peur de la France, soit comme alliée, soit comme neutre. Travaillée par cette crainte qui l'empêche de guerroyer, et par la crainte de sa propre déchéance qui l'y pousse,

Le *Morning-Star*, journal de huit grandes pages, contenant 48 colonnes, donne en entier les débats parlementaires, si longs chez nos voisins, deux ou trois articles de fond chaque jour, toutes les mesures et nouvelles d'intérêt public, pour un *penny* (10 centimes).

Le *Standard*. Fondé en 1827 comme journal du soir, transformé en 1857 en journal du matin. C'est la doublure du *Morning-Herald*.

Le *Times*. Fondé en 1788 ; tantôt indépendant et tantôt *inspiré*, libre-échangiste du moment que la protection lui parut une cause perdue ; en religion, anglican d'une tolérance sans limites.

Le *Times* est le Léviathan de la presse anglaise et du monde entier, tant par son étendue, contenant quotidiennement presque la matière d'un volume in-8°, par son budget qui est de 18 à 20 millions de francs par an, que par son immense circulation qui s'étend à tous les points du globe.

Le *Times* n'a pour principes que l'intérêt commercial, industriel et financier ; voilà pourquoi il fait de la politique au jour le jour, selon les fluctuations de la place, donnant

l'aristocratie anglaise est dans une situation profondément critique, dont personne, croyons-nous, n'avait encore donné l'explication. La libération complète de l'Angleterre, du donjon féodal à moitié démoli où elle se débat encore, voilà, et non la vente du coton, la grande pensée du parti de la paix (*peace party*) dont le *Star* est le patriotique organe.

le lendemain un démenti à ses opinions de la veille. La lecture du *Times* est pourtant la plus intéressante, la plus variée, la plus instructive (non en politique) qui se puisse imaginer, ce journal contenant un abrégé de ce qui se passe dans les cinq parties du monde, où il a de nombreux correspondants recevant depuis trois jusqu'à cinquante mille francs de traitement. Tel est surtout le secret de son immense fortune, qui devrait bien donner à quelque journal français la tentation de l'imiter, en ayant dans chaque capitale, sinon d'Asie et d'Amérique, du moins de l'Europe, un correspondant instruit, intelligent et bien payé. Nous prédisons à ce journal qu'il serait bientôt le premier du pays ; ses nombreux lecteurs lui sauraient gré, d'abord de ce qu'il leur apprendrait, ensuite de leur épargner la petite humiliation d'aller l'apprendre, comme ils y sont obligés maintenant, dans des feuilles étrangères où leur pays est souvent maltraité.

Le *Times* reçoit aujourd'hui son mot d'ordre du même grand capitaliste qui donne aussi le sien au *Daily-Telegraph*; *Arcades ambo*.

Nous venons de nommer neuf journaux quotidiens du matin; il y en a neuf ou dix autres à Londres.

PRINCIPAUX JOURNAUX DU SOIR PUBLIÉS A LONDRES.

L'*Express*. Fondé en 1846, libéral, libre-échangiste; opposé à l'union de l'Église et de l'État.

L'*Evening-Herald*. Fondé en 1857. Mêmes principes que le *Morning-Herald* dont il est frère cadet.

L'*Evening-Star*. Mêmes principes que le *Morning-Star*, et publié par la même direction. Cette feuille a deux éditions, l'une à trois heures et demie, l'autre à quatre heures et demie. Trois numéros de l'*Evening-Star* sont envoyés en province avec un timbre d'un penny (10 centimes).

Le *Globe*. Fondé en 1803; libéral, libre-échangiste; défenseur de la liberté complète en matière de religion.

Ce journal est l'organe de l'association des commis voyageurs.

Le *Sun*. Fondé en 1792; radical, libre-échangiste, sans couleur religieuse.

PRINCIPAUX JOURNAUX HEBDOMADAIRES PUBLIÉS A LONDRES.

L'*Observer*. Fondé en 1792; *whig*, libre-échangiste, évangélique, sans être attaché à telle ou telle Église.

The London Gazette. Fondée en 1665 ; journal officiel du gouvernement; nulle couleur religieuse.

L'*Examiner*. Fondé en 1808 ; *whig*, neutre en religion; remarquable par ses articles de haute politique et ses critiques littéraires.

Le *Dispatch*. Fondé en 1801; radical, libre-échangiste; défenseur de la liberté de conscience.

Ce journal, à peine connu en France, mérite de l'être pourtant. Sincère défenseur des classes laborieuses, il traite les questions à la lumière de l'histoire, de la philosophie, de l'économie politique, et avec une grande hauteur de vues.

L'*Economist*. Fondé en 1843 par un homme d'un rare talent, M. James Wilson, mort il y a trois ans à Calcutta, ministre des finances de l'Inde. Libéral, libre-échangiste; neutre en religion.

Ce journal jouit d'une grande autorité due à l'exactitude de ses statistiques industrielles, commerciales et financières. Très-estimé aussi pour ses articles politiques.

La *Press*. Fondé en 1853, ultra-tory, demandant la réciprocité du libre-échange; anglican zélé.

Ce journal qui appartient, dit-on, à M. d'Israéli, défend avec une grande puissance de talent la mauvaise cause du privilége.

Le *Spectator*. Fondé en 1828; libéral, libre-échangiste, neutre en religion : rédigé avec talent et ayant beaucoup d'autorité.

Punch, Polichinelle. Fondé en 1841; libéral; neutre en religion.

C'est le *Charivari* de l'Angleterre. Censeur audacieux, spirituel, mordant, fustigeant de la plume et du crayon les vices, les travers, les ridicules publics et privés.

John Bull. Fondé en 1820; tory, protectionniste; anglican de la haute Église.

The Illustrated London News. Le premier des journaux illustrés de l'Angleterre; fondé en 1842. Neutre en politique et en religion.

L'Athenæum. Le premier des journaux de critique littéraire; traite d'une façon supérieure les questions d'art et de science. Fondé en 1828; neutre en politique et en religion.

Nous n'avons mentionné que 16 des 137 journaux hebdomadaires qui se publient à Londres.

Il y a à Londres trois journaux français :

Le Courrier de l'Europe. Fondé en 1840; neutre en politique et en religion. Hebdomadaire.

La Presse de Londres. Fondé en 1857; indépendant en politique, neutre en religion.

L'International. Fondé en 1863.

Le *Kolokol*, *la Cloche.* Journal russe, publié en langue russe; fondé en 1861; démocratique; neutre en religion.

Galignani 's Messenger. Journal anglais, le seul qui se publie à Paris. Fondé dans cette ville, en 1814, par M. Galignani, son propriétaire et directeur. Dans cette feuille quotidienne sont reproduites avec une grande impartialité les opinions de la presse anglaise et de la presse française sur toutes les questions du jour. Ses deux éditions, celle du matin et celle du soir, contiennent les dernières nouvelles parlementaires, légales, commerciales, financières. C'est un excellent résumé de ce qui s'écrit des deux côtés de la Manche, et des plus récentes nouvelles des divers pays du continent. Neutre en politique et en religion.

CHAPITRE XIII

England, Angleterre. Ce nom lui vient des Angles, habitants d'une contrée du Danemark appelée *Anglia*, et située entre Flensbourg et Shleswig, qui passèrent en Bretagne et s'y établirent vers l'an 527. Depuis la conquête normande, les habitants du Sud de l'Angleterre furent appelés *Anglo-Saxons*, pour les distinguer des Saxons d'Allemagne. En 448, les Saxons furent appelés d'Allemagne au secours des Bretons, qui ne pouvaient se défendre seuls contre les *Pictes*, ancien nom des Écossais.

Le premier nom de l'Angleterre fut celui de *Bretagne*, *Britannia*, parce que ses premiers habitants venaient de la côte voisine appelée Bretagne ou Armorique. Les géologues croient que la grande et la petite Bretagne étaient autrefois une même contrée, et que le détroit de la Manche est le résultat d'un cataclysme qui a détaché l'Angleterre du continent européen.

C'est à partir de l'époque de leur conversion au christianisme que les *Bretons* furent appelés *Anglais*.

Une troupe de Bretons esclaves était exposée en vente sur une place de Rome; en voyant leurs beaux traits et leur longue chevelure blonde, le pape saint Grégoire-le-Grand fit cette remarque : « *Non Angli sed angeli, si fuissent christiáni;* » s'ils étaient chrétiens, ils ne seraient plus des Anglais, mais des anges.

Leur première religion fut celle des Druides, dont le nom dérive du celtique *déru*, chêne; selon d'autres, du grec *drus*, qui est aussi le nom de cet arbre.

Environ 40 ans avant l'ère chrétienne, la Bretagne fut envahie et réduite en province romaine, sous Jules César. Elle reçut de ces nouveaux envahisseurs un nouveau nom, celui d'Albion, à cause de ses côtes blanches et crayeuses.

Avant cette invasion elle était divisée en dix-sept principautés, ayant chacune son chef indépendant. Vers l'an 420, Honorius, pouvant à peine défendre l'empire contre les Barbares, retira ses légions de la Bretagne et rendit aux habitants leur indépendance.

Les Romains avaient divisé la Bretagne en cinq parties : 1° *Britannia prima* (tout le sud); 2° *Britannia secunda* (le Pays de Galles) ; 3° *Flavia Cœsariensis* (tout le territoire compris entre la Tamise et l'Humber) ; 4° *Maxima Cœsariensis* (le territoire compris entre l'Humber, le mur de Septime Sévère et la rivière Tyne) ; 5° *Valentia* (le territoire compris entre la Tyne jusqu'au mur romain prolongé près d'Édimbourg et que les Scots appelaient *Gramesdike*.

Les Saxons, à leur tour, divisèrent la Bretagne en sept parties, ou royaumes indépendants l'un de l'autre, qui reçurent le nom collectif d'Heptarchie ; c'était : le *South-sex* (1) (Sussex), *East Angle*, *Kent*, *Westsex* (contrée de l'ouest), *Northumberland*, *Eastsex* (Essex), et *Mercia*. Cette Heptarchie fut subdivisée en *hides* (2), (le *hide* était l'étendue de terre qu'une seule charrue pouvait labourer en une année), et chaque *hide* était gouvernée par un *earldorman* ou *earl* (3).

Alfred-le-Grand, souverain de toute l'Heptarchie, fit une nouvelle division du pays en *shires* ou comtés, qui se subdivisèrent en *hundreds*, centuries (réunion de cent familles), et en *tythings*, décuries (réunion de dix fa-

---

(1) *Sex* pour *Sax*, abrégé de Saxon ; ainsi *South-Sex* et *East-Sex*, qui s'écrivent aujourd'hui *Sussex* et *Essex*, signifiaient les Saxons du Sud et les Saxons de l'Est.

(2) Peau de bœuf ou de vache.

(3) *Earl*, mot saxon, qui exprime encore aujourd'hui le titre des comtes anglais.

milles). A la tête de chaque *shire* ou comté fut placé un juge et magistrat civil appelé *Shire-reeve* (1) (shériff), qui remplaça le *earl* (comte), chef de l'ancien comté du temps de l'Heptarchie.

Ces *shires, hundreds* et *tythings* sont encore aujourd'hui des divisions politiques de l'Angleterre.

(1) *Shire* de *share*, diviser, partager. — *Reeve*, bailli.

CHAPITRE XIV

London, Londres. C'est dans les Commentaires de César que se trouve la première mention de cette ville, qu'il appelle *civitas Trinobantum*, la cité des *Trinobantes*. Bornée au nord par une éminence (1), une forêt et des marais, à l'ouest par un ravin profond appelé le *Fleet* (2) ; à l'est par un autre ravin appelé *Wall-brook* (3), au sud par la Tamise, des marais et les collines de *Kent* et de *Surrey*, cette situation offrait l'avantage de défenses naturelles à un peuple barbare. Sa proximité de la mer fut plus tard un avantage pour le commerce, quoiqu'elle en

(1) La délicieuse colline d'*Hampstead*, que son aspect pittoresque a fait surnommer la petite Suisse.

(2) Aujourd'hui Fleet-Street.

(3) Nom d'un faubourg actuel de Londres.

fût assez distante pour ne pas craindre une soudaine atta-
que des forces navales d'un ennemi.

Son nom latin *Londinium*, est pris du mot composé
saxon *Lynd-din, la ville du lac,* la Tamise ayant alors, en
cet endroit, une vaste étendue ressemblant à un lac. Voici
deux autres étymologies qui nous semblent fort contesta-
bles : *Lun-dun, la ville des bocages* et *Llhong-din, la
ville des vaisseaux.* Le premier de ces noms conviendrait
également à la plupart des villes bretonnes, qui étaient
tellement enfouies dans les bois que César les appelait des
bois fortifiés. Le second paraît inapplicable à Londres, avant
que cette ville fût devenue un grand port.

Le premier événement historique que l'on connaisse de
Londres est sa destruction sous le règne de Néron, par
Boadicée, reine des Icènes, qui dans cette ville et dans celle
de Verulam, comté de Herts, aussi détruite par elle, fit mas-
sacrer 70,000 Bretons pour les punir de leur fidélité aux
Romains. Boadicée fut bientôt après vaincue par le proconsul
romain Suétonius Paulinus, qui lui tua 80,000 hommes.

Les Saxons établis dans l'île de Thanet, à l'embouchure
de la Tamise, sous le règne de Vortigern, essayèrent en
vain de prendre Londres. En 604, cette ville, selon le vénérable Bède, « était une riche ville marchande. »

Ravagée par deux incendies, en 764 et 788, et par plusieurs invasions des Danois, elle fut enfin réparée et forti-

fiée par Alfred-le-Grand, qui en fit la capitale de toute l'Angleterre dont il était devenu l'unique souverain. Il la divisa
en *wards,* « arrondissements, » et subdivisa chaque *ward* en
precincts, « quartiers. » Ces divisions subsistent encore. En
1015, Londres fut cédé par le roi Edmond *Ironsides* (côtes-
de-fer) au roi de Danemark Hardi-Canut, et telle était
déjà l'opulence de cette capitale qu'elle paya à ce roi la
septième partie du tribut qu'il imposa à tout le royaume.
En 1062, les barons et les prélats offrirent à Guillaume-
le-Conquérant le titre de roi, et il fut le premier souverain
couronné à *Westminster.* En 1210, les barons de Londres
reçurent du roi Jean-Sans-Terre le privilége de choisir
annuellement leur maire (*mayor*) et de le maintenir en
fonctions aussi longtemps qu'ils voudraient. Mais en 1252,
une loi rendit annuelle cette magistrature municipale.

Plusieurs souverains s'opposèrent à l'agrandissement de
Londres, notamment Élisabeth en 1580 et Jacques Ier en
1618. Nulle construction nouvelle n'était permise. Quelle
politique !

Pour les étrangers qui ont formé leurs idées de beauté
architecturale sur les ruines de Rome et d'Athènes et sur
Paris tel qu'il est en 1864 ou même sur ce qu'il était en
1820, Londres est une sombre et monotone cité. Ses
longues rangées de maisons de briques rouges, leur unifor-
mité sans caractère ni style, attristent le regard et étouffent

l'imagination. Mais ce désavantage, ainsi que beaucoup d'autres, est compensé par le spectacle d'une opulence que n'offre nulle autre ville au monde. Malheureusement cette opulence est le partage de dix à douze mille familles.

CHAPITRE XV

USAGES DU CHARBON DE TERRE ET SES EFFETS SUR PARIS.

L'usage du charbon de terre, *coals,* se généralise peu à peu en France. Les familles y trouvent deux grands avantages sur le bois : il coûte moins cher et donne beaucoup plus de chaleur. Les charbons de Newcastle et de Sunderland sont bien supérieurs aux charbons belges de Mons et de Charleroi ; mais ce combustible a deux grands inconvénients : il répand dans les appartements une odeur désagréable, et sa fumée, épaisse et huileuse, salit non-seulement l'intérieur, mais aussi l'extérieur des maisons, des monuments et tous les objets sur lesquels elle tombe comme une pluie fine. Dans vingt ans, Paris, si propre, si blanc, si coquet, aura, si l'on n'y prend garde, l'aspect sombre et triste du noir *London.* J'ai dit : si l'on n'y prend garde, car, au moyen d'un appareil appelé *smoke-consumer*, « consommateur de la fumée, » les grandes usines et les brasseries de Londres ont des cheminées qui ne fument plus.

Voudra-t-on munir d'appareils semblables les cheminées particulières ? Il le faudra bien, à moins qu'on ne soit résigné à subir des inconvénients de plus d'un genre, dont voici la liste : 1° se laver les mains dix fois par jour et la figure quatre fois, et toujours avec force savon ; autrement ce serait peine perdue, la fumée grasse du *coals* ayant la consistance et la ténacité du cambouis; 2° changer de linge très-régulièrement tous les jours, et plusieurs fois par jour, quand on aura plusieurs visites à faire; car le col le plus blanc, quatre heures après avoir été mis, semblera dater de la semaine dernière ou avoir servi à l'un de ces honnêtes enfants de l'Auvergne qui fournissent les cuisinières de combustible ; 3° ne se vêtir que de noir, comme les Anglais, car les étoffes de toute autre couleur seraient au bout de deux mois d'une teinte indéfinissable ; 4° ne jamais toucher de la main ni muraille, ni parapet, ni garde-fou, car cette main se trouverait couverte aussitôt d'un gant noir, mais pas un gant de Jouvin; 5° faire blanchir les façades des maisons non plus tous les dix ans, mais tous les dix mois : innovations qui pourront bien coûter aux Parisiens la somme annuelle de cent millions de francs, à défaut de quoi ils jouiront d'un plaisir britannique qui jusqu'à présent leur est inconnu.

M. Malivoir, rencontrant dans la rue M. Beauvisage, pourra lui dire, en dirigeant l'index vers son nez :

— Tiens ! qu'avez-vous donc là ?

Et M. Beauvisage de répondre, en allongeant ce même doigt vers la joue gauche de son ami :

— Eh ! mais, vous-même qui vous a ainsi pointillé et moucheté, mon cher?

Ce qui étonne et fait rire aux éclats ces deux honnêtes bourgeois, ce sont les *blacks* dont, à leur insu, sont ornés leurs visages.

Des *blacks!* Qu'est-ce que des *blacks?*

Des myriades de petits globules noirs lancés par les cent milles cheminées de Paris ; ils flotteront dans l'atmosphère qu'ils assombriront en juillet et rendront ténébreuse en décembre; puis devenus, en se refroidissant, plus lourds que cette atmosphère, ils retomberont, en forme de larmes, sur tout ce qui se trouvera dans les rues et places de Paris, hommes et choses, qu'ils orneront de mouches à faire envie aux marquises de 1740. Mais comme les mouches ne sont plus de mode (en attendant qu'elles y reviennent), cette plaie du noir, inconnue à l'Égypte des Pharaons, sera particulièrement remarquable sur les plus blanches choses de ce monde, ce qui causera une grande affliction aux Parisiennes (les blanchisseuses de fin exceptées), quand elles regarderont leurs visages, leurs mains, leurs bas et leurs collerettes. Tel est le phénomène fuligineux qui se produit à Londres pendant 365 jours chaque année.

En le voyant se produire à Paris, et avant de se l'être expliqué d'après les lois de la physique, bien que leur physique à eux en sera généralement affecté, les esprits moroses croiront que les anges affligés pleurent sur cette moderne Babylone des larmes d'encre pour la punir, par la loi du talion, de toute l'encre qu'on y dépense annuellement à écrire des erreurs, des profanations, des paradoxes universels, sans compter les fadaises, qui seraient innocentes, à la condition de n'être pas innombrables.

Il y a donc un moyen de nous garantir du noir. Mais du jaune, du jaune épais du *macadam*, qui nous en garantira?

L'Écossais *Mac-Adam* n'a sans doute commis cette triste invention qu'en haine des pavés, sur lesquels probablement il avait éprouvé quelque accident. A moins qu'il ne fût intéressé dans une entreprise de voitures de place, industrie à laquelle le madacam est si profitable.

Traversez donc à pied un jour de pluie le boulevard, la rue de Rivoli ou les Champs-Élysées, il vous en coûtera quinze francs de chaussure : mieux vaut prendre un fiacre pour vingt-cinq sous. Un fiacre pour vingt pas! Il le faut dans une ville dont les rues sont liquides en hiver, pulvérisées en été.

Timeo Britannos et dona ferentes : le charbon de terre qui nous noircit la tête et le *macadam* qui nous jaunit ou nous blanchit les pieds, voilà un renversement de l'ordre naturel des couleurs qui nous rendra méconnaissables. Bon tour qui fera rire nos voisins d'Outre-Manche.

Je propose à tous ceux qui comme moi n'ont pas d'équipage, ni même de demi-fortune, un moyen économique de franchir, sans souillure, les marais parisiens qu'on s'obstine à appeler des rues. C'est de marcher sur des échasses, comme les habitants des Landes. Mais les Anglais riraient encore, disant que le vif et sémillant coq gaulois est devenu un lent et grave échassier.

Il faudra trouver un autre moyen.

CHAPITRE XVI

Anti-Corn-law-league, ligue contre la loi des céréales.

Cette ligue ou association d'hommes généreux et dévoués au bien-être des classes laborieuses, fut formée pour substituer au système prohibitif la libre importation des grains dans le royaume-uni de la Grande-Bretagne. Le système prohibitif faisait payer aux pauvres le pain fort cher pour accroître les énormes revenus de l'aristocratie terrienne, en maintenant aussi élevée que possible la rente du sol. En d'autres termes, le peuple entier souffrait de la misère et souvent de la faim au profit de la fortune de trois ou quatre mille familles. Ainsi une loi de 1814 prohibait les blés étrangers tant que les blés indigènes n'atteignaient pas le prix énorme de quatre-vingts shillings par *quarter*, ou de trente-cinq francs par hectolitre. Plus tard on adopta l'échelle mobile des droits qui assurait au producteur le prix de soixante-dix shillings par *quarter*, ou trente francs par hectolitre. C'était une maigre concession faite au premier besoin des classes pauvres.

Dès l'année 1828, le colonel Thompson et quelques autres patriotes philanthropes écrivirent et formèrent des associations contre le monopole des céréales que s'arrogeait l'aristocratie. Mais il fallut des crises industrielles et commerciales, de mauvaises récoltes et leurs terribles conséquences, pour réaliser une œuvre de justice et d'humanité. Baisse du salaire et hausse du prix des subsistances, gens mourant de faim dans leurs maisons et dans les rues, vols, meurtres, incendies, bandes d'affamés, devenus malfaiteurs, errants sur les routes, tels étaient les adversaires que s'était créés le monopole des céréales et avec lequel il lui fallut compter. Le danger d'une telle situation menaçait surtout ceux qui l'avaient fait naître, car il pouvait devenir une révolution sociale dont la grande propriété eût fait tous les frais. Ce ne fut point cependant la classe des grands propriétaires terriens, mais quelques hommes généreux et clairvoyants de la classe bourgeoise, qui avisèrent aux moyens de conjurer le péril. L'aristocratie eût préféré y succomber que de renoncer même à une partie de ses excessifs revenus.

MM. Prentice, Paulton, Smith, le docteur Browring, et surtout l'illustre Richard Cobden, organisèrent une agitation dans les principales villes manufacturières d'Angleterre, Birmingham, Manchester, Leeds, Wolverhampton, Nottingham et autres. L'opinion publique seconda partout leurs efforts. M. Cobden connaissant l'égoïste entêtement des adversaires d'une réforme de la loi des céréales, leur fit cette nette déclaration : « Nous formons dans nos grandes villes une ligue qui doit renverser les iniquités de votre aristocratie féodale. Que les châteaux écroulés du Rhin et de l'Elbe vous révèlent le sort qui vous attend, si vous persistez dans votre lutte contre les classes industrielles du pays. »

Ce langage du chef de *l'Anti-Corn-law-league* fit comprendre à l'aristocratie terrienne que le moment était venu de renoncer aux quarante millions sterling (un milliard de francs) qu'elle prélevait annuellement sur le pain du peuple anglais, si elle ne voulait perdre l'autre milliard qu'elle tire de ses propriétés et de ses priviléges.

Appuyés par le concours de nouveaux et énergiques adhérents, parmi lesquels il faut citer MM. James Wilson, Fox, Bright, Villiers, Bickan et Georges Thompson, les premiers promoteurs de la ligue propagèrent leur idée par les journaux, les *meetings*, les brochures, les souscriptions, les soirées, les correspondances. Après huit ans d'efforts gigantesques, de sacrifices de temps et d'argent, dont les grands citoyens sont seuls capables (la somme souscrite par la ligue contre la loi des céréales s'élevait à six millions et quart), l'abolition d'une loi inique fut votée, en 1846. Un grand ministre, sir Robert Peel, appartenant à la classe manufacturière, contribua puissamment à cet éclatant triomphe du bien public sur l'aveuglement et l'égoïsme d'une caste.

L'abolition de la loi prohibitive des céréales a conduit à celle de la protection, en matière commerciale, qu'a remplacée le *free-trade* ou libre-échange.

Board of Trade. « Conseil supérieur du commerce, » son président est membre du cabinet.

Stock. Fonds publics ; quantités de marchandises disponibles sur une place ; fonds de magasin.

Clearing-house, « bureau d'acquittement, de payement, de virement, de liquidation par compensation. » Cette institution a pour objet une économie de numéraire obtenue au moyen de compensations de créances. Chacun de ses membres s'acquitte des billets dont il est débiteur avec ceux dont il est porteur, et, ces créances respectives se compensant les unes par les autres, l'usage des billets de banque et du numéraire se trouve ainsi fort restreint. L'argent n'est plus alors nécessaire que pour acquitter de faibles sommes, telles, par exemple, que les appoints.

Il y a près d'un siècle qu'un certain nombre de banquiers de la Cité fondèrent un bureau central et commun pour y faire entre eux l'échange des billets dont ils seraient respectivement porteurs. Ce bureau qui prit le nom de *clearing-house*, est aujourd'hui situé dans Lombard-Street. L'idée fondamentale du *clearing-house* est l'appropriation, à un nouvel objet, de valeurs destinées d'abord à un objet différent, changement de destination appelé en France aujourd'hui virement. Cette opération de banque fut pratiquée bien longtemps avant la création du *clearing-house*, dans lequel elle s'est introduite sous une forme nouvelle, plus appropriée aux transactions modernes, surtout en Angleterre, où elles se font sur une immense échelle.

Voici en quelques lignes le mécanisme des échanges de billets effectués dans le *clearing-house*. Chaque banquier, membre du *clearing-house*, y est représenté par un commis à demeure, assis devant un pupitre spécial surmonté d'une boîte. Chaque jour, à onze heures et à trois heures, d'autres commis apportent des billets appartenant à leurs maisons respectives et les déposent dans les boîtes des maisons sur lesquelles ils sont tirés. A quatre heures, les commis à demeure dressent leurs comptes, qui sont aussitôt vérifiés par leurs maisons respectives. Ainsi se trouvent faites les balances des dettes et des créances réciproques, et les soldes sont acquittés avant cinq heures en billets de banque et en monnaie.

Le *clearing-house* fonctionne comme il a été fondé, sans aucune intervention du gouvernement. Cependant il a le caractère et l'importance d'une institution publique que lui donnent le grand mouvement de valeurs qui s'y opère et l'influence qu'il exerce sur la tenue générale des comptes.

Voici quel a été, en une seule de ces dernières années, le montant des transactions au *clearing-house* de Londres : 974,580,000 livres sterling (près de 25 milliards !). Pendant une autre année, le total des créances acquittées a été de 953,404,000 livres sterling, et les billets de banque employés ne donnaient qu'une somme de 66,275,600 livres sterling.

On voit qu'une somme de 66 millions sterling a suffi pour solder une masse de créances quatorze fois plus forte. Et il faut encore remarquer que ces 66 millions (1,650,000,000 f.) ont été soldés non en numéraire, mais en billets de banque. La monnaie effective n'intervenant, comme on voit, que pour très-peu dans les opérations du *clearing-house*, elles ne sont que très-peu affectées par les crises monétaires.

C'est seulement pour les appoints inférieurs aux plus faibles billets de banque, qui sont de cinq livres sterling, que le numéraire devient absolument nécessaire.

Quelques autres villes d'Angleterre ont des *clearing-*

houses ou bureaux de virements, mais leurs opérations ne sont pas toutes uniformes.

Le nombre des banquiers qui partagent le bénéfice du *clearing-house* de Londres est fort restreint. Là, comme dans toutes les institutions de ce pays, règne l'esprit d'exclusion et de privilége.

Dock. C'est le nom de plusieurs sortes d'établissements destinés les uns au commerce, les autres à la construction et au radoubage des navires.

Les *wet docks*, « *docks* humides, » sont des bassins à flot, ayant des écluses à sas, au moyen desquelles le temps d'admission des navires est prolongé et dure tant que leur tirant d'eau reste égal à la hauteur de la marée dans l'avant-port. Ils diffèrent en celà de nos bassins à flot ordinaires, qui n'admettent les navires que pendant la marée haute, leurs portes ne s'ouvrant qu'alors et se fermant dès que la marée commence à descendre.

Les *dry docks*, « *docks* secs, » sont des cales ouvertes pour la construction des navires.

Les *graving docks*, « *docks* de radoubage, » sont construits de manière que l'eau de la mer ou celle des fleuves y puisse entrer à volonté et en être chassée par des machines d'épuisement. Les navires à radouber entrent dans le bassin quand il est plein d'eau et en sortent lorsqu'on le met à sec en ouvrant les portes.

Cependant le nom de *docks* est plus particulièrement donné à d'immenses entrepôts dont le système complexe a été l'un des principaux éléments de la haute fortune commerciale des Anglais. Le *dock* dont il s'agit ici se compose : 1° de bassins à flot avec écluses à sas; 2° de quais préparés et outillés pour la réception et le déchargement des navires; 3° de hangars et de bâtiments d'une vaste étendue pour la manutention et le magasinage des marchandises. On y fait le pesage, la vérification, le conditionnement, l'arrivage, la réexpédition de toutes les marchandises, dont la conservation est l'objet des plus grands soins; 4° d'une enceinte complète et sûre et d'une surveillance organisée pour prévenir toute spoliation; 5° d'une administration centralisant pour les négociants et les armateurs toutes les opérations de douane, d'entrée, de sortie, de transit et de toutes les mains-d'œuvre commerciales auxquelles la marchandise est sujette; 6° du système des *warrants* ou prêts sur consignation; 7° enfin de la faculté d'entrepôt réel accordée par le gouvernement à ces utiles établissements.

Les avantages considérables résultant de l'institution des *docks*, constituent une économie de dix-huit pour cent sur les manutentions, le magasinage, le déchet, la dilapidation.

Le premier *dock* fut construit à Liverpool en 1699. Le

London-dock, le seul (1) dont nous parlerons ici, fut ouvert en 1802.

Ce fut l'entreprise d'une compagnie de négociants autorisée par un acte du parlement. Ce *dock* creusé à Wapping, sur les bords de la Tamise, a coûté, y compris ses magasins, ses caves, ses ponts, ses hangars et ses grues, près de quatre-vingts millions de francs. L'espace qu'il occupe et qui était habité par plusieurs milliers de petits marchands, a dix hectares de superficie. En y comprenant les quais, les magasins, les entrées, la superficie totale de ce dock est de vingt-cinq hectares. Le magasin des tabacs a lui seul la prodigieuse étendue de deux hectares et demi. Ce *dock* donne des dividendes limités à dix pour cent.

Les avantages des *docks* dispensent le négociant de magasins, de bureaux, de nombreux commis, de tenue de livres compliquée, des soins de conservation et de surveillance. Tout son matériel et son personnel se réduisent au portefeuille contenant ses *warrants* et à un très-petit nombre d'employés et de livres. Tous ces avantages il les paye à la compagnie des *docks* par une somme fixe et très-modérée.

Les entrepôts de Paris donnent, sous quelques rapports,

(1) Londres a cinq *docks* : le *London-dock*, l'*East-India-dock*, le *Commercial-dock*, le *Rotherhithe-East-Country-dock* et le *Saint-Catherine-dock*.

et sur une très-petite échelle, une idée assez exacte des *docks* de Londres, de leur mécanisme matériel et administratif. Mais ils en diffèrent essentiellement en ce qu'ils ne reçoivent pas directement les marchandises de navires déchargés devant leurs portes. C'est en cela que le nom de *docks* leur a été improprement donné.

Drawback. Ce mot, récemment adopté dans la langue commerciale, signifie *restitution de droits*, et aussi, mais avec moins de justesse, prime d'encouragement.

Voici l'application pratique du *drawback*, pris dans son sens précis. Le droit d'entrée perçu sur une marchandise étrangère est restitué par la douane à l'importateur lorsque cette marchandise est réexportée, soit parce qu'elle n'est pas demandée dans le pays d'importation ou qu'elle se vend plus avantageusement à l'étranger. Dans ces deux cas la restitution de droit est un principe pratiqué dans tous les pays. Cette pratique, désignée aujourd'hui par le mot *drawback*, est bien antérieure à l'usage de ce mot anglais chez les autres nations.

Voici maintenant la raison du *drawback*. Ce n'est qu'à la condition d'une consommation à l'intérieur que la douane frappe d'un droit d'entrée la marchandise étrangère. Pour une raison quelconque cette consommation n'ayant pas lieu, la réexportation devient nécessaire, et la restitution du droit le devient aussi, autrement l'importateur serait en

14.

perte et n'aurait travaillé que pour l'avantage du producteur étranger, s'il s'agit de matières premières, ou pour celui de consommateur étranger, si cette matière a subi une façon industrielle.

On le voit, le *drawback*, ainsi entendu, n'est qu'un remboursement de droits perçus éventuellement, tandis que la prime d'encouragement est une faveur exceptionnelle accordée à certaines industries qui autrement ne pourraient se soutenir. Cette faveur est quelquefois une charge peu justifiée, imposée aux contribuables qui se trouvent, en certains cas, obligés de payer une partie de la valeur des marchandises consommées à l'étranger.

Les *drawbacks* et primes s'élèvent quelquefois à trente et trente-cinq millions annuellement.

Lloyd. C'est le nom de la plus ancienne et de la plus considérable compagnie d'assurances maritimes qui existe en Europe. Outre l'assurance contre les risques de mer, cette institution procure des renseignements sur les navires en cours de voyage dans toutes les parties du monde. Elle a, pour cet effet, dans tous les ports un peu considérables, des agents dont l'unique occupation est de recueillir et de lui transmettre ces renseignements. Les membres du *Lloyd* sont au nombre d'environ douze cents et se divisent en trois classes : « les assureurs, » *under writers*, les agents d'assurances et les courtiers maritimes. Pour les assureurs et les agents, le prix d'entrée dans la société est de 25 livres sterling, et la cotisation annuelle de 4 livres. Les courtiers ne paient pas de prix d'entrée. La direction du *Lloyd* est confiée à un comité de vingt-cinq membres.

Vers l'an 1690, des courtiers de navires, des assureurs et armateurs se réunissaient habituellement dans un petit café de Lombard-Street, tenu par un nommé *Lloyd*. Trente ans plus tard, les anciens habitués de ce café formèrent une société d'assurances maritimes qui reçut ce nom de *Lloyd* et dont le siége est aujourd'hui dans le bâtiment de la Bourse, *Royal Exchange*.

L'Autriche, les villes hanséatiques, Liverpool, le Havre, Marseille, Boston, New-York ont leurs *Lloyds*, plus ou moins semblables au *Lloyd* de Londres.

Le service de ce dernier se fait avec une célérité et une exactitude merveilleuses. Les renseignements reçus de tous ports où l'institution a des agents sont immédiatement transcrits sur des livres ouverts à tous les membres. Ils apprennent ainsi le port où tel navire a touché, les communications qu'il a eues en mer avec d'autres bâtiments, s'il ne lui est pas arrivé d'accident; etc. Les changements atmosphériques sont indiqués par un anémomètre fonctionnant jour et nuit, de manière à indiquer à toute heure la direction et la force du vent.

Sur le vu des pièces constatant la perte d'un navire, l'assureur donne à l'assuré une reconnaissance qui, comme sûreté, a la valeur des billets de banque.

Trinity-House, maison de la Trinité. Nom d'une société fondée en 1515, non par Henri VIII, comme l'ont écrit quelques auteurs français, mais sous le règne de ce prince, par sir Thomas Sport, et ayant pour objet le progrès et l'extension du commerce et de la navigation. Elle délivre seule aux pilotes une licence régulière attestant leur capacité, fait élever des signaux, des phares et des bouées sur les points où il en est besoin; examine sur les mathématiques les élèves du collége gratuit, appelé *Christ-Hospital,* ainsi que les patrons qui demandent à entrer dans la marine royale. Elle fixe les appointements des pilotes de la Tamise, l'amende que doivent payer les marins, patrons, pilotes ou matelots qui exercent leur état sans avoir obtenu d'elle une licence. Elle règle les droits de pilotage, accorde aux mariniers trop vieux pour le grand service le droit de naviguer sur la Tamise; transmet à l'amirauté les plaintes des officiers de marine et veille à ce que les étrangers ne servent pas sans autorisation à bord des vaisseaux anglais.

Aux simples pilotes qui formaient seuls autrefois la société ou corporation de *Trinity-House,* se joignent aujourd'hui des lords et des gentilshommes, appelés frères de première classe.

Ils se divisent en un maître, quatre gardiens, huit assistants et trente et un frères de première classe. Les patrons, pilotes, et marins ayant donné des preuves de capacité, et admis en nombre illimité, sont les frères inférieurs ou de seconde classe. Le prince Albert, mari de la reine, a été président de *Trinity-House*.

C'est ainsi que l'aristocratie anglaise, en s'associant habilement à toutes les institutions utiles, en a favorisé le développement, il est vrai, mais elle a aussi trouvé là un moyen sûr de maintenir toujours et partout le peuple dans sa dépendance.

Hull, Leith, Newcastle et d'autres villes ont leur *Trinity-House*.

Le tombeau de sir Thomas Sport, fondateur de *Trinity-House*, se voit encore dans l'église de Stepney, paroisse voisine des docks et de la Tamise et dans laquelle existe encore une vieille coutume des gens de mer. Tous les marins de la marine marchande paient une taxe de trois *pence* (six sous) par mois pour l'entretien des pauvres de la paroisse de *Stepney*, et aussi pour toutes les personnes pauvres nées en mer, et qui n'ayant élu domicile nulle part, sont considérées comme étant de la paroisse de *Stepney*.

Free-trade, « libre-échange. » Cette grande victoire de la liberté du commerce sur le système protecteur, ou commerce restreint, date de 1846. Elle est due aux efforts de

MM. Cobden, Bright, James Wilson, Milner Gibson, secondés, au dernier moment, par le grand ministre sir Robert Peel. Quels intérêts protégeait le système protecteur? Ceux des producteurs indigènes qui eussent été ruinés, disaient-ils, par la concurrence étrangère. Mais à cet intérêt était sacrifié celui des consommateurs, forcés de payer à leurs compatriotes un prix élevé pour des produits que l'étranger leur eût fournis à bon marché.

Injustice qui frappait la généralité des citoyens au profit d'une classe.

Mais cette classe même a gagné à l'inauguration de la liberté commerciale ou *free-trade :* car l'expérience, comme la logique, prouve combien était fausse cette théorie appelée balance du commerce, qui établissait qu'un pays courait à sa ruine, quand le chiffre de ses importations dépassait celui de ses exportations. C'était, croyait-on, *donner* à l'étranger plus qu'on n'en recevait. L'erreur de ce raisonnement est démontrée par l'exemple que voici.

Un négociant expédie en Amérique des marchandises d'une valeur de cinquante mille francs, les vend avec un bénéfice de vingt-cinq mille francs et fait venir une cargaison de marchandises de ce pays qui en vaut soixante-quinze mille. Si cette cargaison arrive à bon port, l'importation excède d'un tiers la valeur de son exportation, et (selon la théorie protectionniste) ce négociant marche à la banqueroute, tout en appauvrissant son pays. Supposons, au contraire, que le navire ayant fait naufrage, toute la cargaison qu'il rapportait soit au fond de la mer, alors (selon la même théorie) les affaires du négociant seront dans l'état le plus florissant, car il a exporté, mais n'a rien importé du tout.

Comme à toutes les vérités nouvelles, il a fallu à celle de l'économie politique bien du temps et des combats pour triompher. En voici une du moins qui est aujourd'hui incontestée. Les importations sont le prix des exportations; et comme, dans les unes et les autres, l'or est maintenant reconnu comme un article de commerce, il est évident que si l'on achète plus qu'on ne vend, c'est parce qu'on vend avec bénéfice.

Depuis l'établissement du *free-trade*, en 1846, le peuple anglais paie le pain et les autres denrées alimentaires un tiers meilleur marché qu'auparavant. Il en a témoigné sa reconnaissance à sir Robert Peel, en lui élevant, au moyen d'une souscription à deux sous, une statue de bronze qu'on a érigée à l'extrémité de *Cheapside*, « la rue du bon marché, » en face de la Banque.

Bien avant que le libre-échange eût définitivement triomphé en Angleterre, des sociétés étaient fondées à Paris, à Marseille et à Bordeaux, pour l'inaugurer en France.

Warrant. La signification propre de ce mot est *garantie.* Aujourd'hui, en France comme en Angleterre, on nomme *warrant* le titre représentatif d'une marchandise, lequel en constate en même temps la valeur, la qualité et le poids ou la longueur. Ce titre étant négociable, il suit que, par son usage, la marchandise est mobilisée et remplace le numéraire. Au système des *warrants,* plus qu'à tout autre peut-être, l'Angleterre et la ville de Londres en particulier, doivent leur prospérité commerciale, sans exemple dans le monde. Voici le mécanisme des *warrants,* qui ne sont autre chose que les certificats d'entrepôts délivrés par les directeurs. Avec ce morceau de papier, le négociant effectue sans déplacement la livraison de sa marchandise, par la simple substitution du nom de son acquéreur au sien sur les registres de l'entrepôt et sur le *warrant.*

La négociation et la transmission prompte et facile de la marchandise sont donc les deux immenses avantages de l'usage des *warrants.* Cette opération ressemble à celle que ferait un propriétaire qui, à cent lieues de distance, vendrait ses maisons et ses terres, en en présentant à l'acquéreur une simple description certifiée exacte par un notaire.

Le système des *warrants* donne ainsi un immense développement au crédit commercial, ce qui l'a fait adopter en France depuis quelques années avec certaines modifications de règlements et d'usages dans l'administration des entrepôts. Ces règlements étaient, en partie du moins, un obstacle à l'extension du crédit, en rendant lente, difficile et coûteuse la transmission de la marchandise d'un possesseur à un autre. Aujourd'hui, plus de ces inconvénients : le négociant, muni de son *warrant* transférable, emprunte de suite l'argent dont il a besoin par voie d'endossement, en faisant mentionner cet endossement sur les livres de l'entrepôt. Par là sont évités les frais et les lenteurs d'une livraison, d'une sortie effective de la marchandise et de sa rentrée dans l'entrepôt pour le compte du nouvel acquéreur ou du prêteur. Enfin la Banque de France et les comptoirs d'escompte sont autorisés, par un décret du 21 mars 1848, à admettre les *warrants* comme des effets portant l'une des signatures exigées par leurs statuts. En ce cas, cependant, il y a vérification de la valeur de la marchandise représentée par le *warrant*.

Outre les entrepôts réels, il y avait des établissements particuliers, créés avant la loi du 28 mai 1858, sous le nom de magasins généraux, dans les villes de Paris, Rouen, Nantes, Mulhouse, Colmar, Dunkerque, le Havre, Avignon, Valenciennes. Depuis cette loi, il en a été établi à Lyon, Rennes, Douai, Épinal, Dieppe, Étampes, Agen,

Bordeaux; et de nouveaux à Paris, à Valenciennes, le Havre et Marseille. Ces magasins délivrent des *warrants* qui sont négociables comme ceux des entrepôts réels.

CHAPITRE XVII

Bank-note. Billet de banque.

Cent. Pièce de cuivre d'Amérique, valant 5 cent.

Crown. Couronne, pièce d'argent. — 6 fr. 25 cent.

Half-crown. Moitié de la couronne.

Dollar. Pièce d'argent d'Amérique. — 5 fr. 41 cent.

Florin. Pièce d'argent nouvellement frappée en Angleterre. — 2 fr. 50 cent. ou 2 schillings.

Farthing. Pièce de cuivre. — 2 cent. 50. C'est la plus petite pièce de monnaie en Angleterre.

Guinea. Guinée, pièce d'or. — 26 fr. 47 cent.

Gold. Or.

Groat. Pièce d'argent. — 40 cent.

Joint-stock-bank, banque par actions. Ce sont des banques de dépôts, très-nombreuses en Angleterre, et payant un intérêt plus ou moins élevé pour les capitaux déposés. Elles n'offrent pas toujours une complète sécurité (1).

Lack of rupices. Lac de roupies, somme qui vaut dans l'Inde, 253,238 fr.

Money. Monnaie, argent monnayé. « Aie de l'argent, toujours, par tous les moyens... honnêtes, disait lord Chesterfield à son héritier ; mais si tu ne peux pas, aies-en encore. »

Penny. Pièce de cuivre. — 10 cent. — Pluriel *pence*.

Half-penny. La moitié du penny.

Pound. Livre sterling. = 25 fr. On exprime souvent la livre sterling par ce signe : £.

Shilling. Schelling, pièce d'argent, = 1 fr. 25 cent.

Six pence. Pièce d'argent, la moitié du shilling.

Three pence. Pièce d'argent, la moitié du six-pence, ou 31 cent.

Silver. Argent, métal.

Share. Actions de chemins de fer, de banques, etc.

Shareholder. Actionnaire.

Saving-bank. Caisse d'épargne.

(1) Plusieurs ont fait des banqueroutes considérables et quelquefois frauduleuses.

Stock. Les fonds publics ; approvisionnements ; marchandises disponibles sur une place, dans un magasin.

Stockbroker. Agent de change. *Stockjobber*, agioteur.

Stock-Exchange. Bourse spéciale pour les fonds publics.

At-sight. A vue, payable à...

Le *cheque* ou *check*, en français « chèque, » est un mandat de banque ou une valeur commerciale. Un jugement récent de la Cour impériale de Paris vient d'en déterminer l'usage dans l'un et l'autre cas. En voici les termes :

« Le chèque ou récépissé peut, suivant les conventions qui ont donné lieu à son émission, être considéré ou comme mandat ou comme remise de valeur. Dans le premier cas, il est révocable ; dans le second, il est négociable, transmissible de la main à la main, et a tous les effets d'un billet au porteur.

« En conséquence, le souscripteur d'un chèque, qui l'a émis à titre de valeur de crédit, avant l'échéance indiquée pour le payement, ne peut exciper vis-à-vis des tiers-porteurs de bonne foi, des conditions particulières sous lesquelles ce chèque aurait été créé, pour le faire dériver en mandat, ni se refuser au remboursement de la simple valeur souscrite à défaut de payement à l'échéance. »

Ce jugement était nécessaire pour fixer la signification d'un mot tout nouveau en France. Nous l'avons emprunté aux Anglais, le jour où, comme eux, nous avons substitué les banques aux caisses individuelles. Ce jour-là, le chèque est entré dans la circulation, celui qui vient de le recevoir comme argent s'en servant et le transmettant de même. Mais il y a entre le chèque anglais et le chèque français une différence qui doit être signalée. Chez nos voisins, ce n'est pas une valeur capricieuse qui n'obéit à aucune règle ; il y a sur cette valeur un ensemble de principes qui forment une véritable législation. Le chèque anglais porte toujours la formule : *Pay to M. X, or bearer :* payez à **M. X…** ou au porteur ; ou bien cette autre formule : *or order*, ou à l'ordre de… Il exprime ainsi sa négociabilité à ordre ou au porteur ; et encore on ne l'admet qu'avec des précautions multipliées. La plus ordinaire est de tracer deux barres traversales sur le chèque, qui s'appelle alors *crossed cheque,* et qui ne peut être payé que chez le banquier de la personne qui a signé ce chèque. Le chèque français ne ressemble en rien à celui-là.

Certains établissements spéciaux, tels que la Banque de dépôts, le Crédit agricole, le Crédit industriel et commercial, délivrent depuis quelque temps des carnets de chèques au public en échange des dépôts d'argent. Ces carnets à souche contiennent un certain nombre de feuilles sur chacune desquelles est imprimée la formule d'un reçu. Pour payer une dette, un mémoire, il suffit de remplir un de ces reçus, d'y inscrire la somme à payer, de le signer et de détacher le chèque de la souche. Ce reçu circule de main en main et sera payé à présentation. Ce cahier à souche, perdu ou volé, ne profite à personne, car chaque feuillet n'a de valeur qu'autant qu'il est signé par le propriétaire, dont la signature est déposée comme modèle dans l'établissement de crédit où il a placé son argent.

L'usage des chèques est en France à son début; en Angleterre, le chiffre des opérations qu'ils représentent annuellement, est évalué à 1 milliard *sterling* (25 milliards de francs).

CHAPITRE XVIII

Avoirdupoids. Nom que les Anglais donnent à la *pound* ou livre de commerce pour les grosses marchandises, pour la distinguer de la *pound troy* ou livre de *troy*. La livre *avoirdupoids* = 453 gram. 558.

Cubit, « coudée » = 0^m, 4,572 ; le *cubit* = 1/4 *fathom* ou brasse = 1/2 *yard*.

Cwt. Abréviation de c. (cent) et de wt. (weight), poids ; poids de cent livres. Il s'écrit aussi *hundredweight*.

Fathom. « Brasse » ou toise anglaise = 2 *yards* = 1^m, 82877.

Foot (plur. *feet*). Mesure de longueur = 0^m, 30,479.

Furlong. Mesure itinéraire = 201^m, 1644. Le *furlong* est un huitième du mille anglais et = 220 yards.

Gallon. Mesure de capacité employée pour les liquides et les matières sèches. Comme mesure de liquides, le gallon = litres 4,5435 ; comme mesure de matières sèches = litres 4,4611.

Inch. Mesure de longueur équivalant à l'ancien pouce français (douzième partie du pied-de-roi) et douzième partie du pied anglais = 0^m, 254. On le divisait en 12 lignes comme le pouce français ; mais depuis quelque temps on le divise en parties décimales, et l'on compte par dixièmes, centièmes, millièmes de *inch*.

Palm. Mesure de longueur correspondant à l'empan français = 10 décimètres.

Pipe. Futaille pour les vins, les eaux-de-vie, contenant le double de la barrique, c'est-à-dire de 220 à 250 litres.

Pound. « Livre ; » elle est de deux sortes : la livre *avoir-dupoids*, employée dans le commerce des grosses denrées et marchandises diverses = gram. 453,55 ; et la livre *troy*, appelée aussi *apothecaries weight*, « poids des apothicaires, » = grammes 373, 95. Cette dernière est employée pour les remèdes, les pierres précieuses, les matières d'or et d'argent.

Pound sterling. Monnaie de compte = 20 shillings ou

environ 25 francs. Il ne faut pas confondre la livre *sterling* avec la guinée, qui vaut 26 fr. 47 centimes.

Quarter. Comme mesure de capacité pour les matières sèches, surtout pour les grains = 8 *bushels* (boisseaux anglais) = litres 290,70 ; comme poids, c'est le quart du *cwt* ou quintal = kilogramme 12,699.

Stone. Poids du poisson, de la viande = kilogr. 3,6280 ; poids du verre = kilogr. 2,2675 ; pour les autres objets, le stone = kilogr. 6,3490.

Troy-weight ou livre de *Troy*, servant pour les matières d'or, d'argent, les pierres précieuses.

Wey. Mesure de compte pour les grains = 40 *bushels* (boisseaux anglais) = hectolitres 14,539 ; comme mesure pour la laine = kilogr. 82,54 ; pour les autres matières, le *wey* = 128 livres *avoirdupoids*.

Yard. Mesure de longueur et d'aunage qui a remplacé le *ell* depuis 1760 ; l'impérial *yard* = 0 mètre 9143 ; ses divisions en mesures anglaises sont : *yard* = 2 *cubits* (coudées) 3 *feet* (pieds) = 4 *spans* (empans) 9 *hands* (0 mètre 1016) = 16 *nails* (centimètres 2,50) = 36 *inches* (le *inch,* pouce = centim, 2,5399.) Comme mesure de superficie, le *yard* carré = 0,8060 mètre carré ; le *yard* cube qui sert pour les volumes = 0,7645 mètre carré.

CHAPITRE XIX

Le *Lord Mayor,* « Lord-Maire, » est le premier magistrat de la *cité* de Londres, c'est-à-dire d'environ une moitié de cette immense capitale; mais il n'a ni juridiction ni autorité sur l'autre moitié, appelée *West-End,* et dans laquelle demeure la noblesse. Il a un palais appelé *Mansion-House* et des équipages qui rivalisent de magnificence avec ceux de la Reine. Sa liste civile est de deux cent cinquante mille francs. C'est un rêve des Mille et une Nuits, dû au hasard de l'élection, et qui dure un an pour l'honnête marchand de draps, de gravures ou de porcelaines, qui est élevé à cette magistrature princière. Le Lord-Maire est en même temps administrateur et juge ; il a son tribunal de police correctionnelle.

Les dîners des Lords-Maires de Londres, donnés plusieurs fois par an à la corporation municipale ou aux ministres de la Reine, eussent fait envie à Lucullus. Le mets le plus estimé de ces somptueux festins est la soupe à la tortue, chef-d'œuvre de la cuisine anglaise. De là le proverbe : gras et frais comme un *Lord Mayor* ou un *Alderman* nourri de soupe à la tortue.

Les *Aldermen* sont les membres supérieurs du conseil municipal dont ils forment le tiers, et c'est toujours l'un d'eux qui est élu Lord-Maire. L'*Alderman* était un sénateur chez les Saxons, comme l'indique l'étymologie : *Old*, *older* et *alder*, « vieux, » et *man*, « homme; » ainsi, chez les Romains *senator* venait de *senex*, vieillard.

Dans tous les pays, les affaires publiques furent confiées à l'expérience que donnent l'âge et la connaissance des hommes, deux fruits précieux, mais tardifs, de l'âge avancé.

La *Mayoralty* (fonction de Maire) est une magistrature annuelle et vaut souvent à celui qui l'a remplie le titre de baronet ou de chevalier que lui confère la couronne. Aussi, l'ambition suprême de tous les marchands de la cité de Londres est d'arriver à cette haute dignité, qui, aux grands jours, se montre dans un carrosse doré, traîné par six chevaux magnifiques et entouré de laquais tout galonnés d'or.

On raconte que, déçu dans cette brillante espérance qu'il nourrissait depuis vingt-cinq ans, un alderman fut subitement pris du *spleen* et prononça, dans la salle même de l'élection où il venait d'échouer, cette suprême lamentation :

« La vie est une chaîne de désappointements, dont une extrémité s'attache à notre naissance, qui fut le résultat d'un accident ; l'autre, à notre mort, qui sera l'effet d'une mésaventure. A quoi a-t-il tenu que nous ne sortissions jamais des tranquilles abîmes du néant ? A un sourire peut-être ou à une larme. Cette terre d'où nous sortons comme des limaçons, pour y rentrer comme des taupes, après y avoir sautillé comme des écureuils, est, dans l'univers, comme une tache d'encre sur une grande feuille de papier. A chaque instant elle peut en être biffée par une comète ou lavée par une de ces grandes lessives qu'on appelle déluge. Alternative qui n'a rien de plaisant, veuillez le croire.

« Je donne mille guinées à qui me démontrera l'utilité de l'homme sur ce globe et l'utilité de ce globe dans la création. Ils n'ont l'un et l'autre pas plus d'importance que l'ombre d'un alderman sur un mur de briques. — J'entends d'un *alderman* qui ne fut jamais lord maire. — Illusion ! illusion ! tout est illusion, excepté le souci et l'espérance trompée.

« Nous avons beau couvrir nos infirmités morales et physiques de ce manteau de clinquant appelé vanité, nos imperfections y percent chacune leur trou et nous font la grimace à travers.

« Rien, ici-bas ni là-haut, n'est ce qu'il paraît être. Ces myriades d'étoiles, brillantes comme des yeux d'anges ouverts avec amour sur notre pauvre monde, savez-vous ce que c'est en réalité ? Ce ne sont ni des gouttés de pluie céleste roulant sur un immense parapluie, comme le croyaient les anciens, ni des lampes suspendues au vestibule du palais éternel pour vous éclairer à votre arrivée dans un monde meilleur, ô faibles mortels ! Ce sont des boutons de nacre cousus par la Nuit à sa vaste robe de soie bleue. Ce dont vous pourrez vous assurer, aussitôt que l'art de construire des ballons, et surtout de les conduire, vous permettra de voyager au delà de la lune. Quant à moi, j'eusse préféré même à un tel voyage une promenade dans la voiture du lord maire, depuis la Banque jusqu'à Farringdon-Street. Mais cette unique satisfaction terrestre m'ayant été refusée, je donne ma démission d'habitant de ce monde. »

En disant ces mots, le digne homme s'apprêtait à sortir de la salle, non par la porte, mais par une fenêtre, lorsqu'on l'arrêta pour le conduire chez lui. Le lendemain on le mit à *Bedlam*, où il ne survécut que six semaines à son désappointement.

Voilà jusqu'où va, en Angleterre, la passion des titres et des honneurs.

Le *coroner* (1) est un juge élu par les francs-tenanciers d'un comté ou d'un district. Ses fonctions, dont l'origine remonte très-haut dans l'histoire d'Angleterre, consistent à faire une enquête dans tous les cas de mort subite, soit par accident, soit par suite d'un crime. Cette enquête doit se faire en présence même du corps et avec l'assistance de douze jurés. Si le corps ne peut être trouvé, ce n'est plus le *coroner*, mais un juge de paix qui est chargé de l'enquête. Le *coroner* est le substitut du *shériff*, et fait exécuter la loi contre lui quand ce magistrat est accusé de prévarication.

Le premier *coroner* du royaume est le lord *chief justice*, chef de la justice qui n'a au-dessus de lui que le lord chancelier, qui est le premier grand juge. Ce magistrat, ainsi que son inférieur immédiat appelé *Chief Baron*, baron chef, sont tous deux nommés par le premier ministre. Tous les autres magistrats, appelés juges *puisne*, puînés, sont nommés par le lord grand chancelier.

Le *shériff* (2) est le premier magistrat d'un comté; sa fonction est de faire exécuter, au nom du souverain, les arrêts de la justice. Il fait incarcérer les débiteurs insolvables, convoque les jurés pour les assises, dirige, pour son district, l'élection des membres du Parlement. Il a le

____

(1) De *corona*, couronne.

(2) *Shire*, comté, *reeve*, bailli : bailli du comté.

pouvoir d'un juge, mais ne l'exerce pas autrement qu'en veillant à l'exécution des sentences des autres juges. Il est élu pour un an et marche l'égal du lord.lieutenant ou chef militaire du comté. Il s'assied, l'épée au côté, près du président des assises, et quand la session est *vierge*, c'est-à-dire qu'il n'y a point de criminel à juger, il donne au président une paire de gants blancs. Il accompagne et héberge les juges en tournée dans son comté et doit leur fournir une escorte d'hommes armés de javelines pour protéger leurs personnes.

Il n'y a point en Angleterre de ministère public. Des avoués, *attorneys*, sont chargés par les magistrats d'instruire les poursuites criminelles. La couronne ne fait qu'y prêter son nom; ni la recherche des crimes, ni l'instruction des procès, ni les dépenses qu'ils entraînent, ne sont à sa charge. Dans les campagnes, cette abstention du souverain en matière de sécurité publique est complète et générale. Dans les villes, elle n'est que partielle. La partie lésée va exposer l'affaire à un *attorney*, qui conseille de poursuivre ou de ne pas poursuivre, selon que le plaignant est riche ou pauvre. Dans ce dernier cas, son avis est presque toujours qu'il faut assoupir l'affaire par un compromis, dont l'argent est l'unique base. Ainsi la justice est au fond de la bourse de quiconque peut payer son crime, et la vindicte publique est étouffée dans le cabinet du procureur. Celui-ci, pour qui les causes criminelles ne sont pas les plus profitables, ne les défère aux tribunaux que lorsqu'un plaignant lui offre de gros honoraires.

Un horrible assassinat avait été commis dans un comté, et tous les soupçons se portaient sur le même individu. *Les magistrats s'adressèrent à un procureur, attorney du pays, pour lui représenter qu'un attentat si grave ne devait pas rester impuni* (textuel). Le procureur se laissa persuader; il instruisit l'affaire, cita vingt témoins, obtint la condamnation du coupable, reçut les compliments de la cour, et, en fin de compte, se trouva en perte de 40 livres sterling, outre la perte de son temps. Voilà, et bien davantage, ce que peut coûter au citoyen qui s'en charge volontairement le soin de la vindicte publique dans un pays où le gouvernement en décline la responsabilité, sans compter les inimitiés et les vengeances auxquelles il s'expose.

Dans de très-grandes villes, comme Manchester, Liverpool, Birmingham, où les crimes sont nombreux, le conseil municipal paye un *attorney* pour instruire les poursuites criminelles; cet *attorney* prend le nom de *recorder*.

Le *solicitor* est un avoué dont les fonctions sont à peu près les mêmes que celles de nos avoués français.

16.

Il n'en est pas ainsi de l'*attorney general* et du *solicitor general*. Ces deux magistrats sont, après le lord chancelier, les deux premiers jurisconsultes et avocats de la couronne. Leurs fonctions consistent à examiner les droits des inventeurs qui demandent des brevets pour une durée de quatorze ans; à représenter la couronne dans les cours de justice où elle est en cause, comme, par exemple, dans le cas de haute-trahison. Le procureur général n'intervient dans les jugements particuliers au criminel que lorsqu'ils présentent quelque grande difficulté légale.

L'*attorney general* et le *solicitor general* sont choisis parmi les membres les plus éminents du barreau, appelés *barristers* et *serjeants-at-law*, « avocats, » dont un certain nombre forme les *Queen's counsel*, « avocats de la reine, » ce qui répond à nos avocats au Conseil d'État et à la Cour de cassation. Mais ce titre leur interdit de plaider pour les particuliers, à moins d'une permission expresse de la couronne, à qui le plaideur paye un droit pour l'obtenir.

The Queen's bench, « cour du banc de la reine » (et cour du banc du roi, quand c'est un roi qui règne), est la première cour judiciaire de l'Angleterre. Ce nom lui vient de ce qu'autrefois le roi, assis sur un banc élevé, présidait cette cour, les juges étant assis sur des siéges inférieurs. Le roi absent était représenté par son banc, en présence duquel les juges prononçaient leurs arrêts avec la même solennité que s'ils eussent été sous les yeux du monarque. De là l'expression encore en usage aujourd'hui : *sitting in banco,* « siégeant en cour de *banc,* » en parlant des juges du banc de la Reine. Le ressort de cette cour s'étend sur toute l'Angleterre. Ses douze membres s'appellent les douze grands juges.

Au-dessous de cette cour est celle des *common pleas,* «la cour des plaids communs, » *placita communia* ou *placita civilia,* où ne se jugent que les causes civiles entre particuliers. A la cour du banc de la Reine sont portés les *placita coronæ, placita criminalia,* « plaids de la couronne, plaids criminels, » parce que, par une fiction de la loi anglaise, tous les crimes et délits contre les personnes et contre les propriétés sont considérés comme une atteinte aux droits de la couronne : fiction touchante qui reconnaît le monarque comme le protecteur naturel des personnes et des biens de ses sujets, mais derrière laquelle se cache la réalité de son impuissance, en cela comme dans toutes ses autres attributions, qui ne sont que nominales. En effet, la poursuite des crimes contre les personnes et les propriétés se fait au nom de la couronne, mais, comme nous l'avons dit plus haut, la couronne ne prend aucune part à cette poursuite.

Les *county-courts,* « cours de comté, » sont des tribunaux de création nouvelle, qu'on peut, sous quelques rapports, assimiler à nos justices de paix. On y juge les affaires où il s'agit de sommes n'excédant pas 50 livres sterling.

Le juge y décide à la fois sur la question de droit et de fait, à moins qu'une des parties ne demande un jury, qui, dans les *county-courts*, se compose non plus de douze, mais de cinq personnes. Une plaie de ces tribunaux, c'est le nombre des faux témoins qui rôdent alentour pour offrir leurs services au plus offrant et aux plus malhonnêtes plaideurs.

Un *chairman* est un président d'une réunion ou d'une compagnie quelconque : *meeting* politique, compagnie d'assurances, de chemins de fer, de transactions commerciales.

Le *commodore* est un capitaine commandant trois navires de guerre et quelquefois une division navale.

Le nom de *midshipman* désigne deux grades différents : celui d'aspirant de marine et celui de lieutenant de vaisseau.

Le *horse guard* est la garde du corps à cheval. La haute stature des cavaliers, la richesse de l'uniforme, l'éclat des cuirasses rend ce corps d'élite pareil à celui des cent-gardes françaises. Deux de ces colosses en habits rouges et pantalons blancs, montés sur d'énormes chevaux noirs, sont en faction ou, pour mieux dire, en décoration à la porte du parc de Saint-James, dans *Parliament street*, pour annoncer que la reine est au palais de Buckingham. La table des officiers de ce corps et de tous les autres s'appelle *mess.*

Le *clergyman* est, comme l'indique son nom, un membre du clergé de l'Église anglicane ou d'une des quarante sectes dans lesquelles s'émiette aujourd'hui cette Église. On le reconnaît à sa cravate blanche, à sa figure grasse, colorée et rasée avec soin, à sa longue redingote noire, à collet droit; à son air placide, quand il est seul ; à son air joyeux et bonhomme, quand il est entouré de sa femme et de ses huit ou dix enfants : bénédiction ordinaire de ces unions patriarcales.

Si les *clergymen* sont, en postérité, aussi riches que leurs évêques, ils sont loin de l'être en émoluments nécessaires à nourrir cette même postérité. Pour lui et sa nombreuse famille, l'évêque a un revenu variant de 125,000 à 500,000 fr.; le *clergyman* reçoit de 1,500 francs à 4,000 francs.

Outre l'ampleur de la bourse, les évêques se distinguent encore de leurs inférieurs par l'ampleur du costume : chapeau à larges bords relevés, habit rappelant un peu celui que nous appelons à la française, culottes courtes et bas de soie : le tout de la couleur de rigueur, le noir, le grave et sévère noir. Il est un article du costume épiscopal dont, après de longues et studieuses recherches, j'ignore encore complétement la signification. C'est un grand tablier noir, qui tombe depuis l'abdomen, ordinairement vaste des révérends prélats, jusqu'au-dessous de leurs genoux.

Le *cant*, qu'on appelle aussi *stock-religion*, « religion en magasin, » est un produit manufacturé particulier à l'Angleterre. Chacun, laïque ou *clergyman*, en a un fonds qu'il varie de son mieux, ce qui ne l'empêche pas d'être fort semblable à celui du voisin. Ce fonds consiste en un certain nombre d'idées, décalquées sur le même dessin bleu ciel pâle, habillées en phrases melliflues, que l'on saupoudre de force mots bibliques et qu'on prononce d'une voix sourde ou nasillarde, alternativement chanterelle et bourdon; ce qui se pratique avec accompagnement de regards obliques, se promenant humbles et soucieux de la pointe des pieds du pieux débitant aux nuages qui passent au-dessus de sa tête. La concurrence dans ce commerce pseudotrompeur, parce qu'il ne trompe personne, tant il est général, est d'autant plus grande qu'elle se divise entre les quarante sectes rivales citées plus haut, et qui sont occupées sans cesse à se disputer les riches débouchés du ciel.

Le *ranter* se distingue de ses concurrents en ce qu'il débite son *stock* en plein vent. Une borne, un bloc de bois ou une pierre oubliés dans la rue, sont par lui improvisés

en une chaire d'où il sermonne les passants sur leurs pec-
cadilles journalières. Un jour, un auditeur facétieux s'amu-
sait à pantomimer le bénévole prédicateur, à la grande ju-
bilation de la partie juvénile de l'assistance et même de
quelques barbons. Le *ranter* fit d'abord mine de ne pas
s'en apercevoir. Puis tout à coup, avec la voix, le geste
et le regard d'un inspiré, il s'écria, en montrant du
doigt son railleur : « Je vois là-bas un pécheur ; oui, cet
homme est pécheur, j'en suis sûr ; regardez-le bien ; »
et deux cents prunelles ardentes, braquées sur le rieur,
semblaient lui demander de quelle énormité il pouvait bien
être coupable. Celui-ci perdit contenance et s'esquiva sans
bruit, confus et humilié.

Le prédicateur de carrefour avait adroitement vaincu.

Les tribulations n'étaient pas finies pour lui cependant. Une femme de haute taille lui dit : « Vous vous
vengez de vos ennemis, mon révérend ; oubliez-vous le
précepte : Il faut aimer ses ennemis ? » A quoi un *wag*,
« mauvais plaisant, » répondit : « Eh ! madame, prétendez-
vous qu'il faille aimer le diable ? — Non certes, répliqua la
dame étonnée. — Cependant, continua le jeune *loustic*,
c'est le plus grand de nos ennemis. — S'il faut l'aimer
comme tel, observa la dame déconcertée, que ce soit du
moins aussi peu que possible. — Eh bien, conclut le
jeune plaisant, c'est de cette façon que le digne prédicateur
aime tous ses ennemis, diable et gens. »

Ce prédicateur était un cordonnier du voisinage qui, à l'exemple d'artisans de toutes les professions qui veulent s'attirer des pratiques en se faisant une réputation de piété dans leurs quartiers, s'imposait, gratuitement en apparence, la tâche de faire marcher dans la bonne voie les habitants de son district.

Les *ranters*, ou prédicateurs des rues, parlent d'abondance, et, comme tels, leurs sermons sont quelquefois préférables à ceux de riches recteurs et vicaires de l'Église anglicane, qui achètent les leurs tout faits à des prix qui varient selon l'importance du sujet, la beauté du style et la solennité de la fête. Un sermon de Noël, composé par un gradué de l'université de Cambridge, se vend jusqu'à cinq guinées ; une demi-couronne ou même un shilling est le prix d'un sermon bâclé pour la Pentecôte par le rédacteur des faits divers d'un journal religieux.

L'utile industriel que nous nommons pharmacien s'appelle en Angleterre *chemist*, sans doute parce qu'il sait ou est censé savoir la chimie. Paris, depuis quelques années, a aussi des *chemists* qui préparent très-bien, non des ordonnances de médecin, mais des *prescriptions* de *physicians*, « médecins, » ce qui, en un autre langage, est absolument la même chose. Je demandai un jour à un *chemist* de Londres pourquoi ses pillules ne guérissaient personne. Voici sa réponse :

« Pourquoi un jeune canard, en sortant de sa coquille, court-il vers l'eau plutôt que vers une basse-cour?

« Pourquoi l'enfant qui vient de naître trouve-t-il à point nommé le lait dont il a besoin dans le sein d'où il l'extrait avec une si merveilleuse dextérité?

« Pourquoi le têtard, grenouille inachevée, perd-il, en se complétant, sa longue queue et échange-t-il sa petite bouche en une autre aussi large que celle d'un Français qui se régale de ce batracien?

« Pourquoi les vrilles du houblon frisent-elles en spirales vers la gauche, et pourquoi c'est aussi par-dessus l'épaule gauche qu'une femme regarde la toilette d'une autre femme?

« Pourquoi les jeunes hommes du grand monde donnent-ils des fortunes aux filles sans vertu, qu'ils n'épousent pas, et exigent-ils des fortunes des filles vertueuses qu'ils épousent?

« Pourquoi les enfants de douze ans achètent-ils avec les sous qu'on leur donne le dimanche, non des sucres d'orge ou des biscuits, comme il y a vingt ans, mais des cigares qui les rendent bêtes, pâles et malades?

« Pourquoi les Français ont-ils une incurable propension à démolir leurs gouvernements, au lieu de les améliorer, préférant ainsi des ruines perpétuelles à un monument?

« Pourquoi le nœud fait en pleine mer par le vent et la

tempête avec la voile d'un vaisseau, et montré à la grande Exposition de Londres, en 1852, n'a-t-il pu être dénoué ni même expliqué par personne (1)?

« Enfin, pourquoi l'extrême développement de l'intelligence donne-t-il aux passions de l'homme civilisé, quand il leur lâche la bride, une brutalité qui dépasse celle des passions du sauvage?

« Quand vous m'aurez dit le pourquoi de tous ces mystères, ajouta le pharmacien philosophe et narquois, je vous expliquerai, moi, pourquoi mes pillules ne guérissent pas. »

Je quittai ce pharmacien énigmatique, aussi peu content de ses questions que de ses remèdes, le comparant à ces gens qui, pour se disculper d'un tort réel, ne trouvent rien de mieux que de vous reprocher un tort imaginaire.

Nous avons à Paris plusieurs libraires anglais, *english booksellers* ; le plus considérable est M. Galignani.

Le *groom* est un géant de six pieds ou un pygmée de trente-six pouces, qui sans autres armes qu'un parapluie, fait sentinelle derrière une guérite roulante, où il n'entre jamais qu'il pleuve ou fasse beau temps. Il est galonné d'or comme un général, orné d'une cocarde qui n'a point de couleur nationale, ensaché dans une redingote qui traîne

(1) Nous avons vu et touché ce nœud.

terre quand il est grand, serré dans une jaquette trop courte, à quarante-huit boutons, quand il est petit. Une culotte courte et des bottes à revers lui donnent de loin un faux air tantôt d'un bourgeois de 1812, tantôt d'un maquignon endimanché.

Un *publican* est le maître d'un cabaret où l'on boit de la bière et qui s'appelle *public-house*, maison toujours ouverte à la soif du public anglais, ardente en hiver comme en été.

Le *waterman* est un batelier ou marin d'eau douce, comme l'appelle le marin d'eau salée, qui le regarde comme un vaisseau de ligne regarderait dans le port de Brest un chaland de la Seine ou de la Loire.

Les *shopkeepers*, « boutiquiers, » sont comme classe, en Angleterre, remarquables à plusieurs titres. Laissant aux femmes le soin de la maison et de la famille, les hommes tiennent le comptoir, ce qui est une grande économie de temps et de paroles pour les acheteurs. Leur tenue est irréprochable : menton bien rasé, chemise d'une blancheur parfaite, vêtements soignés, le plus souvent l'habit ou la redingote noire. Au prosaïsme de leur langage, on reconnaît des artistes au mètre et des dandys au kilogramme.

Cette tenue est celle non-seulement des bijoutiers, libraires, marchands de nouveautés, mais des taverniers, des cordonniers, des épiciers. La mise sordide et le tablier maculé, si communs en France chez la même classe de commerçants, seraient chez nos voisins une cause de ruine; ils feraient fuir la pratique du marchand, accoutumée à la bonne tenue. Les manières des boutiquiers britanniques sont réservées, froides et polies, ce qui d'ailleurs est commun à toute cette nation que Napoléon Ier appelait avec raison une nation de boutiquiers, *shopkeepers*. C'est qu'en effet toutes les classes sont, comme celle des boutiquiers, constamment occupées à gagner de l'argent par un trafic quelconque, toutes usant pour réussir, comme les boutiquiers dont quatre-vingt-quinze sur cent font fortune, des mêmes et sûrs moyens : une petite pointe de foi punique recouverte et émoussée par un costume, un langage et des manières irréprochables.

CHAPITRE XX

Brougham, voiture basse, large, à quatre roues et deux places, attelée d'un cheval. Le modèle en fut inventé par le célèbre et savant lord dont elle porte le nom.

Cab, voiture de place à un seul cheval et à quatre places, ordinairement fort malpropre et de pauvre apparence. Le prix, *fare*, est de six *pence* (62 centimes) par mille ; mais il est aussi difficile de trouver un *cabman*, cocher, qui veuille vous conduire à ce prix, qui est pourtant fixé par un règlement de police, qu'à Paris de faire accepter à nos cochers un franc pour un quart d'heure de course. L'extérieur et le vêtement du *cabman* sont d'ordinaire aussi repoussants que l'aspect et l'odeur de moisi de son véhicule. Quelquefois, par économie ou par indigence, les familles font transporter leurs morts au cimetière dans les *cabs*. De là des dangers plus d'une fois signalés pour la santé des voyageurs qui l'instant après montent dans ces *cabs*.

Carriage, carrosse, équipage. *Carriage-horses*, chevaux d'équipage.

Dog-cart, voiture légère découverte, à deux roues, hautes et minces, à deux places et à un seul cheval. La marche du *dog-cart* est très-rapide.

Four-in-hands, quatre chevaux conduits à grandes guides.

Gig, voiture légère, cabriolet bourgeois.

Hansom, cabriolet de place à deux hautes roues, ayant le siége du cocher placé à l'arrière. *Hansom* est le nom de l'inventeur.

Mail, malle-poste ; *mail-coach*, diligence, coche.

Tandem, voiture à deux chevaux attelés en flèche.

Tilbury, voiture découverte, à deux roues et à un seul cheval ; espèce de *dog-cart*, mais plus élégant.

Victoria, voiture à capote, à deux ou un seul cheval et à quatre roues, à laquelle nous ne saurions dire pourquoi on a donné le nom de la reine d'Angleterre.

CHAPITRE XXI

DES NOMS PROPRES ET DE L'IMPORTANCE
DE LES ALLONGER QUAND ILS SONT COURTS.
ÉTYMOLOGIE DES NOMS PROPRES.

There is more in a name than it is thought at first, « il
y a plus de choses dans un nom qu'on ne le croit d'abord. »
Cette pensée de Shakspeare a la profondeur de presque
toutes les pensées du grand barde d'Albion. Dans ce pays
où les mœurs de toutes les classes sont aristocratiques, ou
visent à l'être, le prestige du nom fut toujours et est encore un des plus sûrs et des plus ordinaires moyens de se
frayer un chemin dans le monde. Un long nom, comme
une grosse bourse, vaut toujours à son possesseur plus de
respect qu'un nom écourté, étriqué, et une bourse plate.

Quel poids peuvent avoir dans la balance de l'opinion des noms tels que *Brown*, Brun, *Black*, Noir, *Smith*, Forgeron, *Sprat*, Goujon. Mais à quel haut degré d'estime n'ont pas droit des patronymiques comme *Northumberland*, *Montgomery*, *Abergavenny*, *Devonshire*, *Palmerston*?

L'infortuné bourgeois à qui la malice ou, comme il le pense, l'injustice du sort a refusé un de ces noms d'une solide et retentissante longueur, s'en plaint quelquefois par voie de pétition au Parlement, qui, de temps en temps, fait droit à ce grief; quelquefois aussi il refuse. Que fait alors l'honnête citoyen à qui le destin et la loi ont refusé le prestige d'un nom sonore et de dimension estimable? Il a recours à trois moyens dont l'usage cesse presque d'être comique, tant il est général en Angleterre. Le premier, c'est d'ajouter un nom quelconque à son nom de famille; le second, c'est d'y greffer adroitement, quand il est court ou vulgaire, une ou deux lettres et même une ou deux syllabes ayant une tournure archaïque, ce qui lui donne un air antique et vénérable; le troisième consiste à répéter deux et même trois fois le nom patronymique.

Ainsi M. *Johnson*, humilié de ce que ce nom signifie tout simplement *fils* de *Jean*, a soin d'ajouter à ce modeste vocable le nom de sa mère, qui est, par exemple, *Fox*, Renard, *Fox Johnson!* Voilà qui est déjà respectable, étant plus long de toute une émission de voix. Puis, faisant précéder ces deux noms, paternel et maternel, de son prénom à lui, qui est, je suppose, *William* (1), il arrive à former sur le champ de l'honneur *nominal* cet imposant front de bataille : M. *William Fox Johnson*, M. *Guillaume Renard*, *fils* de *Jean*. Avec une pareille appellation, un homme est solidement posé dans la société.

Quand ce n'est pas le nom de la mère que l'on accole ainsi au nom paternel, dans une nouvelle union *extra-légale*, on s'empare sans façon d'un grand nom historique ou contemporain pour en faire un *manche* à un nom plébéien et le rendre plus maniable. C'est dans ce but que M. *Clarke* se fait appeler Granville, Percy, Montmouth ou Buckingham *Clarke*. M. Clarke fait ou pense faire oublier de cette façon qu'il est un marchand de sucre retiré des affaires.

Voici un ancien *solicitor*, « avoué, » qui écrit son nom, *Smith*, avec un *j* au milieu, Smijth : orthographe insolite sentant la paléographie et le palimpseste, et qui jette sur une famille d'honnêtes bourgeois un vernis historique fort respectable.

Son voisin, M. *Higgling*, qui est banquier, ajoute un *fond* à son nom et ne répond plus qu'à ceux qui l'appellent *Higglingbottom* (2).

A l'aide de ces petits moyens on réussit, quoique rarement, à faire croire qu'on descend de quelque guerrier

____

(1) En Angleterre, le prénom est rarement omis devant le nom propre.
(2) *Higgling*, lésinant, liardant ; *bottom*, fond.

normand qui cassa maintes têtes saxonnes à la bataille d'Hastings, ou de quelque thane saxon qui fendit *moult* thanes normands.

Cette glorieuse descendance est la haute ambition de tout bourgeois qui a fait sa fortune. Les vrais descendants des chevaliers normands sont tous aujourd'hui chefs de familles qui brillent parmi les plus riches et les plus puissantes de l'Angleterre. Tels sont les *Beaumont*, les *Baufort*, les *Plantagenet*, les *Richmond*, dont le premier était gendre de Guillaume le Conquérant ; les *Russell*, les *Beauchamp*, les *Mandeville*, les *Grosvenor*. Ces derniers eurent pour ancêtres le *grand veneur* de Guillaume le Bâtard ; ce nom de fonctions devint un nom propre qui s'écrivit *Grosveneur*, puis enfin *Grosvenor*. C'est aujourd'hui la plus riche famille de l'Angleterre ; la fortune de son chef actuel, le marquis de Westminster-Grosvenor, est évaluée à sept millions de francs de revenu annuel. Les fortunes réunies des familles alliées de *Grosvenor*, Sutherland, Gower, Argyle et Ellesmere, s'élèvent à environ six cents millions en biens-fonds.

Cette coutume des grands noms, — pourquoi me supposez-vous l'intention de dire : cette vanité ? — caractérise surtout la bourgeoisie anglaise, dont le suprême désir est de se guinder sur toutes sortes d'échasses pour arriver à la hauteur de la noblesse.

La noblesse elle-même, la petite noblesse particulièrement, baronnets et chevaliers, *knights and baronets*, a
trouvé une autre et plus simple méthode d'augmenter
verbalement sa distinction et son importance : c'est de répéter deux, trois et quatre fois son nom. Le baronnet sir
James Willoughby s'intitule : Willoughby Willoughby ;
le chevalier Richard Burton signe : sir Richard Burton,
Burton, Burton, Burton.

Les étrangers qu'un naufrage quelconque en terre
ferme a forcés d'aborder aux rivages hospitaliers de l'Angleterre, ne manquent point d'adopter l'utile coutume des
noms allongés et archaïsés. Outre que ces étrangers se
disent presque toujours barons, comtes ou marquis, ils
donnent à leurs diverses dénominations une ampleur qui
ajoute grandement à leurs mérites et à leur importance
personnelle.

MM. Casimir *Crakowkokinskoff*, Paolo *Nicolardi-
noni*, Wilhem *Kauffmeinhermansdorff* et mons Théo-
bald de *Saint-Montmartregune*, étaient tous des personnages marquants dans leur pays natal ; aussi les portes
des plus aristocratiques salons anglais s'ouvrent devant
eux à deux battants. La baronne *Berlingoska* a réussi à
se faire épouser par un vieux lord, à qui elle n'a apporté
que son beau nom pour dot et pour tout agrément.

Un étranger qui ne s'appelle et ne veut s'appeler que

Martin ou Dubois meurt de faim dans l'oubli, même avec du talent.

Cependant on voit çà et là des hommes qui croient qu'un nom honorable et sans tache, si court qu'il soit, *Phips* ou *Greg*, suffit à son possesseur et lui vaut assez de respect parmi les gens sensés. Un nom honorable ! quelle belle propriété pour qui n'en a pas d'autre ! Il est aussi difficile de la voler à son possesseur que d'arracher une plume d'oie des ailes d'un ange.

Un grand nombre de noms ou, pour mieux dire, presque tous les noms anglais de personnes et de lieux ont un préfix ou une terminaison qui indique la filiation, la profession, le lieu d'origine.

Son, « fils, » marque la filiation : *Robinson*, fils de Robin; *Thompson*, fils de Thomas ; *Wilson*, fils de Guillaume ; *Richardson*, fils de Richard.

Smith, « forgeron, » forme : *Goldsmith*, « joaillier; » *Arrowsmith*, « forgeur de flèches; » *Blacksmith*, « taillandier; » *Silversmith*, « orfèvre; » *Hammersmith* (1), « marteau de forgeron. »

Aber, mot celtique qui signifie embouchure d'une rivière, se trouve dans *Abercrombie*, *Abergavenny*, *Abercorn*, noms de grandes familles anglaises.

(1) Joli bourg, à deux milles de Londres.

Ford, « gué, » forme *Abbotsford*, « gué de l'abbé ; » *Ox-ford*, « gué du bœuf ; » *Waterford*, « gué de l'eau ; » *Guildford*, « gué du conseil. »

Mouth, « bouche, embouchure d'une rivière, » forme *Portsmouth*, « bouche du port ; » *Plymouth, Dartmouth, Falmouth*, bouches des rivières *Ply, Dart, Fal*.

Ton, corruption de *town*, « ville, » termine un très-grand nombre de noms propres de lieux et de personnes : *Palmerston*, Palmerville, *Hamilton*, Hamilville, *Kingston*, Villeroi, *Burlington*, Burlingville, *Barrington*, Barring-ville.

Deux faubourgs de Londres conservent encore dans leurs noms l'orthographe primitive : ce sont *Somers-town* et *Cambden-town*.

Ham, abréviation de *hamlet*, « hameau, » forme *Buckingham, Birmingham* (1), *Rotheram, Durham, Totten-ham* ; hameaux de *Bucking, Birming*, de *Rother*, de *Dur*, de *Totten* ; ainsi de tous les noms ayant cette syllabe finale, et qui sont les plus nombreux de tous les noms de lieux.

Shire, « comté, » s'ajoute à un nom propre et forme les noms composés de presque tous les comtés d'Angleterre : *Devonshire, Oxfordshire, Herefordshire, Wiltshire,*

(1) Tous ces hameaux sont devenus des villes, souvent consi-dérables.

Yorkshire comtés de *Devon*, d'*Oxford*, d'*Hereford*, de *Wilt*, d'*York*.

Borough, « bourg » forme *Marlborough*, *Peterborough*, *Edinburg* (1), *Aldborough* : Marlbourg, Pierrebourg, Edimbourg, Aldbourg.

Cette terminaison s'écrit quelquefois *bury*, comme *Highbury*, Hautbourg ; *Salisbury*, Salisbourg. *Bury* signifie aussi château, habitation.

Field, « champ, » forme *Wakefield*, *Mansfield*, *Bloomfield*, *Fairfield*, *Chesterfield* : Veillechamp, Hommechamp, Champfleury, Beauchamp et Champcherster.

Land, « terre, » entre dans la composition d'un grand nombre de noms de personnes et de lieux : *Northumberland*, *Sutherland*, *Westmoreland*, *Sunderland*, *Rutland*, *Cumberland* ; terres de *Humber*, de *Suther*, de *Westmore*, de *Sunder*, de *Rut* et de *Cumber*.

Man, « homme, » forme *Portman*, *Newman*, *Goodman*, *Prettyman*, *Wiseman* : Porthomme, Nouvelhomme, Bonhomme, Belhomme et Sagehomme (2).

Minster, corruption de *monasterium*, signifie église

---

(1) On écrit aussi *Edinboro*, abrégé de *Edinborough*. Cette terminaison, *borough* et *burg*, s'écrit en allemand *berg*.

(2) Dans l'index alphabétique se trouvent, avec leur prononciation, un certain nombre de noms propres et de lieux les plus connus et les plus souvent employés en France, tels que : *Shakspeare*, *Newton*, *Castlereagh*, *Manchester*, *Birmingham*, *Newcastle*, etc.

d'un couvent et le couvent lui-même : *Axminster*, *War-minster*, villes où se trouvait jadis un couvent.

Cester et *Caster*, corruption de *castra* : *Doncaster*, *Cirencester*, villes qui avaient un château fort, l'une sur le *Don*, l'autre sur la *Churn*.

CHAPITRE XXII

Aberdeen, A'-beur-din*e*.

Addison, Ad'-di-ceun*e*.

Athol, A'-tshol.

Bacon, Bé'-keun*e* (lord Francis), lord Verulam, né à Londres le 22 janvier 1561, mort en 1626. Auteur de : *Essays* ; *Advancement of learning* ; *Novum Organum* ; *Histories*, etc.

Cet homme, que Voltaire a nommé le père de la philosophie expérimentale, et Pope, dans son fameux *Essai*, le plus grand et le plus vil des hommes, était déjà, comme on l'a vu ailleurs, flatteur à douze ans, et flatteur consommé à quarante. Élisabeth l'ayant un jour visité à sa maison de Twickenham, il composa et présenta à cette princesse un sonnet en l'honneur de son amant, le comte d'Essex. C'était un sûr moyen d'obtenir la faveur de la reine.

Quelques années après, Bacon signait la sentence qui envoyait à l'échafaud le comte d'Essex, son bienfaiteur.

Il vendait la justice et partageait les bénéfices avec ses domestiques, qui faisaient les marchés. Science et philosophie! sans le désintéressement, voilà de quoi vous êtes capables. En se rendant au tribunal où il allait être jugé, il traversa une salle où se trouvaient assemblés tous les gens de sa maison, qui se levèrent en le voyant : « Asseyez-vous, mes maîtres, leur dit-il, votre élévation a causé ma chute. »

L'amour de l'argent coûta l'honneur au chancelier Bacon, et son amour de la science lui coûta la vie.

Par une matinée d'hiver, il se promenait à cheval avec un ami, le docteur Witherborne, aux environs de Highgate, près de Londres. La terre étant couverte de neige, Bacon dit au docteur : « Pourquoi la viande ne se conserverait-elle pas aussi bien dans cette neige que dans du sel? Il faut en faire l'expérience. »

Ils descendent de cheval, entrent dans la chaumière d'une pauvre femme et lui demandent si elle a des poules.

— Oui, répond la vieille étonnée.

18.

— En ce cas, il faut nous en vendre une, la tuer, la plumer et la vider à l'instant.

La poule ainsi préparée fut de suite remplie de neige par les deux savants; mais l'un d'eux ne devait pas voir le résultat de l'expérience. Le froid saisit lord Bacon pendant qu'il avait les mains pleines de neige; on le transporta fort malade dans la maison du comte d'Arundel qui était voisine, et il y mourut quatre jours après.

Breakspeare (Nicolas) et non *Brakspeare*, qui fut, sous le nom d'Adrien IV, le seul pape qu'ait donné l'Angleterre à la chrétienté, naquit vers 1090 à Abbot-Langley, comté de Hertford. Fils d'un mendiant et mendiant lui-même, il fut successivement domestique, puis religieux et enfin supérieur du couvent de Saint-Ruff, près d'Avignon; il fut créé cardinal d'Albano par Eugène II, et envoyé comme légat de ce pape en Norvége et en Danemark. Élu pape en 1154, il mourut en 1159.

Baring, Bé'-rigne.

Blessington, Bles'-signe-tcune.

Brougham, Brou'-hame.

Bright, Braïte, brillant.

Buccleug, Beu'-klou.

Buckingham, Beuk'-igne-hame.

Burns, Beurnze, brûlé.

Bulwer, Boul'-ueur.

Byron, Baï'-reune.

Campbell, Kammp'-bell, « Clochécamp, » *bell*, « cloche, » *camp*, « camp. »

Chesterfield, Tchess'-teur-filde.

Cooper, Cou'-peur, tonnelier.

Cowper, Cou'-peur.

Cobden, Cob'-dene.

Dickens, Dik'-inze.

Disraeli, Dis'-ra-ilaï ; « Dieu m'a protégé, » hébreu.

Dryden, Draï-déne ; *dry*, sec ; *den*, tanière.

Derby, Deur'-bi.

Eton, Iteune. École célèbre fondée en 1440 par Henri VI, près de la Tamise, vis-à-vis le château de Windsor. C'est dans cette école que la plupart des fils des lords font leurs études avant d'aller aux universités ; et la bourgeoisie riche y envoie ses enfants pour qu'ils y forment d'utiles liaisons avec les jeunes patriciens. Tous les trois ans se célèbre à Éton une vieille et singulière coutume, appelée *the Eton Montem*.

Le mardi de la Pentecôte, tous les écoliers se rassemblent sur une éminence appelée *Salt-hill*, « la colline du sel, » située près la route de Bath, puis de là ils se dispersent sur cette route et dans tous les environs pour demander de l'argent aux passants. Ils sont en costume théâtral, et ne laissent pas continuer leur chemin à ceux qui refusent de payer ce tribut forcé, destiné, disent les *Étoniens*, à payer le sel du collége. L'argent ainsi obtenu, et qui se monte quelquefois à une somme de vingt mille francs, est donné au plus ancien élève, appelé *le Capitaine de l'école*, pour payer les frais de ses études à l'université de Cambridge. Autrefois le roi et la famille royale assistaient à cette bizarre cérémonie.

Edgeworth, Edge-oueurtsh.

Fielding, Fïl-digne, « Deschamps. »

Gibbon, Gi'-beune.

Glad'stone, Glad'-stone, « Pierre joyeuse; » *glad*, « joyeux; » *stone*, « pierre. »

Godwin, God'-ouine, « Gagnedieu; » *God*, « Dieu, » *win*, « gagner. »

Granville, Grane'-ville.

Hume, Hioume.

Irving, Eur'-vigne.

Johnson, Djeune-seune, « fils de Jean. »

Lewis, Liouice, « Louis. »

Lincoln, Line-côlne.

Marlborough, Mârl'-bô-rô.

Melbourne, Mel-b'eurne.

Moore, Moure.

Milton, Milteune (John), né à Londres en 1608, mort en 1674. Son poëme du *Paradis perdu* est trop connu pour que nous en parlions ici ; mais ce qui est moins connu, c'est l'origine du *Paradis regagné*, que nous donnons comme curiosité littéraire.

Quand les filles de Milton aveugle ne lui firent plus la lecture, grande fut la douloureuse solitude intellectuelle du poëte, trop pauvre pour payer un lecteur. Un quaker, nommé Elwood, offrit à Milton de lui faire ses lectures, dans les auteurs latins surtout, sans autre rétribution que le plaisir de jouir de sa conversation. Le vieux poëte accepta, trop heureux de payer en génie ce qu'il ne pouvait payer en gros sous. Un jour qu'il venait d'achever la lecture du *Paradis perdu*, Elwood lui dit :

« Tu as fort bien parlé du *Paradis perdu*, mais qu'as-tu à dire du *Paradis regagné ?* » Cette question suggéra au grand poëte l'idée de son *Paradis retrouvé*. On ignore ce que lui rapporta ce second *Paradis ;* mais on sait qu'un libraire lui paya le premier 375 francs, et que c'est tout ce qu'il en retira jamais. Milton a aussi composé une tragédie, *Samson Agonistes ; Comus, Lycidas* et des ouvrages de polémique.

Mistress Foster, petite-fille de Milton, tenait, à Holloway, faubourg de Londres, une petite boutique d'épicerie qui lui donnait à peine le pain quotidien. En 1754, elle mourut de misère, oubliée, dédaignée de tous, bien que sa vie eût été exemplaire.

Quelques années auparavant fut pendu, à Tyburn, un fameux brigand, nommé Du Val, qui pendant longtemps avait été la terreur de ce même district d'Holloway. Mais ses exploits, qui avaient coûté la bourse et la vie à quelques douzaines de personnes, lui valurent sympathie, admiration et gloire de la part de ses contemporains. Le corps de Du Val, joli garçon pendu à vingt-sept ans, fut exposé avec pompe dans une chapelle ardente, à la taverne de *Tanger*, paroisse de Saint-Giles, puis enterré dans *une aile de l'église de Covent-Garden.*

A ses funérailles, qui se firent aux flambeaux, il y eut une immense foule de gens en deuil de toutes les classes de la société ; les larmes des dames attestaient de leur profonde douleur.

Appelez-vous donc Milton et faites le *Paradis perdu,* pour comparer un jour, en soulevant la pierre de votre tombe, les honneurs funèbres rendus à vous et à vos descendants avec ceux qu'on rend à un voleur de grand chemin !

En 1847, nous avons vu la maison du boucher où, pour ne pas mourir de faim, Haydon, un des plus grands peintres de l'Angleterre, venait de se couper la gorge.

En cette même année, le nain *Tom Pouce, Tom Thumb,* recevait à Londres la somme d'un million de francs pour montrer au public, *dit éclairé*, sa microscopique et hideuse personne.

> Aux plus savants auteurs comme aux plus grands guerriers
> Apollon ne promet qu'un nom et des lauriers.

On peut stoïquement débiter ces belles maximes, quand on reçoit de Louis XIV une bonne pension de six mille livres. On peut même ajouter :

> Qu'à son gré désormais la fortune me joue,
> On me verra dormir au branle de sa roue,

et se moquer de Colletet qui,

> . . . . crotté jusqu'à l'échine,
> S'en va chercher son pain de cuisine en cuisine.

« Il ne faut songer qu'à sa fortune tant qu'on n'a pas six mille livres de rente, et n'y plus songer dès qu'on les a. »

Que les jeunes gens tourmentés du mal poétique comparent ce conseil que leur donne Stendhal (Henri Beyle) avec ceux que leur a donnés Boileau, et qui n'ont fait que des malheureux.

Marlborough, Mârl'-beu-rô (John Churchill, duc de), né en 1660, à Ash, comté de Devonshire, mort en 1722. Une épopée burlesque a immortalisé ce fameux général anglais plus que ses victoires de Blenheim, de Malplaquet et de Ramillies.

Quel est l'auteur de *Malbrouk s'en va-t'en guerre?* En quel temps, en quelles circonstances fut composée cette héroï-bouffonne complainte? Voilà une énigme historique proposée aux philologues. Nous aimons à croire que c'est l'œuvre d'un patriote français qui, ne pouvant mieux, vengea ainsi son pays de cruelles défaites que lui avait fait subir le général anglais. Tout ce qu'on sait de ce chant bizarre et interminable, c'est qu'il fut apporté à la cour de France par la nourrice du fils de Louis XVI, et qu'en le fredonnant elle ne manquait jamais d'endormir son royal poupon.

On aimerait cependant à connaître l'auteur de cette composition et les motifs qui la lui firent rimer. Il était sans doute de l'école de Scarron, et a fait une œuvre chère aux jeunes patriotes français.

Cependant, comme rien en ce monde n'est complet, il manquera toujours à la gloire de *Marlborough* une vertu, celle du désintéressement, et à son nom une syllabe. Il ne fut ni grand ni désintéressé comme les Condé et les Turenne; il ne reculait devant aucun genre de déprédations pour assouvir sa soif de richesses. De son nom de *Marlborough*, qui a trois syllabes, un poëte inconnu, et la postérité après lui, ont fait le dissyllabe *Malbrough*, que l'on prononce *Malbrouk*, ce qui est une autre mystification pour le vainqueur de Tallard, de Villars et de Villeroi.

Le château de Blenheim, qui lui fut donné en récompense de ses victoires, est encore aujourd'hui une des merveilles de l'Angleterre ; mais le héros lui-même est cent fois plus populaire en France que dans son pays.

Montmouth, Monté'maouths (1) (duc de), fils de Charles II et d'une maîtresse nommée Lucy Barlow, auteur de la fameuse conspiration qui porte son nom et qu'il paya de sa tête. En apprenant sa mort, sa veuve, Anne de Buccleugh, fit couper les têtes de tous les arbres de son parc.

Newcastle, Niou-câstl', « château - neuf ; » *new*, « neuf ; » *castle*, « château. »

Newton, Niou'-teune ; « Villeneuve; » *new*, « neuf ; » *ton* pour *town*, « ville. »

Pope, Pôpe, « Pape. »

Palmerston, « Pâl'-meur-steune ; « Palmerville. »

Prior, Prï'-eur.

Richmond, Ritche-meunde.

Russell, Reucel, « Leroux. »

Rogers, Rod'-geurze, « Roger. »

Roxburgh, Rox'-beurg.

Shelley, Shé'-lé.

Sheridan, Ché'-ri-dane.

(1) Dans tous les noms commençant par *Mont*, le *t* se prononce comme s'il était suivi d'un *e* ; Monterose, Montecassel, Montegomery, pour Montrose, Mountcassel, Montgomery.

Sterne, Steurne.

Salisbury, Sâlz'-bé-ré.

Smith, Smitsh.

Southey, Saou'-tshé

Swift, Souifte.

Tennyson, Té'-ny-seune.

Thompson, Tomp'-seune, « fils de Thomas. »

Walpole, Oual-pô'-le.

Washington, Ouashe'-igne-teune.

Wordsworth, Oueurdze-oueurtsh.

Young, Hieungue, « jeune. »

PARCS

Hyde-Park, Haïde-Pârke.

Regetn's Park, Ri'-djen'tce-Pârk.

Saint-James's Park, Sen't-djémeze-zpârk.

Victoria-Park, Vic-tô-ria-Pârk.

NOMS DE SQUARES OU PLACES

Bedford-square, bed'-feurde-skouère ; *bed*, « lit ; »
ford, «gué; » « le lit du gué; » *square*, « carré, place. »

Belgrave-square, belgrève.

Cavendish-square, ka'-véne-diche.

Eaton-square, iteune.

Golden-square, gôl'-déne; *golden,* « d'or. »

Grosvenor-square, groce'-veneur.

Hanover-square, ha'-no-veur.

Leicester-square, leïs'-teur.

Portman-square, pôrt'-mane.

Tavistock-square, ta'-vice-tok.

Trafalgar-square, tra'-fâl-gar-skouère.

NOMS DES PRINCIPALES RUES

Cheapside, tchip-saïde.

Covent - Garden, co'-vennte - gar' - dene, « jardin de couvent; » nom d'un des grands théâtres de Londres.

Fleet-Street, flît-strît; *street,* « rue. »

Gover-Street, gâ-ueur.

Harley-Street, hâr'-lé.

Oxford - Street, ox'-feurd, « gué -du - bœuf; » *ox,* « bœuf, » *ford,* « gué. »

Piccadilly, Pi'-ka-di-lé.

Pall-Mall, pâl-mâl.

Portland-Place, pôrt-lannde - pléce.

Park-lane, pârk-léne.

Regent's-Street, ri'-djen't-strît.

Strand, strennde, « rive, bord. »

Westminster, oueste-mine-steur. (C'est un des districts électoraux de la ville de Londres.)

FAUBOURGS DE LONDRES

Le *Borough, tshi* Borô, sur la rive droite de la Tamise, est un des plus populeux et des plus industrieux faubourgs de Londres. On y voit encore au fond d'une cour la fameuse taverne de *Talbot,* où Geoffroy Chaucer, le père de la poésie anglaise, place la scène de ses charmants Contes de Canterbury, *Canterbury Tales,* et du fameux Pèlerinage à Canterbury, *Canterbury Pilgrimage.* Ce dernier conte a été popularisé par le beau tableau de *Stothard,* et plus encore par la charmante gravure qu'en a faite *Schiava-netti.* Voici l'idée première de ce conte ; elle expliquera la gravure qui, bien que populaire, est assez mal comprise.

Chaucer, allant faire ses dévotions au tombeau de saint Thomas de Canterbury (saint Thomas Becket), s'arrête à la taverne de *Talbot,* tenue dans le *Borough* par un joyeux compère du nom de Henry Bailey. Là il trouve un certain nombre de pèlerins qui, comme lui, allaient à la chapelle de Saint-Thomas, mais chacun séparément. Il leur propose de voyager ensemble, ce qui est accepté de tous. Le lendemain, à l'heure du départ, le tavernier Bailey fait à ses hôtes la proposition suivante.

Pour égayer le voyage, chacun des pèlerins contera deux histoires, l'une en allant, l'autre au retour. Celui dont l'histoire sera, au jugement de tous, la plus divertissante, sera récompensé par un bon dîner que lui payeront en revenant ses compagnons de voyage, à la taverne de *Talbot*. Adopté ! adopté le joyeux conseil de maître Bailey, s'écrient en riant les pèlerins.

L'esprit du conte est dans la ruse du tavernier, qui, ne perdant pas de vue les profits de son état, a voulu s'assurer par son ingénieuse idée qu'à leur retour tous les pèlerins descendraient dans son auberge pour manger le dîner.

Il est aussi dans l'acceptation des pèlerins, qui, oubliant le but pieux de leur voyage, s'ingénient à qui contera la plus plaisante histoire le long de la route, dans l'espoir de dîner aux dépens des autres. Ce trait satirique contre la faiblesse humaine, toujours tirée en bas par les choses matérielles, a été finement rendu par le peintre et par le graveur.

Sur la figure des vingt-neuf pèlerins se voit un mélange comique de gravité et de malice, le sourire y perce sous la méditation, Chaucer y tourne un œil vers le ciel, l'autre vers la terre, ou plutôt vers la jolie pèlerine qu'il a en croupe derrière lui.

Telles étaient la poésie et la satire en l'an 1360. Chaucer était allié à la famille royale et fut chargé de plusieurs missions diplomatiques, aubaines qui n'échoient guère aux poëtes aujourd'hui.

Chaucer est aussi auteur des ouvrages suivants : *La Cour d'Amour, la Maison de la Renommée, le Testament de l'Amour, Troïlus et Cressida.*

Brompton, Breump-teune.

Cambden-town, Kém'-déne-taoune.

Chelsea, Tchel'-sé.

Islington, Is'-ligne-taoune.

Lambeth, Lam'-betsh.

Pimlico, Pim'-li-kô.

Somers-town, So'-meurze-taoune.

White-Chapel, Ouaite-tchépel.

TAMISE

Thames, la Tamise. Le plus considérable des fleuves d'Angleterre tant par l'étendue de son cours, qui est de 200 milles, que par l'immense débouché qu'il offre au commerce des villes bâties sur ses rives. C'est à la Tamise que Londres doit sa richesse et sa grandeur. Elle prend sa source dans le comté de Gloucester, où elle n'a en été que neuf ou dix pieds de large. Elle reçoit à Lechdale, comté de Berks, le nom d'*Isis*, et à Dorchester, comté de Dorset, celui de *Thames*, qui est celui d'un de ses affluents, le *Tame*.

La Tamise porte des vaisseaux de 900 tonneaux jusqu'à Londres, à dix-huit lieues de son embouchure, et à

138 milles plus haut des navires de 90 tonneaux.

La marée monte jusqu'à Richmond, quatre lieues au-dessus de Londres et à 70 milles de la mer. Nul autre fleuve en Europe ne porte aussi loin la marée.

NOMS DES VILLES PRINCIPALES ET LEUR PRONONCIATION

Belfast, Bel'-fâste.

Birmingham, Beur'-migne-ham.

Bradford, Brad'feurde.

Bristol, Bris'-teul.

Cork, Côrke.

Dublin, Deub'-line.

Edinburgh, Edine'-beurg ; on le prononce aussi Edin-borô.

Falmouth, Fal'-maoutsh.

Glasgow, Glâce-gô.

Leeds, Lîdze.

London, Leune'-deune, Londres.

Manchester, Mane-tchesse-teur.

Nottingham, Not'-igne-ham.

Portsmouth, Pôrt-smeutsh ou Pôrt-smeutze.

Plymouth, Ply'-meusth ou Ply'-meutze,

Queens'town, Kouine-staoune

Southampton, Sâoutsh-ammpteune,

CHAPITRE XXIII

Le code de la politesse est plus ou moins long, plus ou moins compliqué chez les peuples, selon la nature de leurs institutions politiques. A New-York, à Genève, à Andorre et à Saint-Marin, les articles de ce code sont d'une simplicité primitive : à tout homme on dit : monsieur, à toute femme on dit : madame. N'ayant qu'à retenir ces deux courtes formules pour être poli, celui qui ne l'est pas y met de la mauvaise volonté.

Mais à Saint-Pétersbourg, à Vienne, à Londres surtout, les hommes étant classés et étiquetés comme les spécimens d'un muséum d'histoire naturelle, ce n'est pas l'affaire d'un jour que d'étudier cette science des titres. Chaque espèce exige un nombre fixe de saluts, un genre particulier de langage et d'attitudes. Toute infraction à ces lois rigides expose un homme à la perte de sa position, à l'exil social, et à mainte autre pénalité dont les effets sont plus ou moins immédiats et redoutables. Il en est une surtout à laquelle le délinquant n'échappe jamais : c'est d'être relégué parmi les espèces inférieures de la création.

C'est pour épargner à mes compatriotes cette peine non afflictive, mais affligeante, que je rédige le chapitre ou plutôt le code *civil* qui suit.

Seulement je les prie de ne point me décerner les honneurs ni la gloire qui sont l'ordinaire récompense des législateurs.

Qu'en face de l'étranger ils maintiennent la dignité du savoir-vivre français, cela suffit à mon ambition.

En Angleterre, où il n'y a point de loi salique, les femmes règnent, et quelquefois glorieusement, mais les maris des reines ne portant pas, comme en Espagne, le titre de roi, n'en ont pas les prérogatives. Ils restent princes tels ou tels et n'ont aucune part, aucune action dans le gouvernement du pays. On les nomme *princes-époux*, *princes-consorts*.

Ils sont sujets de la couronne et peuvent être nommés par elle à certains emplois comme de simples sujets. La même sujétion est imposée aux femmes des rois d'Angleterre, appelées *princesses-épouses*, *princesses-consorts*. Elles n'exercent aucun pouvoir reconnu par la constitution.

Elles ont cependant certains priviléges que n'ont pas les princes-époux.

Elles peuvent, par exemple, plaider dans toutes les cours de justice comme des femmes qui ne sont pas en puissance de mari, et choisir pour cet objet l'*attorney* ou le *solicitor general* qui leur convient; acheter des propriétés et en disposer à leur gré; accepter un douaire de leurs royaux époux et tester en faveur de qui leur plaît; toutes choses qu'une femme mariée ne peut faire sans autorisation du mari, selon la loi anglaise. Enfin la princesse-épouse a sa maison et ses officiers à elle, et sa personne comme celle du roi est sacrée; priviléges dont ne jouissent pas les princes-époux.

La constitution les déclare les uns et les autres princes et princesses non régnants.

Après ces deux personnages, les fils et les filles du souverain ont exclusivement droit, dans le royaume, au titre de princes et de princesses. Les autres membres de la famille royale sont appelés ducs et duchesses. La loi ne leur confère aucun droit spécial, et d'après le statut XII de George III, chapitre II, ils ne peuvent se marier sans le consentement du souverain revêtu du grand sceau de la chancellerie.

Cependant une clause de ce même statut autorise à contracter mariage, sans le consentement de la couronne, tout membre de la famille royale qui en aura donné avis depuis un an au conseil privé, à moins qu'avant l'expiration de ce délai, le Parlement n'ait déclaré qu'il désapprouve ce mariage. Les peines les plus sévères frappent les personnes qui ont aidé ou seulement assisté à un mariage d'un prince ou d'une princesse malgré la désapprobation parlementaire.

Le fils aîné du roi, appelé *heir apparent*, « héritier apparent, » a les titres de prince de Galles, *prince of Wales*, *earl of Chester*, comte de Chester; il naît duc de Cornouailles, *duke of Cornwall*. Il est encore duc de Rothsay et sénéchal d'Écosse, *seneschal of Scotland*.

Au titre de Majesté, les Anglais ajoutent les épithètes de très-gracieuse et très-excellente, *most gracious and most excellent*, qui devaient avoir un petit air d'étrangeté assez piquant, appliquées au gros ogre Henri VIII, et à George III qui était d'une remarquable laideur.

Un duc, *duke*, non de la famille royale, est appelé, ainsi que sa duchesse, Votre Grâce, *Your Grace*. Ce qui est à merveille, quand la duchesse est jeune, jolie, gracieuse; mais ce mot de grâce, attaché comme une étiquette à un certain genre de figure ducale et masculine, fait souvent avec elle une antithèse fort amusante.

Un marquis, *marquess,* et sa femme, *marchioness,* sont *most noble,* superlativement nobles.

Un comte, *earl,* et sa comtesse, *countess,* sont simplement nobles au positif. Il en est de même d'un vicomte, *viscount,* d'une vicomtesse, *vicountess,* d'un baron et d'une baronne, *baroness.*

Tous ces personnages, au-dessous du rang de duc, portent le titre commun de lord; leurs femmes ont celui de *lady,* dont le pluriel est *ladies.* En leur parlant, on dit indifféremment *mylord, mylady,* ou *Your Lordship, Your Ladyship,* « Votre Seigneurie. »

L'air grave, la démarche pesante des thanes ou barons saxons amusaient beaucoup les malins Normands qui les avaient vaincus à Hastings. Quels *lourds* personnages ! disaient-ils en riant. De ce mot *lourd,* employé par dérision, vient celui de *lord,* qui exprime la dignité de tous les seigneurs anglais.

Autrefois les lords avaient, en signe de leur puissance, le titre de cousins du roi.

Un lord ruiné a droit à une pension de trois cents livres sterling sur l'État. Prime d'encouragement à la ruine.

Un lord peut toujours, dans un tribunal, prendre place à côté des juges ; en l'absence de ceux-ci et dans certains cas, son titre lui confère le droit d'exercer les fonctions de juge.

Un contemporain célèbre, admirateur passionné des institutions aristocratiques de l'Angleterre, a écrit ce qui suit sur les lords, dans un chapitre ayant pour titre : *De la Démocratie en Angleterre :*

« Il faut donc le reconnaître, l'empire exclusif des anciennes idées s'affaiblit, il en est de même du prestige des anciennes institutions. En d'autres termes, le caractère profondément aristocratique de la société anglaise tend à s'altérer. Cet empire est encore profondément enraciné, ce prestige est encore généralement reconnu, mais ce n'est déjà plus ce que c'était jadis. Un *lord* est toujours quelque chose de grand, d'une grandeur même incompréhensible sur le continent, mais ce n'est déjà plus le *lord* d'autrefois. Tout l'ensemble des usages et des notions qui se rattachent à ce nom, à ce titre presque intraduisible, a subi la même transformation. C'est peut-être un bien; peut-être aussi est-ce un mal; dans tous les cas c'est un fait. »

Le *laird* est un petit propriétaire écossais.

Les juges du premier ordre ont le titre de *lord* et de *baron*.

Votre Honneur, *Your Honour*, est un titre donné aux magistrats du second ordre; ceux du troisième ordre reçoivent celui de Votre Dignité, *Your Worship*.

Gentleman, « gentilhomme, » est une appellation

donnée à tout homme dont la chemise est blanche, les souliers cirés et l'habit sans trous aux coudes. Il est gentil, en effet, d'être ainsi vêtu, quand on le peut, auquel cas on est honoré, sur l'adresse des lettres qu'on reçoit, d'un autre titre qui est celui de : *Esquire*, « écuyer. »

Esquire, s'écrit souvent en abrégé : *esq*. L'étymologie de ce mot est *scutiferum, armigerum*, écuyer. Ainsi tout homme bien vêtu est écuyer en Angleterre, qu'il le veuille ou non, et bien qu'il n'ait jamais monté à cheval ni touché un bouclier.

Dans les journaux, dans les actes publics, mariages ou enterrements, son nom est invariablement suivi de ces trois lettres : *Esq*. Ainsi ce n'est plus comme autrefois la panoplie d'acier étincelant, mais l'habit, le triste habit noir qui fait le moderne écuyer britannique.

Quels bizarres changements de forme et d'usage les transformations sociales font subir aux mots (1)!

A Commoner, « membre de la Chambre des communes, » est seulement honorable, *honourable*; très-honorable, *rigth honourable*, s'il arrive à être investi de fonctions publiques; et excessivement honorable, *most honourable*, s'il devient ministre.

Les cadets de la noblesse sont tous *honourable*, ho-

---

(1) *Habent sua fata, vocabula.*

norables par droit de naissance, les filles aussi ; quelle que soit la manière dont ils se conduisent et comportent! A partir du titre de vicomte et au-dessus, les filles reçoivent, même avant leur mariage, le titre de *Lady*, « noble dame. » Ce dernier titre est aussi celui des femmes de chevaliers et de baronnets.

En se mariant à un roturier, la fille d'un noble conserve son titre de *Lady*, qui ne se joint pas au nom de son mari, mais à son nom de baptême à elle. Ainsi on annonce dans un salon, non pas monsieur et madame Coleman, mais *lady Augusta* et monsieur Coleman tout court. Le mari entre le dernier, non pas seulement par politesse, mais par étiquette, la prérogative conjugale devant céder le pas à la prérogative nobiliaire.

De même dans les réceptions de la cour, un lord du plus mince mérite a le pas sur un premier ministre tel que Robert Peel ou Canning, ou un chancelier de l'Echiquier tel que Gladstone ou Disraéli. Petitesses du grand monde officiel!

Les baronnets et les chevaliers ont le titre de *Sir*, qui, dans ce cas, ne signifie plus monsieur, mais exprime la dignité de ceux qui le portent. Ce titre ne se met que devant le nom de baptême, ou seul, ou suivi du nom patronymique. On doit donc dire et écrire : *Sir James Macintosh*, ou simplement *sir James*, mais jamais *sir* Macintosh, faute que l'on commet souvent en France.

En parlant à un *gentleman*, on lui dit *sir*, « monsieur, » sans jamais y joindre le nom propre : « Bonjour, monsieur, comment vous portez-vous ? *Good morning , sir, how do you do ?* En parlant de lui, on ne dit plus *sir*, mais : *Mister*, « monsieur, » qui doit toujours être suivi du nom propre : Avez-vous vu *Mister* Carrington ?

En lui écrivant, on emploie sur l'enveloppe la qualification de *mister*, qui s'écrit toujours en abregé : *Mr.* et qui doit être suivi du nom propre. Mais dans la lettre même on se sert du mot *sir* sans y joindre le nom propre :

« Monsieur, pouvez-vous me donner des nouvelles de M. Stanley ? » — *Sir, can you give me any news of mister Stanley ?*

« A monsieur Johnson, rue de Saint-James, à Londres. » — *To Mr. Johnson, St-James'street, London.*

« Monsieur,

« Je vous annonce l'arrivée de M. votre fils, William Johnson, à Paris. »

Sir,

I inform you of the arrival of your mister son William Johnson at Paris.

On remarquera que le mot monsieur, *mister*, est mis

devant le mot *son,* comme il l'est toujours devant tous les noms de parenté.

Ces règles de l'étiquette anglaise sont, comme on le voit, très-compliquées, et l'observation en est assez difficile pour l'étranger qui n'en a pas fait une étude attentive.

No gentleman, « vous [n'êtes pas un *monsieur,* » est en Angleterre une grosse insulte, souvent suivie d'une boxe plus ou moins solide, selon le degré de distinction sociale et musculaire des deux combattants.

Un jeune homme que sa mère venait de semoncer devant les autres membres de la famille, réunis au salon, en fut si vivement humilié, que, mettant une main sur son cœur et étendant l'autre vers la dame maternelle avec un regard chargé de reproches, il lui adressa cette apostrophe foudroyante : « Si pareille scène se renouvelait ici, eh bien, ma mère, je vous dirais, non sans douleur : *you are no gentleman !* »

A toute femme bien vêtue on dit *Mistress* (et non *Mistriss*), dont l'abréviation est *Mrs.,* et qu'on emploie seule en lui écrivant sur l'adresse, mais, dans la lettre, on écrit *madam.* Dans la conversation on dit aussi *madam.*

Messieurs s'écrit toujours en abrégé et ainsi *messrs.*

Une jeune demoiselle s'appelle *miss,* pluriel *misses.*

Un jeune garçon reçoit le titre de *master,* maître, jusqu'à l'âge de quinze ans. Alors il devient *mister,* comme son père, et revêt l'habit ou la redingote à la place du gilet rond ou jaquette qu'il portait avec un long col blanc rabattu tant qu'il n'était que *master*.

Un livre ayant pour titre : *Court-Guide, Guide de la Cour*, et qui se publie chaque année, contient les noms et les adresses de tous les gens titrés, depuis l'*esquire* jusqu'au duc ; c'est l'almanach des adresses du *Grand Monde, The upper ten Thousand*, « les dix mille d'en haut. » Ce n'est pas le simple *esquire*, ou l'homme bien vêtu, dont le nom brille dans ce livre d'or ; mais l'*esquire* possédant de dix à vingt-mille livres sterling de revenu, l'*esquire* dont les millions valent, et au delà, une couronne de comte. Chaque nom est suivi de l'énumération non-seulement des titres, mais aussi des propriétés, châteaux, parcs, appartenant aux individus nommés : *Jasper Stiffneckham, esq, of* 13 *South-Audley street and Berwich-House, Herts; Frogthorpe-Lodge, Hereford, and Framlingsby-Park, Suffolk*. Ce qui veut dire que l'écuyer *Jasper Stiffneckham* demeure dans la rue d'Audley, n° 13, et qu'il possède une maison de campagne appelée *Berwick* dans le comté de *Herts*, une autre appelée *Thorpe*, dans le comté de *Hereford*, et une troisième avec un parc dans le comté de *Suffolk*.

Voici l'adresse d'un grand seigneur : *Everington (Augustus-James-Evelyn*, marquess of), K. G. P. C. F. S. A. L, L. D.; of 57, Grosvenor square and of... Castles (suit ici l'énumération de cinq ou six châteaux). *Dormer* (1). Auguste-James-Evelyn, marquis d'Everington, Chevalier de la Jarretière, Membre du Conseil privé, Membre de la Société des Antiquaires, Docteur en droit (2), demeurant Grosvenor-square et possesseur des châteaux de... etc., etc.

Cette publicité de titres et de fortune a pour objet d'apprendre au commun des mortels avec quel convenable et révérencieuse humilité ils doivent parler des êtres supérieurs admis dans les colonnes enviées de l'almanach olympien.

L'individu qui n'est ni de la classe noble, *nobility*, ni de la classe bourgeoise, *gentry*, s'appelle tout uniment un homme, *man*, et c'est bien peu de chose dans le royaume *uni* de la Grande-Bretagne.

On n'y fait pas plus d'attention à un homme qu'à un moineau empaillé.

Et pourtant ce dédain n'est pas ce qui afflige le plus un homme, *a man* ; richesse, honneur, pouvoir, considération, sont des avantages qu'il envie sans doute aux classes élevées, mais moins cependant qu'un certain privilége tout à fait inconnu en France. Ce privilége est celui de pouvoir frapper plusieurs coups, au lieu d'un seul,

(1) *Dormer* est le nom de famille, *Everington* le nom nobiliaire; tout roturier élevé à la pairie change de nom.

(2) Le titre de docteur en droit est officieusement donné par les universités d'Oxford et de Cambridge à des hommes qui se sont distingués dans l'armée, la marine, le commerce, etc.

aux portes des maisons où l'on veut entrer. Ce coup unique de heurtoir est tout ce qu'une impérieuse coutume aristocratique permet à un simple homme, *man*. C'est humiliant. Le *gentleman*, bourgeois, frappe, lui, quatre ou cinq coups; le baronnet, sept ou huit; le lord, douze ou quinze; le duc quinze ou vingt. Plus haute est la dignité, plus étourdissant est le bruit qu'elle fait aux portes.

Ainsi le nombre et la vigueur des coups, leur retentissement dans toute la rue, l'ébranlement de la porte, indiquent le rang du visiteur aussi sûrement que la voix d'un valet en livrée à la porte d'un salon.

Les gens de la maison savent ainsi d'avance qui ils vont recevoir, et composent en conséquence leur attitude et leur visage : de marbre pour un homme, *man*, de caoutchouc pour un grand seigneur.

Je fus un jour témoin involontaire d'une querelle de ménage dans laquelle l'adversaire le plus faible, mais le plus bruyant, s'oublia jusqu'à appeler l'autre *a wicked man*, « un méchant homme. » L'effet de ce gros mot, non l'épithète mais le *substantif*, fut sur le mari atterré celui d'un courant électrique; tout son système capillaire, cheveux, barbe et favoris, se dressa touffu et rigide. Il offrit pendant quelques minutes l'image de la terreur muette et pétrifiée. La dame resta donc victorieuse, parce qu'elle avait appelé son mari *un homme* (1). Ce qui prouve que les sociétés aristocratiques ont du bon, puisque le sexe le plus faible triomphe du plus fort avec une si petite artillerie. Il en eût été bien autrement, si cette femme avait appelé son mari méchant gentleman, *wicked gentleman*.

Landlord signifie proprement seigneur de la terre; son féminin est *landlady*. Mais ce nom est donné par extension aux propriétaires de maisons par les locataires et aux maîtres d'hôtel par les voyageurs. On connaît l'intéressant ouvrage de Walter Scott : *Tales of my Landlord, Contes de mon Hôte*. C'était un des plaisirs de nos grands-pères en voyage de faire causer leurs hôtes en vidant avec eux une vieille bouteille. Ils apprenaient ainsi, sous une forme naïve et pittoresque, les élégies ou les drames domestiques de la contrée. L'hôte était une vivante légende, presque un ami que l'on quittait à regret. Comme le bon vieux s'efface devant le neuf maussade! Aujourd'hui le *landlord* n'a plus le temps de parler à ses voyageurs, tout occupé qu'il est à les rançonner sans merci.

Combien de grandes choses ont une petite origine! Le premier ordre de chevalerie de l'Angleterre et l'un des plus recherchés de l'Europe, fut créé à l'occasion d'une jarretière tombée dans un bal, et relevée par un roi ga-

(1) N'être qu'un homme c'est n'être rien en Angleterre.

lant. Cette jarretière était celle de la belle comtesse de Salisbury, et ce roi, Édouard III d'Angleterre. La complaisance empressée du souverain fit rire les courtisans, et le sujet prêtait à rire, on en conviendra, car l'amour d'Édouard pour la comtesse n'était un secret pour personne. Mais comme il fallait sauver les apparences, le roi s'écria : *Honni soit qui mal y pense*, et jura que ceux qui riaient de cette jarretière envieraient bientôt la faveur d'en porter une pareille. Peu de temps après il créa cet ordre fameux, qui a pour chef le souverain d'Angleterre. Il ne compte que vingt-six membres, et n'est conféré à l'étranger qu'aux têtes couronnées. Outre la plaque et le ruban portés au cou, les chevaliers portent une jarretière bleue à la jambe gauche. La reine la porte au bras.

Order of the Bath, ordre du Bain, fondé au xive siècle par Richard II d'Angleterre. Plus tard, Henri IV en changea les statuts. Il était presque oublié, lorsqu'en 1725 George Ier lui rendit son importance et son lustre. Cet ordre ne se compose que de trente-six chevaliers ; ils portent un ruban rouge moiré, auquel est suspendue une médaille à trois couronnes, portant pour devise : *In uno tria juncta.* Ce sont les trois couronnes d'Angleterre, d'Écosse et d'Irlande.

Order of Saint-Michael and Saint-George. L'ordre de Saint-Michel et Saint-George a été créé pour les officiers de la flotte et de l'armée qui se sont distingués dans la Méditerranée.

Victoria cross, la croix de Victoria. Cet ordre tout récent est peut-être le plus estimé aujourd'hui par les officiers de terre et de mer. La décoration est une simple médaille de bronze portant ces trois mots : *Pour la valeur*.

Le premier personnage de l'aristocratie dont nous venons de tracer le tableau, le plus respecté, le plus ancien, le plus influent des *lords*, celui à qui l'on rend le plus d'hommages, qui est le protecteur et le conseil du plus grand nombre de clients, c'est *Old Nick*. *Old Nick*, c'est l'inventeur patenté avec garantie du gouvernement des classifications humaines en grands et petits hommes, en gentilshommes et en hommes pas gentils ; c'est lui qui le premier leva dans le monde l'antique étendard de l'orgueil ; enfin *Old Nick*, pour l'appeler par son nom français, c'est le diable, le diable qu'en Angleterre, soit crainte, soit respect, et peut-être tous les deux, personne n'ose nommer par son vrai nom de *Devil*. Nous avons cru devoir donner ici son sobriquet anglo-euphémique, tant pour que notre chapitre sur la politesse fût complet, que pour l'utilité des étrangers qui, en Angleterre, pourraient avoir besoin de la protection de *Old Nick, gallicè*, « le vieux Nicolas. »

CHAPITRE XXIV

ABRÉVIATIONS DE TITRES.

Il est d'usage, en Angleterre, de n'écrire qu'en abrégé les titres et dignités que, dans les autres pays, on mentionne en toutes lettres. De même personne, excepté les militaires en uniforme, ne porte de décorations d'aucune sorte. Les ambassadeurs étrangers n'ont à leur porte ni drapeau ni inscription indiquant leur nationalité. Cette absence de signes extérieurs et publics de distinctions est un trait du caractère anglais dont la grave fierté repousse tous les genres d'apparat.

Sur l'adresse d'une lettre adressée à un homme qui a plusieurs titres, on écrit le premier en abrégé, les autres sont indiqués par des etc., etc., etc.: *Mr. Wallingham M. A.*, etc. Monsieur Wallingham, *Master of Arts*. « maître ès arts, » ce qui est équivalent à notre grade de licencié.

R., Reverend, « révérend, » titre donné à tous les ministres anglicans et dissidents.

R. Rd., Right Reverend, « très-révérend, » titre des évêques.

B. A., Bachelor of Arts, bachelier ès lettres.

B. D., Bachelor Divnity, bachelier en théologie.

D. D., docteur en théologie.

L. L. D. ou D. C. L., *Doctor civil law,* docteur en droit civil.

M. D., Medicus doctor, docteur médecin.

C. E., Civil engineer, ingénieur civil.

F. R. S., Fellow, Royal Society, membre de la société royale (Académie des sciences).

F. R. G. S., Fellow Royal Geographical Society, membre de la société royale de géographie.

F. S. A., Fellow Society Antiquaries, membre de la société des antiquaires.

F. R. C. S., Fellow Royal College of Surgeons, membre du collége royal des chirurgiens.

R. A., Royal Academy of Painters, membre de l'académie royale des peintres.

Hon., honourable, honorable.

H. R. H. her (pour une princesse) *his* (pour un prince). *Royal Higness,* Son Altesse Royale.

Esq., *Esquire*, écuyer.

H. M. S., *Her Majesty ship*, vaisseau de Sa Majesté (navire de la marine royale).

K. G., *Knight Garter*, chevalier de la Jarretière.

G. C. B., chevalier grand'croix de l'ordre du Bain.

K. C. B., chevalier commandeur du Bain.

C. B., compagnon du Bain.

P. C., *Privy Council*, membre du conseil privé.

M. P., *Member Parliament*, membre du Parlement.

Q. C., *Queen's Council*, avocat aux conseils de la reine.

V. C., *Victoria Cross*, croix de Victoria. Nouvelle décoration depuis la guerre de Crimée.

Toutes ces lettres capitales, placées après des noms propres sur les suscriptions et au bas des lettres, sur les cartes de visite, les titres des livres, les comptes rendus parlementaires, sont autant d'énigmes pour les étrangers.

J'ai vu des personnes les prendre pour des abréviations de prénoms.

CHAPITRE XXV

En lisant les journaux et les romans anglais, on trouve un grand nombre de noms propres qui sont des abréviations de noms dont l'orthographe et la signification entière et réelle sont inconnues. Il nous a paru utile et intéressant d'en donner l'explication. Dans toutes les familles, ces petits noms, *short names*, sont en usage comme marque d'affection.

Pendant l'été de 18... je fus invité à une fête de famille chez M. F. F., riche propriétaire du comté de Kent. Sa mère, âgée de quatre-vingt-cinq ans, réunissait autour d'elle pour la dernière fois, disait-elle, mais sans le croire, ses enfants et ses petits-enfants, au nombre de vingt-six. Les garçons étaient d'un côté, les filles de l'autre, chacun tenant à la main un bouquet dont la grosseur était en raison inverse de l'âge, les plus petits portant les plus gros.

Sur une même file s'avancèrent d'abord les filles : *Bethsy* (1), *Bella, Emy, Fan, Lotty, Lizzy, Pat, Kate* ou *Kitty, Polly* ou *Molly, Mag* ou *Meg* ou *Margery, Nell* ou *Nelly, Sally, Suky, Mat* ou *Mathilda.*

Puis vint à son tour la ligne fleurie des garçons : *Ben* (2), *Dick* ou *Dicky, Charley* ou *Charly, Joe, Jem* ou *Jim, Johny* ou *Jack, Harry, Kit, Tom* ou *Tomy, Rob, Ned, Will* ou *Willy, Sam* ou *Samy, Mat* ou *Mathias.*

Après avoir pressé dans ses bras ces deux générations de beaux et heureux enfants, la vénérable aïeule et bis-aïeule levant les mains au ciel demanda qu'il lui fût donné de jouir une fois encore du doux spectacle souriant autour d'elle. Et vingt voix innocentes et pures s'écrièrent ensemble : « A l'an prochain, grand'mère, à l'an prochain, et vous verrez ici de plus gros enfants et de plus gros bouquets. »

Tous les spectateurs étaient vivement émus. Pour moi,

____

(1) Élisabeth, Isabella, Isabelle, Emily, Emilie, Fanny, Charlotte, Eliza, Martha, Marthe, Catherine, Mary, Maria, Marie, Margaret, Marguerite, Helena, Hélène, Sarah, Suzanne, Mathilde.

(2) Benjamin, Richard, Charles, Joseph, Jacques, Jean, Henri, Christopher, Christophe, Thomas, Robert, Edward, Édouard, William, Guillaume, Samuel, Mathieu.

en présence de ces deux touchants extrêmes, la vie qui commence et la vie qui finit d'une façon si heureuse, je me disais : Si j'avais à choisir, que choisirai-je de ces cheveux blonds ou de ces cheveux blancs ?

CHAPITRE XXVI

TYPES ANGLAIS AUX CHAMPS-ÉLYSÉES.

Parmi les milliers de promeneurs qui, par une belle journée de juillet, circulent lentement des Champs-Élysées au bois de Boulogne, se trouvent des individualités anglaises de divers genres, fort curieuses à observer.

Ce grand jeune homme blond, aux favoris en écouvillons, au petit chapeau à bord étroit posé à peine au sommet de la tête, c'est le *dandy*.

Il ressemble au gandin de Paris par plusieurs côtés, mais surtout par l'élégante inutilité de son existence. Son paletot écourté et trop étroit, son pantalon trois fois trop large pour ses jambes grêles, pareilles à des hampes de drapeau flottant au vent, sortent de chez le plus *fashionable* tailleur. Aussi est-il un des lions, et quand il est très-jeune, un des lionceaux de la *fashion*, qui est la mode du grand monde, ou, comme on dit en Angleterre, de la grande existence , *high life*. Car la mode, *fashion*, cette versatile déesse du changement, a poussé le caprice jusqu'à changer son nom français pour un nom étranger. En 1964, elle changera peut-être ce dernier pour un nom chinois ou japonais qui aura le mérite d'être peu intelligible, mais nouveau.

Je viens d'écrire le mot pantalon ; mais gardez-vous bien, lecteur, de jamais prononcer ce nom devant une *English lady*, « une dame anglaise. » Elle s'écrierait en rougissant : *shocking!* « choquant. » Un Anglais, s'il est seul, commande à son tailleur un pantalon, *trowsers;* si par aventure sa femme est présente, il commande *a pair of inexpressibles*, « une paire de choses qui ne s'expriment pas. » Quant au mot chemise, *shirt*, et surtout chemise de femme, *shift*, le prononcer au propre, ou désigner l'objet qu'il exprime au figuré, par synonyme ou par périphrase, c'est prononcer votre exil de la société anglaise. Ce mot fait frisonner les gens, et quand par hasard la chose s'offre à leurs yeux à la porte d'une boutique, ils s'évanouissent. C'est là une des variétés du *Cant*, arrière-petit-cousin de l'hypocrisie.

Comme presque tous les Anglais, une vieille demoiselle, *spinster*, avait chez elle le portrait du duc de Wellington;

mais, par un étrange oubli des convenances, il était dans sa chambre à coucher. *Shocking!* s'écrièrent plusieurs dames de ses amies en apprenant cette hardiesse. La *spinster*, «.vieille fille, » toute confuse, s'excusa en disant que, matin et soir, en faisant sa toilette, elle tournait la face de ce portrait du côté de la muraille (1).

Pour être complet, le *dandy* tient à la main un *stick*, petite canne de trente centimètres de long, ornée d'une pomme d'or ciselée ou de corail, et aux lèvres un assez mauvais cigare appelé *londrès,* bien qu'il ne soit point natif de Londres.

Le dandy, appelé aussi *exquisite*, sans doute parce qu'il est exquis dans son genre, et *beau,* parce qu'il se croit tel, jette un regard dédaigneux sur la foule, *mob*, des vulgaires promeneurs. Mais il lorgne avec acharnement les chevaux et les équipages, surtout ceux qui emportent des nuages de soie, de gaze et de satin, surmontés de jolies têtes de femmes.

En hiver, le dandy porte un *macfarlane*, vêtement disgracieux de forme et de couleur, adopté par beaucoup de

(1) En 1817, les dames anglaises firent élever, dans Hyde-Park, une statue de bronze au duc de Wellington, sous la forme d'Achille d'après l'antique. On se demande s'il est possible que le dessin de cette statue ait été donné ou seulement indiqué à l'artiste par les belles admiratrices du guerrier, et comment, en se promenant dans le *fashionable* Hyde-Parck, elles peuvent passer devant Achille sans détourner les yeux.

Français auxquels il donne l'agrément de ressembler à des meuniers couverts de leurs sacs.

Sous ce vêtement *excentrique* et au cœur de l'hiver, le *dandy* ne cesse pas d'être un *lovelace*, mais infiniment moins dangereux que le fameux héros de Richardson, dans son roman en dix volumes de *Clarisse Harlowe*. Les aventures galantes du *dandy* fourniraient à peine la matière d'un petit in-18 aux plus féconds de nos romanciers, Alexandre Dumas, Paul Féval ou le vicomte Ponson du Terrail. C'est que le *dandy*, comme son sosie le gandin, vit très-vite; les longues amours lui font peur comme les longs ouvrages.

Quand ses jours enchantés ne s'écoulent pas dans les douceurs interlopes d'un hymen béni par le forgeron de *Gretna-Green*, il envoie à quelque beauté de Paris ou de Londres un riche *keepsake* acheté chez Susse ou chez Giroux. Ne croyez pas que ce *keepsake* soit nécessairement un livre plein de belles vignettes et doré sur tranche : *keepsake* est le nom de tout objet donné en présent et comme souvenir à un ami ou mie.

Il y a un jour dans l'année, le 13 février, où le *dandy* est fort occupé; entre son déjeuner et son dîner il écrit de vingt-cinq à trente lettres courtes, mais sur le papier le plus doré, le plus parfumé, le plus enguirlandé de vignettes qui se vende à Paris, chez Marion, à Londres, chez Perkins et Gotto. C'est que le lendemain, 14 février, est la fête de saint Valentin, et ce jour-là nos froids et sérieux voisins sont tous atteints de folie épistolaire et galante. Tout homme, jeune ou vieux, envoie à une ou plusieurs demoiselles des billets doux anonymes et très-innocents, appellés *Valentines*. Exagérant cette coutume nationale, le *dandy* en expédie plusieurs douzaines à des beautés de lui connues ou inconnues. Mais ces missives parfumées trahissent leur auteur; les belles miss, *smell a rat*, y « sentent un rat, » comme dit le proverbe anglais, et ce rat c'est le *dandy*, variété du rat musqué. Il va se reposer des travaux de cette laborieuse journée du 13 février *in an Opera box*, « dans une loge à l'Opéra. »

Selon une légende anglaise, c'est le 14 février que les oiseaux, sentant que le printemps n'est pas loin, se choisissent une compagne; de là l'origine des *Valentines* qui inondent, ce jour-là, les bureaux de poste comme, en France les cartes de visite au premier jour de l'an.

Voici un extrait du journal d'un dandy du siècle dernier, publié par Addison.

« Lundi onze heures. Je me lève, m'habille et fais un tour de jardin.

« Midi; je déjeune.

« Une heure; j'arrange ma perruque, me lave les mains et sors.

« Entre une heure et trois heures, fumé quatre cigares,

lu le *Times* et le *Morning Chronicle*, et écouté pendant quarante-cinq minutes l'opinion de Mr. Nisby sur les affaires publiques.

« Trois heures et demie; grondé mon valet Franck pour avoir égaré mon porte-cigares.

« Dormi de quatre à cinq; dîné de cinq à six. Vin excellent; trop de raisins et pas assez de graisse dans le *pudding*.

« De six à sept promenade au park de Saint-James, dans l'allée des gens de qualité.

« Le vent est au sud-sud-est.

« De sept à huit au café, où j'ai écouté Mr. Nisby discourant sur la paix.

« Sorti à minuit de l'opéra à Covent-Garden.

« Couché à deux heures et dormi profondément jusqu'au lendemain à midi. »

D'après cet emploi d'une journée, pareille à toutes les autres, on peut dire du *dandysme*, comme des nations heureuses, qu'il n'a pas d'histoire. Les deux dates les plus remarquables de sa vie sont son extrait de naissance et son extrait mortuaire.

Regardez là, sur votre gauche, cette longue et maigre stature féminine, ornée de deux petits yeux bleu de faïence très-rapprochés d'un grand nez rouge en bec d'aigle, de trois larges dents avancées en talus sur la lèvre inférieure; le tout est encadré d'une chevelure pareille aux rubans de sapin qui sortent en frisonnant d'un rabot de menuisier : c'est le *blue-stockings*, le « bas-bleu, » ou écrivain femelle de la Grande-Bretagne. Parisiens, prenez garde à vous! Ce satiriste en crinoline a tout exprès traversé la Manche pour vous étudier pendant six semaines et faire ensuite, d'après nature, votre caricature en trois gros volumes in-8°, que vendront à milliers Routlege, James Murray ou Richard Bentley.

C'est à cette occupation que lady Morgan, cette reine des bas-bleus, a gagné quelque réputation et pas mal de guinées. Son opticien m'a révélé le secret de ses succès : elle voyait les vices et les travers des Français avec des lunettes dont les verres avaient une puissance grossissante de vingt-cinq mille diamètres.

Là-bas, en avant du bas-bleu, marche, demi-rêveur, demi-souriant, le *humourist*, railleur aimable, persifleur bonhomme, qui vous enfonce au bras une aiguille fine sans vous faire crier aïe! Il va esquissant aux deux crayons les défectuosités des peuples et des individus; études ni sombres ni fades, demi-portraits, demi-charges, images gaies et franchement amusantes. L'*humour* est essentiellement un produit du cerveau anglais, pas froid, mais tiède, judicieux et courtoisement malin. Les meilleurs specimens d'*humour* du siècle dernier ont été fournis par

Swift, Pope et Addison ou Shéridan; dans le second quart du présent siècle, par Lamb, Théodore Hook et Sidney Smith; et de nos jours par les deux Mayhew, Crowquill et Boz. Sous ce dernier pseudonyme, Charles Dickens cache difficilement sa grande réputation. Quant à l'autre, *Crowquill*, « plume de corbeau, » je le laisse à deviner.

« Le Parlement légifèrera quand un évêque ou un lord aura été réduit en compote, » disait Sydney Smith en voyant la suprême indifférence de la législature pour les nombreux sinistres de chemins de fer qui étaient tous dus à la négligence des compagnies, et qui chaque année coûtaient la vie à des centaines de personnes. Ce mot impressionna tellement la Chambre haute, que des mesures de sûreté furent de suite proposées, discutées et votées.

Shéridan vidait un soir une bouteille de porto à la porte d'un café, dans le voisinage du théâtre de Drury-Lane, dont il était propriétaire. Un homme accourt à lui en criant: «Monsieur, le théâtre de Drury-Lane est en flammes! On vous cherche de tous côtés; accourez au plus vite!

« — Eh! quoi? répond Shéridan, en portant son verre à ses lèvres, ne peut-on laisser un homme prendre tranquillement un verre de vin *au coin de son feu?* »

C'est le même *humourist* qui, sur le point de mourir, refusait de se laisser faire une opération qui pouvait le sauver.

« — Pourquoi? demanda le médecin.

« — Parce que j'ai déjà subi deux opérations, et c'est bien assez dans la vie d'un homme.

« — Lesquelles ?

« — Je me suis fait couper les cheveux et j'ai posé pour mon portrait. »

Ce groupe de quinze personnes immobiles devant une boutique de chapelier qu'elles admirent, c'est une famille de ces touristes anglais qui viennent s'alléger sur le continent d'une partie de guinées gagnées dans le commerce, et dont ils ne savent que faire dans leur île. Ils viennent à Paris comme ils vont à Berne, à Rome et à Florence, pour dire qu'ils y ont été. Dans une ville comme Paris, ils marchent pour marcher, voient pour voir, mais voient de telle sorte que la place de la Concorde leur plaît autant que la place Maubert, et qu'ils emportent des Champs-Élysées la même impression que du boulevard de l'Hôpital.

Le père, riche négociant de *Throgmorton-Street*, à Londres, est un homme de haute *respectability* (1), et qui *vaut* trois millions, c'est-à-dire qu'il les possède. Car les Anglais disent d'un homme : *He is worth so much*, « il vaut tant, » pour signifier qu'il possède tant. L'étranger qui, à Londres, entend pour la première fois cette singu-

______

(1) Respectabilité.

lière locution, s'imagine qu'en réalité tel Anglais, estimé ainsi, est à vendre pour la somme mentionnée ; ce qui est une erreur provenant de l'ignorance des mœurs et de la langue du pays.

De combien d'autres erreurs cette ignorance est la source !

Les quatre fils du riche touriste ressemblent plus ou moins au *dandy* esquissé plus haut. Les six filles, *five young ladies*, seraient toutes d'une beauté irréprochable, n'était la longueur de leur cou et l'ensemble de leur costume qui leur donne l'apparence de pyramides d'Égypte en locomotion. Quelle diagonale que celle qui part de la base de leur large crinoline pour arriver au sommet de la petite plume rouge qui surmonte leur toque de velours noir !

La maman, *mamma*, de cette nombreuse famille est remarquable par un formidable embonpoint, un regard heureux et placide et deux grosses joues vermeilles à faire envie à une laitière de Montfermeil. Tout près d'elle, et la tenant par la main, sont trois *babies* « bébés » (1), de cinq, sept et huit ans. Ravissants petits êtres aux cheveux blonds et bouclés, au visage qui semble pétri de *cold-cream* et

______

(1) Un homme d'esprit, M. le prince de Beauvau, a écrit un livre charmant sur les *bébés*.

de feuilles de roses. Mères qui enviez pour vos chers bébés français le même éclat de fraîcheur et de santé, lavez-les à l'eau froide de la tête aux pieds tous les matins, et au lieu de les charger de vêtements, laissez-les courir et sauter dehors comme à la maison, les bras et les jambes demi-nus et le col découvert. Vous verrez le résultat!

Le merveilleux vinaigre de toilette des enfants, qui est aussi celui de la mère, c'est l'eau fraîche, qui lui conserve si rose et si frais son visage de quarante-cinq ans.

L'eau fraîche, cosmétique primitif, ne fut-il pas le seul à l'usage d'Ève, dans Éden, dont elle était la plus belle fleur? Les Guerlain et les Demarson n'en inventeront jamais comme celui-là.

Les trois *gentlemen* qui marchent là derrière nous ce sont des *cockneys*, « badauds » britanniques. Chevelure luxuriante, favoris touffus, figures carrées et taille pareille, col de chemise qui leur chatouille les narines, costume d'un irréprochable négligé, regard étonné et curieux, en quête du je ne sais quoi : tels sont les traits généraux de l'espèce. Ils parlent à voix haute, écoutons-les.

— Haô! Williams, qu'âvez-vô vu dans Paris depuis deux jours?

— Haô! toutes les enseignes de la rue Vivienne et de la rue de la Paix.

— Et vous, John?

— Môa, dans mes promenâdes des Tuileries à la Bas-
tille, et de la barrière du Trône à la Mâdeleine, je n'ai pas
trouvé un seul rassemblement autour d'un objet quelconque.

— Tiens! justement, en voilà un là-bas, courons voir
ce que c'est. Et les deux *cockneys* courent, et nous après
eux pour ne pas les perdre ; ils sont si amusants !

Soixante badauds parisiens entouraient une vieille dame
et son petit chien, tous deux jetant les hauts cris, l'un
parce qu'on lui avait marché sur la patte, l'autre parce
qu'elle voyait son chien crier.

Un nouveau cri part du milieu de la foule :

« — On vient de me voler ma montre ! »

Chacun regarde son voisin d'un air défiant, le groupe
se disperse, nos deux *cockneys* s'éloignent en chuchotant ,
lorsqu'un monsieur les désigne du doigt à un sergent de
ville, en disant :

— Voilà, je crois, deux *pick-pokets*, « filous » anglais.
Je me trompe fort, ou se sont eux les voleurs de la montre.

Les deux Anglais arrêtés se débattent, protestent, exhi-
bent leurs cartes, donnent l'adresse de leur hôtel, et sont
relâchés.

— C'est égal, dit en s'en allant le vieux monsieur, qui
semble un connaisseur des hommes et des choses d'Angleterre, un *detective* « agent de la police secrète anglaise »,

22.

je ne les relâcherais pas aussi facilement. Mais les *pick-pokets* anglais, qui rendraient dix points sur vingt à nos voleurs à la tire, ont l'art de faire voir à notre police les plus belles couleurs du prisme, surtout depuis l'abolition des passe-ports.

Moins confiant est, dans les beaux habits, le linge blanc et les manières distinguées, le *policeman* ou *constable* de Londres.

Il saisit au collet une face rubiconde, encadrée dans une cravate de satin, d'une main aussi hardie qu'une face pâle, qu'entoure un mouchoir de coton. Et de ces deux faces la dernière est souvent la plus honnête.

CHAPITRE XVII

Rule Britannia, Rule the Waves! domine, Bretagne, domine les vagues! voilà le chant national des Anglais, leur *Marsellaise*. Il fut composé vers l'année 1730, sous le règne de George II, par James Thompson, auteur du poëme des *Saisons*. Dans cet hymne patriotique, le peuple anglais défie les tyrans; c'est fort bien. Ce qui l'est beaucoup moins, c'est de se proclamer lui-même la terreur et l'envie des autres peuples, le possesseur exclusif des mers et de tous les rivages qu'elles baignent. Prétentions exorbitantes et hautaines que, depuis un siècle surtout, l'Angleterre a pu maintenir, grâce aux rivalités, aux ambitions jalouses des souverains de l'Europe.

Voici le chant national, *Rule Britannia,* avec sa traduction :

When Britain first, at Heaven's command,
  Arose from out the azure main,
This was the charter of her land,
  And guardian angels sung the strain :
Rule Britannia, Britannia rule the waves!
    Britons never shall be slaves.

The nations not so blest as thee
  Must in their turn to tyrants fall,
When thou shalt flourish great and free
  The dread and envy of them all.
    Rule Britannia, etc.

Still more majestic shalt thou rise,
  More dreadful for each foreign stroke,
As the land blast that tear the skies
  Serves but to root thy native oak.
    Rule Britannia, etc.

To thee belongs the rural reign
  Thy cities shall with commerce shine :
All thine shall be the subject Main
  And every shore its circles thine !
    Rule Britannia, etc.

The Muses, still with freedom found
  Shall to thy happy coasts repair;
Blest Isle, with matchless beauty crown'd
  And manly hearts to guard the fair :
    Rule Britannia, etc.

Quand, à la voix du ciel, la Bretagne
Sortit brillante du sein de l'océan d'azur,
Voici quelle fut la charte de cette heureuse terre,
Charte que chantèrent en refrain ses anges protecteurs :
« Domine, Bretagne; Bretagne, domine les flots !
« Jamais les Bretons ne seront esclaves ! »

Les nations moins bénies que toi
Tomberont tour à tour sous le joug des tyrans ;
Toi tu fleuriras, grande et libre,
La terreur et l'envie de toutes ces nations.
Domine, etc.

Après chaque coup que t'aura porté l'étranger,
Tu te dresseras plus majestueuse, plus terrible ;
Tel l'ouragan qui déchire les nuages
Ne sert qu'à enraciner plus fortement les chênes de ton sol.
Domine, etc.

Tes campagnes sont la patrie de l'abondance ;
Le commerce accumule des trésors dans tes cités ;
Les mers asservies sont toutes à toi
Ainsi que les rivages qu'elles pressent dans leurs bras écumeux.
Domine, etc.

Les muses, qu'on trouve toujours là où règne la liberté,
Font leur demeure sur tes heureux rivages.
Ile bénie! tu as pour couronne l'incomparable beauté de tes filles
Et les cœurs de lion de tes citoyens pour les défendre.
Domine, etc.

L'auteur de la musique du *Rule Britannia* est Thomas Arne, compositeur anglais, né à Londres en 1708. C'est à lui qu'on dut le nouveau genre de musique de cette époque, composé d'un mélange des styles anglais, allemand et italien.

Magna charta, la grande charte, que les barons anglais forcèrent Jean-Sans-Terre à signer en 1215, est la base des libertés de l'Angleterre. Ce fut à Runnymède, près Windsor, que l'aristocratie britannique, qu'animait alors un véritable amour de la liberté, remporta sur la royauté cette première victoire. On voit à Londres, au Musée Britannique, ce document fameux.

Cette charte, qu'on croyait à jamais perdue, fut trouvée un jour par le chevalier Robert Cotton, chez un tailleur qui allait la couper pour en faire des mesures. Il acheta pour quatre sous ce monument, première base des libertés de l'Angleterre, avec tous les sceaux et seings des rois et des barons qui l'avaient signée.

A quoi tient l'existence des grandes choses de ce monde !

Riot-Act, loi contre les émeutes et les attroupements tumultueux, que l'on lit à la foule avant de faire usage de la force.

Le *covenant* est la ligue que formèrent en 1586 les protestants d'Écosse pour défendre leur nouvelle religion que menaçaient les catholiques et le roi d'Espagne Philippe II.

Ceux qui signèrent le *covenant* et qui en suivirent la doctrine reçurent le nom de *covenanters*, *puritains* et *presbytériens*. Le *covenant* fut renouvelé en 1638 par les presbytériens, lorsque Charles Ier voulut introduire en Écosse la liturgie de Laud.

Cet évêque, devenu premier ministre, voulait faire adopter à toutes les sectes dissidentes des trois royaumes une religion unique dont il eût été le chef. Objet de la haine universelle, il fut quelques années après décapité par ordre du Parlement.

Le projet de Laud causa l'alliance des presbytériens avec le Parlement, alliance qui accéléra la chute de Charles II. Les puritains, comme les catholiques, furent longtemps privés des droits politiques.

Clan, mot gaélique qui signifie famille, et qui jadis servait à désigner les tribus des montagnards écossais. Chaque *clan* avait un *chieftain* ou *laird*, dont tous les membres du clan portaient le nom et se disaient cousins. Le mot *Mac*, « fils, » précédait ce nom commun : ainsi *Mac-Gregor*, *Mac-Duff*, fils de Grégoire, fils de Duff.

Les mœurs sauvages et l'indomptable courage des *Highlanders*, habitants des hautes terres et membres des clans, qui ont été longtemps une source de légendes et de récits poétiques et guerriers, se sont peu à peu effacés devant le progrès de la civilisation. Les *clans* écossais furent les plus dévoués partisans du prétendant, pendant les rébellions de 1715 et de 1745; aussi le gouvernement anglais s'est-il efforcé de les faire disparaître.

God save the King, Dieu sauve le roi! C'est le titre et le refrain du premier chant national des Anglais, chant grave comme leur caractère et d'un puissant effet.

Quel est l'auteur de cet hymne national, *national anthem* ? Voilà une question qui, après de longues recherches, est restée fort obscure. Selon quelques-uns, texte et musique sont de Henri Carey, fils d'un comte de Halifax qui se brûla la cervelle en 1744 ; et Smith, secrétaire de Haëndel, aurait perfectionné cette mélodie fort médiocre. Ce qui a fait croire que Haëndel lui-même en était l'auteur. D'autres prétendent que cet air était celui d'un motet de Lulli, que Haëndel se serait approprié sans façon. Ce qu'il y a de certain, c'est que ce chant, paroles et musique, parut pour la première fois, en 1745, dans le *Gentleman's Magazine*, au moment où le prétendant Charles-Édouard débarquait en Angleterre.

Thomas Arne, auteur de la musique du *Rule Britannia*, mit à la scène le *God save the King*, ce qui rendit ce chant très-populaire.

On prétend aussi qu'il fut composé non pour George Ier, mais en l'honneur de Jacques II. Remontant plus haut encore, M. Clarke affirme qu'il eut pour auteur un nommé John Bull, maître de chapelle de la reine Élisabeth.

Aucune de ces versions n'a un caractère d'authenticité qui doive la faire préférer aux autres. Depuis l'avénement au trône de la reine Victoria, on dit : *God save the Queen*.

Nous donnons ici le texte et la traduction de ce chant national :

God save our gracious Queen,
Long live our noble Queen,
God save the Queen!

Send her victorious,
Happy and glorious,
Long to reign over us;
God save the Queen !

O Lord ! our God arise,
Scatter her enemies,
And make them fall.

Confound their politics,
Frustrate their knavish tricks,
On her our hopes we fix,
God save us all.

Thy choicest gifts in store
On her be pleased to pour,
Long may the reign;

May she defend our laws
And ever give us cause
To sing with he art and voice:
God save the Queen.

———

Dieu sauve notre gracieuse Reine,
Vive notre noble Reine,
Que Dieu sauve la Reine !

Qu'il lui donne la victoire,
Le bonheur et la gloire,
Un long règne sur nous;
Que Dieu sauve la Reine!

O Seigneur notre Dieu, levez-vous;
Dispersez ses ennemis,
Faites-les tomber.

Confondez leur politique,
Frustrez leurs ruses déloyales;
Sur la Reine nous fixons notre espoir,
Dieu, sauvez-nous tous.

23

> Vos dons les plus précieux
> Répandez-les sur elle;
> Qu'elle règne longtemps;
>
> Qu'elle défende nos lois
> Et nous donne à jamais sujet
> De chanter du cœur et de la voix :
> Dieu sauve la reine!

Dans toutes les fêtes publiques, dans la plupart des fêtes et réunions privées, on chante le *God save the King*. Dans les grands théâtres de Londres et particulièrement à l'Opéra, où, selon l'étiquette, le souverain doit, au moins une fois par an, assister à une représentation, dès qu'il paraît, les spectateurs se lèvent en masse et entonnent l'hymne qui est l'expression de leur respect et de leur loyauté.

C'est un trait touchant et honorable du caractère des Anglais que cette fréquente manifestation de loyauté et d'attachement pour leurs souverains. C'est aussi un des secrets de la force et de la grandeur nationale. Malgré les vices et les abus criants de l'organisation sociale, l'ordre et la sécurité se maintiennent inébranlables dans ce pays. Malgré les ressentiments trop légitimes de presque toutes les nations, l'Angleterre reste toujours inattaquée, parce qu'elle semble inattaquable dans cette union intime de la tête et du corps de l'État, le souverain et le peuple.

Cet attachement des Anglais pour leurs rois, aussi ancien que leur histoire, se manifeste encore par des commémorations populaires d'événements qui datent de plusieurs siècles. Les 5 novembre, est célébrée dans les rues la cérémonie appelée *Guy Fawkes' day*, jour de *Guy Fawkes*. C'est ce jour-là que Jacques Ier échappa à la mort ainsi que tout le Parlement par la découverte de la fameuse conspiration des poudres, dont *Guy Fawkes* était le principal auteur. L'effigie de ce conspirateur. promenée dans les villes, au milieu des huées et des malédictions du peuple, est, à la fin du jour, brûlée à l'immense joie des spectateurs (1). Le 29 mai, des feuilles de chêne sont placées avec des noix de galle dans les vases qui ornent la cheminée, en commémoration d'un autre fait historique. Après sa défaite à Worscester, en 1651, Charles Ier s'était réfugié sur un chêne dans le bois de Boscobel. Quelque temps après il remonta sur le trône d'Angleterre, et le chêne de Boscobel resta un objet de vénération.

C'est en Angleterre, cependant, que la fameuse maxime « Le roi règne et ne gouverne pas » est une stricte vérité. Sur une telle base, il est vrai, un trône n'est qu'un fauteuil doré servant aux jours d'apparat ; mais aussi il y est iné

---

(1) La conspiration de Guy Fawkes fut préparée sur les bords de la Tamise, dans la maison (*hall*) de Fawkes, d'où le nom de *Fawkshall* et, plus tard, *Vauxhall* est resté à ce lieu sous le règne de la reine Anne. C'était une promenade du monde fashionable, et, vers 1730, y fut commencé le jardin de *Vauxhall*, le plus magnifique de toute l'Europe.

branlable. Comment expliquer cette anomalie? Comment concevoir cette loyauté persistante d'un peuple pour un prince qui, en réalité, n'a le pouvoir de lui faire ni bien ni mal? C'est que le pouvoir, le peuple ne le sent que trop, est, depuis la révolution de 1688, tout entier aux mains de l'aristocratie, qui tient la royauté en tutelle permanente et le peuple dans une systématique et laborieuse misère constituant une monstrueuse inégalité. Ce peuple aujourd'hui se demande s'il ne serait pas, comme jadis, plus heureux sous le sceptre d'un seul que sous l'égoïsme multiple d'une caste; et la réponse à cette question il la trouve dans l'histoire de la vieille Angleterre. En tenant compte de la différence des temps, le peuple anglais était certainement plus heureux, il y a deux siècles, qu'il ne l'est aujourd'hui. Quant à la royauté, il lui faut une grande philosophie pour se contenter de la décoration et des hommages du pouvoir sans en posséder l'exercice. Cette philosophie semble, du reste, n'exister qu'à l'usage des souverains d'Angleterre.

La princesse pour laquelle on chante aujourd'hui *God save the Queen* est Alexandrina-Victoria de Brunswick ; voici l'ordre de succession dans lequel lui est dévolue la couronne du royaume uni.

Au commencement du règne de Guillaume III, un acte du Parlement, appelé *act of settlement*, « acte de succession au trône. » en exclut formellement la branche catholique de la famille des Stuarts. Ce même acte conféra le pouvoir souverain aux descendants protestants de la princesse Sophie de Brunswick, petite-fille de Jacques Ier. Guillaume III n'ayant pas laissé d'enfants, les Anglais appelèrent au trône la princesse Anne, sœur cadette de Marie, femme de Guillaume III et fille de Jacques II. Anne, morte aussi sans postérité, eut pour successeur le fils de Sophie de Brunswick, sous le nom de George Ier, auquel succéda son fils George II. Après George II, son petit-fils George III monta sur le trône et eut pour successeur son fils George IV, de scandaleuse mémoire. Guillaume IV, troisième fils de George III, succéda à son frère George IV, et fut remplacé sur le trône par la princesse Victoria, fille du duc de Kent, quatrième fils de George III (1).

En Angleterre, les femmes ne règnent qu'à défaut d'héritier mâle direct. Ainsi le plus jeune fils de la reine actuelle lui succéderait à l'exclusion de sa fille aînée; mais toute fille de souverain, quel que soit son âge, passe au trône avant un oncle, un neveu ou un cousin.

---

(1) George IV n'eut qu'une fille qui mourut avant lui, c'était la princesse Charlotte, première femme de Léopold, roi des Belges, et dont la mort fut l'objet d'un deuil général en Angleterre.

L'ordre de succession au trône d'Angleterre, depuis la révolution de 1688 jusqu'au règne actuel, étant un des points les plus compliqués et les plus obscurs de l'histoire de ce pays, nous avons cru devoir le donner succinctement ici.

23.

La reine, *queen*, est un des trois pouvoirs de l'État, appelés *the three Estates of the realm*, « les trois États du royaume. »

Les deux autres États, ou pouvoirs, sont la Chambre des Lords, représentant la noblesse, et la Chambre des Communes, représentant ou qui est censée représenter le peuple.

La liste civile de la reine est de 385,000 livres sterling (9,625,000 francs), répartie comme il suit : 3,275,000 fr. pour les émoluments des fonctionnaires et serviteurs du palais; dépenses ordinaires, 4,240,000 francs; cassette, 1,500,000 francs; services spéciaux et dons royaux, 380,000 francs; pensions, 30,000 francs; dépenses diverses, 200,000 francs.

Whigs et *tories*. Noms des deux partis politiques qui, depuis le règne de Charles II, se disputent en Angleterre l'exercice du pouvoir. Après la révolution de 1688, les *whigs* ou libéraux, partisans de la dynastie de Hanovre, furent le parti triomphant; les *tories*, attachés aux Stuarts exilés et au catholicisme, formèrent l'opposition. Mais ce rôle ne rapportant ni places ni honneurs, et la restauration des Stuarts paraissant impossible, les *tories* se rallièrent au nouvel ordre de choses et redevinrent le parti de la cour. Ils furent presque constamment les maîtres du pouvoir sous le long règne de George III. Devenus à leur tour opposition, rôle peu profitable, les *whigs* se firent les avocats de la cause populaire et demandèrent la réforme parlementaire. Ce palliatif, qui n'a en rien amélioré la triste condition du peuple et fut voté en 1832, est cependant, depuis cette époque, un objet de regrets pour les *whigs*, qui en furent les auteurs, comme pour les *tories* qui le combattirent. Ces deux partis, qui forment l'aristocratie, comprennent la faute qu'ils ont commise en prenant pour auxiliaire dans leurs luttes d'ambition le parti populaire, qui doit tôt ou tard les détruire l'un et l'autre. Mais l'ambition a souvent la vue courte et n'aperçoit rien au delà du présent ; ce qui explique le *bill* de réforme proposé il y a quatre ans par les *tories* comme moyen de ressaisir le pouvoir, et qui était plus libéral que celui des *whigs*.

Aujourd'hui ces derniers ne se soutiennent au pouvoir qu'avec l'appui des radicaux ; il en sera de même pour les *tories* s'ils parviennent à le ressaisir. D'où il suit que les radicaux, auxiliaires indispensables de l'un et l'autre parti, ne tarderont pas à être le seul parti fort et possible. S'il en fallait une autre preuve, on la trouverait dans le récent discours de M. Gladstone, chancelier de l'Échiquier (mai 1864), qui, au grand émoi des vieux partis aristocratiques, vient de se déclarer en faveur d'une nouvelle réforme parlementaire. Cette réforme porterait au pouvoir le parti radical, dont M. Gladstone serait certainement le chef.

On le voit, les anciennes démarcations de *whigs* et de *tories* sont presque entièrement effacées. Il n'y a plus de principes qui distinguent le *whiggisme* du *torysme*. Au lieu de deux grands partis politiques, il y a différentes classifications de libéraux, de conservateurs, de radicaux, de chartistes, d'éclectiques et d'indifférents. Excepté la catégorie des radicaux, qui a un but fixe et gagne chaque jour du terrain, les autres font de la politique au jour le jour, selon les circonstances, sans vues arrêtées et selon l'intérêt du moment. Depuis quatre ans surtout, cette politique d'expédients a été pratiquée par le cabinet Russell-Palmerston, avec les résultats que l'on sait, dans les questions d'Amérique, du Mexique, de la Pologne et du Danemark.

Les mots *whig* et *tory* furent dans l'origine des sobriquets de mépris que, depuis 1688, se donnèrent réciproquement le parti *dit* du peuple et le parti de la cour. Ces derniers comparaient leurs adversaires aux paysans d'Écosse, appelés *whigs* parce qu'ils avaient pour boisson favorite une petite bière qu'on nommait ainsi. D'autres font dériver ce mot de *whiggham*, fouet dont se servaient les charretiers écossais, et d'où vint aux charretiers eux-mêmes le nom de *whiggamoors*, ou, en abrégé, *whigs*. Sous le règne de Charles II, le peuple écossais, s'étant soulevé, marcha sur Édimbourg, et par mépris cette insurrection fut appelée la révolte des *whiggamoors* ou *whigs*. Ce qu'il y a de certain, c'est qu'en cette circonstance, comme dans la guerre contre Charles Ier, les paysans écossais, à défaut d'autres armes, se servirent d'une sorte de bâton ferré appelé *whiggham*.

De son côté, le parti populaire, accusant les courtisans de rapines et de papisme, les comparait aux brigands qui, du temps de Charles Ier, ravageaient l'Irlande, sous prétexte de défendre la royauté, et auxquels on avait donné le nom de *tories*. Ce mot dérive-t-il de l'irlandais *toree*, « la bourse ou la vie, » ou de *tar a ry*, « viens, ô mon roi ! » C'est ce que de savants linguistes n'ont pu encore décider. Avant que la politique se fût emparée de ce terme, sa signification était loin d'être noble, comme le prouve cette phrase d'un vieux sermon :

« Que de tels hommes cessent de prétendre qu'ils sont civilisés ! Ils sont plus grossiers que des *tories* ou des sauvages de l'Amérique. »

Avant 1688, les *whigs* étaient désignés sous le nom de parlementaires ou « têtes rondes, » *round heads*, à cause de l'aspect bizarre qu'offrait leur tête rasée de très-près. Les *tories*, eux, s'appelaient *cavaliers*, parce qu'ils étaient toujours à cheval.

Freeholders. Quelque temps après la conquête, Guillaume le Normand introduisit en Angleterre le système féodal, qui était en vigueur dans presque tous les États de l'Europe. On croit généralement et avec raison que le conquérant ne changea la constitution du pays que pour récompenser ses chevaliers et ses hommes d'armes avec les dépouilles des vaincus. Des historiens anglais assignent une autre cause à ce changement, qui fut demandé, selon eux, par le *wittena gemote*, ou grande assemblée du royaume, pour mettre le pays en état de défense contre une nouvelle invasion que préparait le Danemark. De ces deux versions la première paraît la vraie, surtout quand on considère à quel point le système féodal fut aux mains des Normands un instrument d'oppression cruelle contre les Saxons vaincus. Ces derniers perdirent jusqu'à leurs noms. Le noble Saxon *Eorl*, « comte, » qui s'écrit aujourd'hui *Earl*, devint un *count*, « comte, » en langue normande, et le *shire*, ou division du pays qu'il gouvernait, devint un « comté. » Mais les Saxons luttèrent vigoureusement contre le joug, et de vassaux qu'ils étaient ils redevinrent pour la plupart *free-holders*, « francs-tenanciers, » c'est-à-dire libres possesseurs des terres qu'auparavant ils ne tenaient que du bon plaisir du suzerain, comte ou baron.

Jusqu'à la révolution de 1688, tous les *freeholders*, quelque minime que fut leur *freehold*, ou propriété libre, étaient de droit électeurs. Le cens électoral est l'œuvre de l'aristocratie, qui depuis cette fameuse révolution est en fait le vrai souverain du pays. Pour une population de 28 millions d'hommes, l'Angleterre compte aujourd'hui, même après le bill de réforme de 1832, douze cent mille électeurs, au lieu des millions qu'elle comptait il a deux siècles et demi. Voilà comment ont progressé les libertés publiques, en ce pays qu'on offre perpétuellement en exemple à la France.

Yeoman, petit propriétaire de bien-fonds produisant un revenu d'au moins deux livres sterling (50 francs) par an, et qui le rend de droit électeur. La classe des *yeomen*, autrefois nombreuse en Angleterre, faisait, dans les campagnes, un salutaire contre-poids à l'influence des grands propriétaires. Ceux-ci, ligués contre elle, l'ont presque anéantie, et exercent aujourd'hui un pouvoir sans limites sur les populations rurales. Tous les moyens violents ou frauduleux employés pour déposséder les *yeomen* de leurs petites propriétés ont été sanctionnés par la législature, composée exclusivement des grands propriétaires, surtout le fameux bill de clôture, *enclosure bill*, qui enleva aux paroisses tous leurs pacages et biens communaux.

Sous le nom de *yeomanry*, les *yeomen* formaient une milice rurale nombreuse, également utile au maintien de l'ordre et de la liberté. Selon un écrivain anglais, M. Albany Fonblanque, l'objet et l'importance de la *yeomanry* sont à présent de « fournir aux gentilshommes et propriétaires campagnards l'occasion de porter de beaux habits brodés d'officier, avec lesquels ils font figure à la cour les jours de réception. » Costumes encore moins ridicules, ajoute M. Fonblanque, que le bas de soie, la culotte courte et l'habit à la française, qui faisaient ressembler ces gentilshommes aux laquais qui leur ouvraient les portes.

Au village de Thorpe, comté de Surrey, demeure aujourd'hui un *yeoman*, M. John Wapshott, dont la famille est fixée en ce lieu depuis le règne d'Alfred le Grand. Il possède et fait valoir la même ferme qui fut donnée, en 880, par Alfred à Reginald Wapshott, son ancêtre. La position sociale de cette famille n'a été, dans un cours de mille ans, ni élevée ni abaissée par aucune vicissitude de la fortune. Une famille de cultivateurs qui date de mille ans ! quelle noblesse que celle-là ! Elle peut vraiment aller de pair avec la noblesse blasonnée des Howard et des Percy ! Comme les peuples heureux, la famille Wapshott ne doit pas avoir d'histoire ; mais quel intérêt aurait le simple récit de ses alliances, de ses travaux, de ses habitudes et des événements domestiques qui ont attristé ou réjoui son patriarcal foyer ! Qui ne se tiendrait honoré d'être un membre de la famille Wapshott !

Nous venons de voir des fermiers que n'ont tourmentés pendant dix siècles ni l'ambition ni la pauvreté, et qui durent être de bons voisins pour avoir vécu pendant mille ans paisibles dans le même lieu. Voici un exemple tout différent, celui de l'autocratie de la propriété et de ses effets sur le bonheur individuel et l'ordre social.

En 18..., le village de Twyford, près de Londres, se composait d'une seule maison et de trois cents acres de terrain appartenant à une même personne. C'est que, immédiatement après en avoir fait l'acquisition, M. X..., très-riche gentleman, voulant être le seul habitant du village comme il en était le seul propriétaire, avait fait démolir toutes les maisons qui s'y trouvaient. Il réunit en sa personne tous les titres (sinon les fonctions, qui étaient sans objet dans cette solitude) de magistrat municipal, d'officier de paix, de marguillier, de seigneur suzerain, nommant et destituant, à son plaisir, le curé de la paroisse dont il était le seul paroissien. Quant à ses domestiques, il ne les engageait que pour onze mois, parce qu'un séjour de douze mois leur eût donné le droit de s'établir dans le district de Twyford, érigé par lui en empire sans sujets. Donnez à un tel homme une fortune de deux cent millions (et il en existe de telles en Europe), de toute une province il fera autour de lui un désert. Voilà où, libre de tout frein, peut arriver la passion de la propriété!

Workhouse. Maison de refuge entretenue aux frais d'une paroisse pour ses pauvres. Souvent plusieurs paroisses se réunissent pour entretenir un *workhouse* à frais communs.

Les pauvres y sont difficilement admis et durement traités. Aussi ne frappent-ils à la porte du *workhouse* que dans le cas d'extrême détresse. On y fait travailler les pauvres valides, de là le nom de *workhouse*, « maison de travail. » Les hommes y gagnent douze sous par jour à casser des pierres.

Si les fonds employés à l'entretien des *workhouses* étaient convertis en prêts au travail, ce serait pour le peuple un grand progrès de bien-être et de moralité.

Les malheureuses populations qui emplissent les *workhouses* descendent de ces *yeomen* ou *freeholders* aisés qui, dépossédés par leurs riches voisins de leur petit patrimoine, ont dû abandonner les campagnes, se réfugier dans les villes et demander au travail abrutissant des manufactures le précaire morceau de pain qui leur manque si souvent.

Chartistes, chartisme. Parti politique qui tire son nom d'une *charte du peuple* formulée par lui et dont voici les six articles : « Abolition du cens électoral; vote au scru- « tin secret; parlements annuels; suffrage universel; dé- « putés salariés comme fonctionnaires publics; division « du territoire en cercles électoraux suivant l'importance « de la population. » L'adoption de cette charte, qui serait l'anéantissement de la constitution aristocratique de l'Angleterre, n'est qu'une question de temps. Une forte crise commerciale ou industrielle, l'accomplissement d'événements qui semblent inévitables en Europe, ou la détermination d'un homme habile à diriger les aspirations du peuple anglais, peut d'un jour à l'autre décider le triomphe des *chartistes*.

L'état de désorganisation politique visible à tous les yeux, d'antagonisme social, mais latent, où se trouve aujourd'hui l'Angleterre, prépare un changement d'institutions aussi prochain qu'inévitable.

Trois ou quatre fois l'élément bourgeois, en se mêlant au *chartisme*, l'a fait échouer, tantôt à dessein, tantôt faute d'habileté et de résolution. Ainsi, en 1831, sir Francis Burdett, Duncombe et d'autres, persuadèrent aux classes laborieuses qui avaient formé *the national Union of the working classes*, « l'Union nationale des classes ouvrières, » de se fusionner avec les libéraux de la classe moyenne. Cette dernière classe ne poursuivait qu'un but: celui de se faire ouvrir les portes du Parlement, où n'entraient que les cadets et les créatures de l'aristocratie, et où le peuple, lui, ne pouvait jamais entrer. Pour y arriver, la bourgeoisie avait besoin du prolétariat qu'elle craignait de voir s'émanciper à la fois d'elle et des nobles, par une action indépendante de tous deux.

De vrais amis du peuple se trouvèrent cependant parmi la bourgeoisie : ce furent Carttwright, Hunt,

Benbow, Hetherington, Lowett, Hibbett, Frost, O'Brien, Cleave, O'Connor et Robert Owen. Il ne manqua à ces hommes que le courage nécessaire aux grandes actions ; aussi furent-ils les martyrs d'une noble cause perdue. Frost, O'Brien et Lowett furent condamnés à mort, mais on n'osa pas les exécuter ; leur peine fut commuée en celle de la déportation. Les autres perdirent leur fortune ; O'Connor perdit sa fortune et sa raison.

Le *chartisme*, comme toutes les réformes d'abus anciens, semble une utopie ; mais, comme elles aussi, il a ses causes profondes et latentes dans les douleurs et les injustices d'une société fondée sur une erreur de compte. Cette erreur, c'est de poser zéro pour le peuple et de retenir tout pour l'aristocratie. Cette aristocratie a entre ses mains non-seulement toute la richesse nationale, sol et capitaux, mais encore tous les priviléges et particulièrement celui de faire des lois qui perpétuent cette organisation monstrueuse. Le peuple ferait acte de rébellion, du moins c'est ce qu'on lui persuade, s'il n'obéissait pas à ces lois qui le frappent de lourds impôts et décident sans son consentement de tout ce qui intéresse son bien-être matériel et intellectuel.

Ce prolétariat moderne n'a pas même, comme l'ancien, l'avantage d'être nourri et abrité par ses patrons au temps de la vieillesse et de la maladie. Quand il ne peut plus produire la richesse ou défendre le sol qu'on lui fait débonnairement appeler sa patrie, il s'éteint dans la faim, après avoir vécu dans une perpétuelle misère.

Ces agrégations de travailleurs modernes se composent d'hommes libres, il est vrai, mais quelle liberté est-ce là ? Elle est organisée de manière à ne leur laisser aucune participation à la vie politique ni aux avantages sociaux, qui sont le privilége rigoureusement exclusif de la propriété. Comme elle ne leur laisse pas davantage la possibilité d'arriver jamais à la propriété, cette liberté est un escamotage politique dont le vrai nom est : *ilotisme, doublé de misère.*

N'est-ce pas une dérision de dire au travailleur que la conquête de la propriété est possible aux efforts de sa seule activité physique et de lui citer en exemple deux ou trois hommes de sa classe qui ont fait fortune, par quelque heureux hasard, sur cent mille qui ont passé dans la vie courbés sous le poids d'une incessante et laborieuse misère ? Ils ont passé, ces déshérités de l'ordre social, laissant derrière eux d'utiles productions en tous genres ; ils ont passé au milieu des ténèbres de l'ignorance, au milieu du dédain d'oisifs titrés, de lords inutiles au monde, qui, après en avoir accaparé toutes les bonnes choses, en sortiront sans y avoir produit une allumette.

C'est de la guerre d'Amérique que datent les premières tentatives d'émancipation des classes laborieuses en Angleterre. Beaucoup d'associations se formèrent, mais toutes, mal dirigées par la classe moyenne, n'eurent que des résultats presque nuls. La Révolution française arrêta le développement de ce libéralisme nouveau; toutefois, pendant les guerres contre la France, il prit un nouvel et vigoureux essor, parce qu'il partait du sein même du peuple, et ne s'inspirait que de lui. Écrasé d'impôts, affamé par de fréquentes crises commerciales, le prolétariat ne vit pour lui de salut que dans la destruction de la constitution aristocratique qui lui infligeait tant de souffrances. Pour ce grand et formidable objet, de nouvelles associations se formèrent.

Il se fit de fréquentes émeutes, tour à tour économiques, démocratiques, socialistes, puis enfin *chartistes*, à partir de 1838. Alors fut promulguée *la charte du peuple*. A peine organisés pour la poursuite de ce but déterminé, *une charte du peuple*, les *chartistes*, qui s'étaient séparés de la classe moyenne, commirent l'énorme faute de prêter leur aide aux *tories* pour renverser les *whigs*, en 1844. Les efforts de ces prétendus alliés ont fait échouer depuis toutes les tentatives d'émancipation des *chartistes*, et la fameuse réunion du 10 avril 1846, et les pétitions couvertes de cinq millions de signatures, et les émeutes d'Édimbourg, de Manchester et de Glasgow.

Cependant le *chartisme* vit toujours, plein d'une force

qui n'a besoin que d'une direction énergique, habile et surtout dévouée. Constatons en terminant que l'attente du triomphe, en se prolongeant, ne fait que rendre plus menaçant le programme des *chartistes*. Aux six points énumérés plus haut ils ajoutent maintenant celui-ci : *Le sol est la propriété de la nation.*

On le voit, en Angleterre comme sur le continent, l'ajournement indéfini de remèdes réels aux souffrances des masses a donné naissance au socialisme.

Le palais de *Westminster* (*west*, « ouest, » et *minster*, «cathédrale, monastère,» du latin *monasterium*), où siége aujourd'hui le Parlement, est un des plus beaux et sans doute le plus vaste monument gothique de l'Europe. Il s'élève en face de l'abbaye dont il tire son nom, et couvre neuf acres de terrain. Commencé après la destruction presque complète de l'ancien palais du Parlement, en 1834, ce ne fut qu'en 1847 que s'y assembla pour la première fois la Chambre des lords, en sa double capacité d'assemblée législative et judiciaire. Le dessin est de l'architecte Barry. A l'intérieur on est ébloui par la profusion et la richesse des décorations. Cet édifice coûte à la nation près de cinquante millions de francs; le devis primitif était de dix-sept millions. Là siégent aujourd'hui les lords et les communes d'Angleterre, formant ce Parlement dont les délibérations pèsent d'un si grand poids sur les destinées de l'Europe et du monde.

La nation qu'il dirige il l'a faite puissante, mais hostile et antipathique à toutes les autres nations; le peuple qu'il représente il l'a rendu grand, sans le rendre heureux. Ainsi, en vieillissant, toutes les institutions de ce monde oublient leur origine et leur raison d'être; elles s'arrêtent à moitié chemin de leur but, quand elles ne marchent pas dans un sens tout à fait opposé.

Quel grand et beau progrès politique que ces Communes d'Angleterre, *commonally of England*, succédant, il y a cinq siècles, sous le règne d'Édouard III, au *wittena gemote* ou conseil des hommes sages ! Une charte royale, signée par ce monarque, déclarait les communes *troisième* pouvoir, *third Estate*, du royaume. Un statut de la vingt-cinquième année de ce même règne déclarait, en outre, que nulle taille, ni aide, ni subsides ne pouvaient être levés sans le consentement collectif des archevêques, comtes, barons, chevaliers, bourgeois et tous les autres hommes libres du royaume. Ces hommes libres étaient les *yeomen* ou *free-holders*, qui formaient l'immense majorité de la nation.

Au XIXe siècle, après une révolution qui a coûté la tête à un roi, le trône à sa dynastie, des flots de sang versé dans des guerres civiles, il n'y a d'hommes libres ou électeurs en Angleterre que ceux qui payent dix livres sterling de loyer (250 francs). Or ce cens n'est payé que par environ un vingtième de la population du royaume. Et encore la corruption et l'intimidation forcent-elles les trois quarts de ce vingtième à vendre son vote ou à le donner.

Le *ballot,* « ou scrutin secret, » serait un remède à cette plaie qui frappe de mort le régime constitutionnel des Anglais; mais les riches acheteurs de votes s'opposent avec une énergie désespérée à cette salutaire réforme que réclament tous les hommes honnêtes et éclairés.

Telle est l'étendue de la liberté politique des Anglais. Quant à la liberté civile, j'en trouve de nouveaux exemples dans un journal anglais que je reçois en ce moment :

« Un vieillard, reconnu d'ailleurs pour un honnête homme, vient d'être condamné à trois mois de travaux forcés pour avoir été trouvé dormant à la belle étoile. Ce vieillard n'avait pas 6 *pence* (12 sous) pour payer un lit. »

« Deux jeunes garçons de douze à treize ans viennent d'être mis au pilori pendant trois heures pour avoir joué aux billes le dimanche. »

Il y a pourtant des gens en France qui ne cessent de demander la liberté comme en Angleterre !

Bill. Ce mot est l'abréviation du français *billet,* et fut d'abord synonyme du mot *Writ,* « acte de procédure, mandat ou citation à comparaître. » C'est dans ce sens que l'employait au moyen âge la cour du Banc du roi, dont les mandats de comparution s'appelaient *Bills,* tandis que ceux de la cour de Chancellerie avaient le nom de *Writs.*

C'est vers le milieu du xive siècle, sous Édouard III, que le mot *bill* reçut cette signification légale. Cinquante ans plus tard, sous Henri VII, les actes du Parlement prirent le nom de *Bills*. Cependant *bill* ne signifiait alors que projet de loi; puis quand le projet avait été adopté par les deux chambres et avait reçu la sanction royale, on lui donnait le nom de loi, *law*, et de *Statute*, « statut. » Aujourd'hui le mot *Bill* s'applique également aux projets de loi et aux lois votées par les deux chambres.

Foreign-Office, ministère des affaires étrangères, situé dans *Downing-Street*, à quelques pas du Parlement. C'est une maison informe, aux murailles noires, s'élevant au fond d'une obscure impasse, car *Downing-Street* n'est pas autre chose. Jusqu'à ces derniers temps, la politique habile et hautaine du *Foreign-Office* faisait à elle seule contrepoids à celle de tous les cabinets de l'Europe. Aujourd'hui nul cabinet ne craint de se mesurer avec le *Foreing-Office*.

Habeas corpus, « aie ton corps. » L'acte ainsi nommé, qui commence par ces deux mots latins, donne à tout citoyen anglais qui se croit arbitrairement arrêté les droits suivants : 1° de se faire mettre en liberté en donnant caution ; 2° d'obtenir l'ordre motivé de son arrestation; 3° de se faire traduire devant un tribunal compétent pour être jugé. A la requête du prisonnier, le lord chancelier, ou

en son absence l'un des douze juges de la cour du Banc de
la reine, adresse au geôlier un *writ* ou ordre d'élargisse-
ment, à moins que la détention n'ait pour cause un crime
capital ou de haute trahison. Et encore, dans ces deux cas,
si l'inculpé n'est pas mis en état d'accusation ou traduit
devant les tribunaux dans un temps déterminé, il doit être
affranchi de toute poursuite et rendu à la liberté.

Le chancelier ou magistrat qui refuse à un prisonnier
le *writ* d'*habeas corpus* est passible d'une amende de
cinq cents livres sterling au profit de ce prisonnier. Le
geôlier qui refuse d'exécuter l'ordre d'*habeas corpus* ou
de donner copie du *warrant* ou acte d'arrêt, encourt une
amende de cent livres sterling. Le détenu mis en liberté ne
pourra être réintégré en prison pour le même délit qui
avait motivé sa première arrestation.

Voilà de grandes et enviables garanties de la liberté in-
dividuelle. Rien de plus beau en théorie ; mais en cela
comme en toutes choses, en Angleterre, la théorie est très-
souvent démentie par la pratique. L'*habeas corpus*, qui ne
peut être suspendu que par un bill spécial du Parlement et
dans les temps de troubles et de dangers publics, l'est fré-
quemment et arbitrairement dans les temps les plus calmes.

L'*habeas corpus*, qui est la liberté sous caution, consti-
tue une sorte de privilége pour le riche, qui seul peut donner cette caution ; et comme il a le choix entre la perte de

sa liberté et celle de son argent, s'il préfère la seconde de ces pertes, il s'enfuit à l'étranger et échappe ainsi à la vindicte des lois.

Dès l'année 1215, tout emprisonnement arbitraire avait été déclaré illégal par la grande charte du roi Jean Sans-Terre.

La couronne tint peu de compte de cette clause de la grande charte, et des magistrats serviles secondèrent ses violations de la liberté des citoyens.

En 1626, sous Charles Ier, le Parlement, voulant en finir avec l'arbitraire, proposa la fameuse « Pétition des droits, » *the Petition of Rights*, qu'il ne faut pas confondre avec le Bill des droits, postérieur d'environ soixante ans. Malgré cette tentative de réforme, l'autorité royale ne fut guère moins discrétionnaire, et ce ne fut qu'en 1680, grâce aux énergiques remontrances de quelques patriotes, à la tête desquels était Shaftesbury, que les communes votèrent l'acte d'*habeas corpus* tel qu'il existe aujourd'hui.

The Petition of Rights, « la Pétition des droits, » est l'acte fameux que les chefs de l'opposition du Parlement de 1628 forcèrent Charles Ier à adopter. Il contenait la suppression de quatre abus dont se plaignait la nation : 1° contrainte par corps contre ceux qui refusaient des prêts au roi; 2° arrestations et détentions illégales; 3° logement des gens de guerre; 4° jugements par cours martiales.

Le roi viola souvent les clauses de cette réforme qu'on lui avait arrachée, et finit par gouverner pendant onze ans sans le concours du Parlement. De là d'incessantes discordes entre la nation et le roi, qui finirent par la guerre civile, la sanglante tragédie de *White-hall* et, quarante ans plus tard, par la révolution qui proscrivit une dynastie et plaça sur la tête de Guillaume d'Orange une couronne sans droits et sans autorité. A cette révolution l'aristocratie anglaise gagna le pouvoir royal, mais le peuple perdit immensément en bien-être et en liberté.

The Bill of Rights, « le Bill des droits, » adopté quelque temps après l'accession au trône de Guillaume III, eût été un admirable monument politique, si, en ôtant aux rois d'Angleterre des priviléges abusifs, des prérogatives exorbitantes, il n'eût en même temps livré ces prérogatives et ces priviléges au Parlement, c'est-à-dire à l'aristocratie, dont ce Parlement était et est encore presque exclusivement composé.

Qu'importait à la masse de la nation que ce ne fût plus une seule famille appelée Stuart, Orange ou Brunswick, mais quatre cents familles de ducs, de marquis, de comtes et de barons, qui pussent :

Suspendre les lois ou leur exécution ;

Écraser le peuple de lourds impôts dont l'emploi est d'enrichir les patriciens ;

Lever et maintenir des armées permanentes en temps de paix, et réserver tous les grades pour les fils des patriciens;

Fausser les élections à la Chambre des communes, soit par intimidation soit par corruption;

Exiger des cautions et imposer des amendes excessives pour des délits arbitrairement inventés, et se permettre beaucoup d'autres licences politiques qui ne seraient plus *royales*, mais seulement *parlementaires*?

O puissance des mots!

Toutes les licences politiques que nous venons de citer, toutes les autres illégalités commises par un ministre en qui se personnifie la puissance aristocratique, ne sont pas seulement pardonnées, mais approuvées et sanctionnées par un acte appelé *Indemnity Bill*, « Bill d'indemnité. » Le Parlement qui adopte un tel Bill s'absout lui-même de ses propres actes extra-légaux. D'où il suit que le rejet d'un Bill d'indemnité ne se voit jamais et que la responsabilité ministérielle est une fiction de la même mythologie que la royauté constitutionnelle.

Le fait suivant prouve que le peuple n'a nul besoin d'une aristocratie pour protéger sa liberté et ses droits contre le souverain qui, oubliant son propre intérêt, a le malheur d'y porter atteinte. En 1758, M. John Lewis se présente avec un ami à la porte du beau parc de Richmond, à travers lequel le public avait droit de passage. La princesse Amélia, sœur de George II, nommée surintendante de ce parc, ava depuis peu imaginé de ne permettre le passage qu'aux personnes qui auraient obtenu d elle un billet pour cet objet. C'était réduire un droit aux minces proportions d'une faveur.

— Où est votre billet? demanda le gardien de la grille à M. Lewis.

— Je n'en ai pas, répondit-il, et il n'en est pas besoin pour passer ici.

— Essayez donc, dit le portier en le repoussant.

— Si ce n'est aujourd'hui, ce sera un autre jour, qui n'est pas loin, répliqua avec calme, en s'en allant, le digne citoyen, résolu de n'épargner ni temps ni argent pour le triomphe d'un droit.

Il actionne la sœur du roi aux assises du comté de Surrey, présidées par le juge sir Michaël Foster, et gagne sa cause.

— Comment préférez-vous qu'on entre dans ce parc, par une porte ou par une échelle appliquée de chaque côté du mur ? demanda le juge à M. Lewis.

Après quelques minutes de réflexion, Lewis répondit :

— Une porte pourrait ne pas s'ouvrir aux étrangers qui ignoreraient sa destination; de plus, ceux qui la garderaient pourraient avec le temps y faire mettre un verrou, et la décision de Votre Honneur serait ainsi éludée. Je choisis une double échelle, sur l'usage de laquelle personne ne pourra se méprendre.

La princesse surintendante du parc, pour se moquer du juge et du plaideur, fit faire une échelle dont les barreaux étaient si éloignés l'un de l'autre que personne n'y pouvait monter. Nouvelle plainte de **M.** Lewis au juge Foster, qui, étant allé voir lui-même l'inutile et dérisoire échelle, dit à Lewis :

— Faites-en faire une nouvelle et de telle façon que non-seulement les hommes, mais aussi les vieilles femmes et les petits enfants puissent y monter.

Ce qui fut fait, à l'honneur d'un juge indépendant et d'un patriote animé du plus rare et du moins compris de tous les courages : le courage civique.

Quelques années auparavant, un cordonnier, nommé Thimothy Bennet, habitant du village de Hampton-Wick, avait gagné contre la famille royale un procès vigoureusement conduit et qui avait aussi pour objet de faire ouvrir aux habitants du district un passage à travers le parc royal de Bushy. La mémoire du cordonnier Thimothy Bennet est encore honorée dans le pays comme celle d'un courageux patriote.

Ces faits historiques, et bien d'autres semblables, démontrent également aux flatteurs qui perdent les rois, et aux Brutus qui n'en veulent à aucune condition, que la loyauté pour le souverain et le respect de l'autorité se concilient fort bien avec le sentiment du droit et l'amour de la liberté.

Si les rois d'Angleterre oubliaient eux-mêmes ces grandes vérités, certaines coutumes, sagement conservées par leurs sujets, les leur rappelleraient bientôt. La ville de Londres est divisée en deux grandes sections administratives : la *Cité* à l'est, *Westminster* à l'ouest. Les lois, les coutumes, l'administration de ces deux moitiés de la capitale de l'empire diffèrent autant que le pourraient faire celles de deux provinces appartenant à deux États voisins, mais indépendants l'un de l'autre (1). La Cité a ses franchises, Westminster a les siennes, qui s'en distinguent non-seulement par leur nature, mais aussi par leurs noms. Celles de *Westminster*, où demeure l'aristocratie, presque toute d'origine normande, s'appellent *liberties*, mot dérivé du latin et importé par les conquérants normands. Celles de la Cité, habitée par les négociants, les industriels, les travailleurs, les producteurs, tous les hommes utiles, de race saxonne, sont désignées par le nom de *freedom*, mot saxon qui rappelle aux Anglais l'antique indépendance de leurs

(1) Les habitants de la Cité jouissent comme tels de certains droits et priviléges ; une jeune fille perd ces droits et priviléges si elle épouse un homme qui ne soit pas de la Cité.

pères avant la fatale journée d'*Hastings*. Les *liberties* de la Cité et la *freedom* de *Westminster* seraient un contre-sens historique qui ferait rire un Anglais connaissant l'histoire de son pays.

Le lord maire, magistrat suprême de la Cité, rappelle son pouvoir aux habitants de Westminster, et à la royauté surtout, dans certaines grandes occasions, telles que les déclarations de guerre, les proclamations de paix et particulièrement lorsque le souverain visite la Cité. Par ordre du lord maire, on ferme la porte appelée *Temple-Bar*, qui sépare la Cité de Westminster, ou *West-End*, puis il se tient à l'intérieur avec le conseil municipal. Quand le héraut d'armes du roi frappe à la porte, le maréchal de la Cité, répondant au nom du conseil municipal, demande : « Que veut Sa Majesté? » Le héraut ayant répondu, on ouvre la porte, il entre, et après lui le prince et la royale cavalcade.

Cette porte fut construite en 1672 par le lord maire George Waterman, et sa fermeture de temps en temps a un sens politique salutaire pour toute la nation, roi et sujets.

Self-Government, « gouvernement d'un peuple par lui-même » ou gouvernement de tout le monde. Le plus admirable de tous les gouvernements, sans contredit, mais praticable seulement chez un peuple d'hommes vertueux,

tempérants, désintéressés, que ne séparent point de grandes inégalités de fortune, ou que rapproche, malgré ces
inégalités, un sentiment véritable et profond de fraternité
et de patriotisme.

Chez les anciens, Aristide, Phocion, Socrate, Mucius
Scævola, Curtius, et quelques autres; chez les modernes,
saint Vincent de Paul, Monthyon, Wilberforce, Washington, Franklin, Sully, et une douzaine d'autres, eussent
fait d'excellents membres du *self-government*. Mais de
tels hommes en compte-t-on assez depuis Adam jusqu'à...... qui dirais-je? eh bien! — le premier venu
qui passe là sous ma fenêtre, — pour former un peuple
égal à celui de la république d'Andorre? En attendant
que quelqu'un fasse ce calcul, affirmons du *self-government* ce que nous en avons, pendant plusieurs années,
observé en Angleterre, où l'on croit qu'il fait de chaque
citoyen un homme aussi heureux que libre :

De cette prétendue *universalité* de citoyens dirigeant
les affaires de leur pays, il faut, sur vingt-huit millions
d'hommes, retrancher vingt-sept millions neuf cent soixante-dix mille ouvriers, laboureurs, petits commerçants et
pauvres, qui n'ont que le droit d'obéir, sous peine de
ruine et de la faim, au meneur de leur district respectif.
Quand le district a deux meneurs également puissants, la
plèbe tremblante n'a que le choix entre la haine et la ven-

geance de l'un et les promesses toujours mal remplies de l'autre. Pauvre gens! font-ils librement et en pleine connaissance de cause les affaires du pays, quand, hébétés par l'ivresse, intimidés par l'homme dont dépend leur pain quotidien, ils viennent, tenant encore à la main l'argent qui est le prix de leur vote, *donner* ce vote à l'élection d'un percepteur, d'un conseiller municipal ou d'un membre du Parlement? Y a-t-il là l'ombre d'un droit exercé, rien qui rappelle un peuple qui se gouverne lui-même, le *self-government* enfin?

Voilà ce qu'il semble impossible de faire comprendre aux Français qui aspirent avec une inconcevable ardeur au *self-government* de l'Angleterre.

Est-ce à dire que la centralisation soit préférable, qu'il faille que toutes les affaires du pays, grandes et petites, passent nécessairement par les mains du pouvoir? Non assurément. Pour le pouvoir, si fort et si éclairé qu'il soit, la tâche et la responsabilité sont trop grandes; et à l'initiative, à l'activité, au génie des citoyens il manque pour se développer le vaste et noble champ des intérêts publics et locaux. Mais le libre essor de cette initiative, de cette activité exige impérieusement de grandes vertus civiques: le désintéressement, l'amour du bien public, le sentiment élevé de l'honneur et de la justice.

Avec de tels ressorts le *self-government* serait une

machine aussi sublime que la machine du monde elle-même. Peut-être un jour viendra où cette mécanique terrestre fonctionnera assez régulièrement pour avoir son Laplace, comme la mécanique céleste a eu le sien. Jusqu'à présent, elle n'a été chez les peuples anciens et chez les modernes qu'une utopie comme celle de Thomas Morus et la *République* de Platon.

Doomsday-Book (mot à mot : le livre du jour du jugement). C'est dans ce livre que Guillaume le Conquérant fit inscrire l'étendue et la valeur des terres appartenant aux Saxons vaincus, pour les distribuer à ses soldats. Selon certains historiens, ce partage fut fait à la requête des Saxons eux-mêmes, qui jugeaient le système féodal nécessaire à la défense du pays menacé par les Danois ; opinion qui n'est guère probable et semble imaginée pour plaire à l'aristocratie de descendance normande, laquelle possède la moitié du sol depuis la conquête.

Le fait suivant rend probable la première version. Les hommes du comté de *Kent* ont été de tout temps les plus robustes et les plus résolus de l'Angleterre. Un jour que Guillaume le Bâtard, traversant leur pays, se trouvait près du village de Swanscombe, ils marchèrent à sa rencontre, tenant en main de longues branches d'arbre garnies de leurs feuilles. Cette forêt mouvante se démasqua tout à coup en jetant à bas les rameaux, et menaça Guillaume de lui livrer bataille s'il ne rendait aux *Kentishmen*, « les hommes de Kent, » leurs anciennes terres, coutumes et franchises. Requête qui, formulée de cette manière, fut immédiatement accordée par le conquérant.

Une de ces coutumes existe encore, c'est le *Gavel Kind*, ou partage de l'héritage entre tous les enfants mâles.

C'est dans ce fait historique que Shakspeare a pris l'idée de la forêt mouvante de Birnam, dans sa tragédie de *Macbeth*.

Les sorcières disent à Macbeth :

> ....*Fear not till Birnam Wood*
> *Comes towards Dunsinane ;*
> « Ne crains rien jusqu'à ce que le bois de Birnam vienne au château de Dunsinane.

Pendant l'hiver de 1846, un autre *Doomsday-Book*, qui n'est pas sans analogie avec le premier, fut promené dans les rues de Londres. Des troupes d'ouvriers sans travail et pressés par le besoin allaient frappant aux portes des riches pour demander des secours. Les noms de ces riches qui donnaient étaient inscrits dans un livre à feuillets blancs ; les noms de ceux qui ne donnaient pas, dans un livre à feuillets noirs. Que sont devenus ces livres et quelle en était la signification ? C'est ce qu'on saura quand l'Angleterre fera sa révolution, qui est prochaine.

Exchequer, « Echiquier. » C'est le nom du ministère des finances en Angleterre. Son origine n'a rien de certain. On prétend qu'il vient d'une salle dont le pavé était fait de pierres carrées noires et blanches et disposées comme les cases d'un jeu d'échecs. Dans cette salle se tenaient, en Normandie, des assemblées de juges supérieurs pour examiner et au besoin réformer les sentences des juges inférieurs de la province. Ces sortes de cours de cassation passèrent, après la conquête, de Normandie en Angleterre, et leur juridiction s'étendit plus tard sur les matières de comptes et de finances.

Une autre version veut que le nom d'échiquier dérive d'un tapis à carreaux noirs et blancs qui couvrait le bureau de ce tribunal.

Enfin, des érudits voient l'étymologie de ce mot dans le verbe allemand *schicken*, « envoyer, » parce que les juges en question étaient envoyés par le souverain en mission dans le royaume : *Missi judices* ou *missi Dominici.*

Le meilleur ministre des finances, chancelier de l'Échiquier, *chancellor of the Exchequer*, est celui qui, n'importe comment, sait maintenir toujours plein son *exchequer*, nom qu est commun aux caisses du ministère des finances comme à ce ministère même.

Speech, « discours, » surtout discours politique. Les *speeches* de Burke, Fox, Shéridan, Wyndham, des deux Pitt, et de nos jours ceux de Brougham, Derby, Disraéli et Gladstone, ont placé au premier rang des orateurs de la Grande-Bretagne les hommes d'État qui portent ces noms. Pour le goût français, ces discours ont presque tous le défaut d'être trop longs. Quelques-uns ont duré six, sept et même huit heures. De pareils tournois oratoires exigent une force de poumons que seuls au monde les Anglais ont l'avantage de posséder.

The Premier. C'est par ce mot français qu'on désigne souvent le premier ministre ; on l'appelle aussi *First Lord of the Treasury*, « premier lord de la Trésorerie. » En Angleterre, le président du conseil n'est pas le premier ministre, mais un membre sans portefeuille du cabinet.

The Blue-Books, « les Livres Bleus, » contiennent tous les travaux d'une session parlementaire. Ce sont les archives des deux Chambres, celle des communes et celle des lords, comprenant toutes les pièces officielles publiées par les diverses administrations. Les documents parlementaires et administratifs ont depuis quelque temps, en France, reçu le nom de *Blue-Books* et *Yellow-Books*, « livres jaunes. »

Chiltern Hundreds. Nom des districts réunis de Burnham, de Desboroug et de Stoke, dans le comté de Bucks, et comprenant une longue chaîne de collines appelée *Chiltern*. Ces lieux servent encore aujourd'hui au maintien d'une singulière fiction politique. D'après la constitution anglaise, un membre du Parlement ne peut donner sa démission. Mais un autre article de la constitution veut que cette démission soit donnée par tout député des Communes qui accepte une place du gouvernement. Le représentant qui veut se retirer du Parlement adresse donc à la couronne une demande d'emploi, et la couronne le nomme immédiatement intendant des *Chiltern Hundreds*, avec un traitement annuel de vingt shillings (25 francs), et quelques menus profits. Autrefois le roi nommait un gardien ou *steward* du district des *Chiltern* pour les protéger, à la tête d'une milice de *yeomen*, contre les brigands qui infestaient cette partie du Buckinghamshire. De là l'origine de la fiction actuelle.

Un membre des Communes peut être expulsé pour inconduite, pour faillite, à moins qu'il ne paye ses créanciers dans le délai d'un an. Pour lui éviter cette humiliation, on a recours à la même fiction ; on le nomme, sans qu'il le demande en ce cas, intendant des communes réunies de *Chiltern*. Les *Hundreds*, ou centuries, sont des divisions territoriales ne servant aujourd'hui que pour les élections. Les premiers *Hundreds* furent formés de la réunion de cent familles.

Speakers. Le président de la Chambre des lords et celui de la Chambre des communes, s'appellent *speakers,*

« parleurs, » par antiphrase, sans doute, puisqu'ils ne parlent pas ou parlent fort rarement. Tous deux portent une énorme perruque, la culotte courte, les bas de soie et un long manteau. Le lord grand chancelier d'Angleterre est de droit *speaker* ou président de la Chambre des lords. Celui des Communes est choisi parmi les membres de cette assemblée, et à l'expiration de ses fonctions il est ordinairement élevé à la pairie. Les attributions de ces deux présidents ne sont pas les mêmes. Celui des Communes fait observer le règlement et conduit les débats ; c'est à lui et non à la Chambre que l'orateur s'adresse. A la Chambre des lords, c'est l'assemblée elle-même qui maintient son règlement et dirige l'ordre de ses travaux ; c'est à elle aussi, et non au *speaker*, que s'adresse l'orateur.

A Woolsack, « un sac de laine, » sert de siége au président de la Chambre des lords. Voici l'origine de cette coutume. Sous le règne d'Élisabeth, un acte fut passé pour empêcher l'exportation des laines. Pour rappeler à ceux qui auraient pu l'oublier que la laine était une des sources de la richesse nationale, on plaça dans la Chambre des lords des sacs de laine sur lesquels s'asseyaient les juges.

Rump-Parliament, « Parlement-Croupion. » Nom donné par dérision à ce qui restait du Long-Parlement, lorsqu'il fut rétabli, après l'abdication de Richard Cromwell, en 1659. Environ soixante membres composaient ce Parlement, qui ne dura qu'un an. Il fut violemment dissous par le général Lambert, comme l'avait été le Long-Parlement par Olivier Cromwell, en 1653.

Leader, « chef de parti. » Le *leader* du parti tory est aujourd'hui M. Disraéli, à la Chambre des communes ; à la Chambre des lords, c'est le comte de Derby.

Whipper, « fouailleur, meneur, entraîneur politique. » C'est l'homme actif d'un parti, celui qui modère les fougueux, pousse en avant les timides, organise les réunions, transmet le mot d'ordre, distribue les rôles aux acteurs de la comédie parlementaire.

Watchword, « mot d'ordre » d'un parti s'apprêtant à faire triompher *un principe*, lequel n'est autre chose que l'intérêt dudit parti, ou à faire l'assaut du pouvoir, ce qui, en style parlementaire, s'appelle sauver le pays, ou à suivre l'impulsion du gouvernement

Guild, ce vieux mot saxon signifie confrérie, association. Les *guilds* se formèrent d'abord entre les habitants d'une même localité, afin de concourir tous et chacun au maintien de l'ordre et de répondre les uns pour les autres en cas de contravention et d'amende. Selon la loi saxonne, tout homme libre devait, dès l'âge de quatorze ans, s'engager par caution à ne pas troubler la paix publique. Le *guild* était responsable des délits de ses membres et devait livrer le coupable ou payer à la partie lésée l'indemnité à laquelle il avait été condamné. Telle est l'origine des corporations de métiers et de marchands qui existent aujourd'hui en Angleterre.

Guildhall. C'est le vaste édifice où s'assemble la *Corporation* ou conseil municipal de la Cité pour en traiter les affaires. C'est là aussi que les citoyens de la Cité élisent leurs députés à la Chambre des communes. Une fois par an, le 9 novembre, la corporation y donne un grand dîner. La salle du *Guildhall* a cent cinquante-trois pieds de long, quarante-six de large, soixante de hauteur, et peut contenir sept mille personnes.

A l'entrée du *Guildhall* se voient les deux fameuses statues de *Gog* et de *Magog*; elles sont en pierre et de grandeur colossale. Selon la tradition, c'étaient deux géants, l'un Saxon, l'autre du pays de Cornouailles; ce dernier fut vaincu par le Saxon, après une lutte acharnée pour la prééminence de leur pays respectif. Une autre légende dit que ces statues emblématiques furent destinées à perpétuer le souvenir de l'égalité de droits que les Bretons obtinrent des Romains, après la conquête de leur île.

Derrière le *Guildhall* se voit encore un singulier monument de courtisanerie et d'avarice. Sous le protectorat de Cromwell, un ambassadeur polonais fit faire à Londres la statue équestre de Jean Sobieski, après la grande victoire remportée par ce roi sur les Turcs. Rappelé près de son gouvernement, l'ambassadeur partit sans payer le sculpteur. Celui-ci fit saisir la statue à la douane, où elle était tout emballée et sur le point d'être expédiée en Pologne. Elle fut provisoirement placée dans la chambre du conseil de la Cité et y resta plusieurs années sans être réclamée de personne. A la restauration de Charles II, un certain sir Robert Viner, lord maire de la Cité de Londres, voulut faire sa cour au nouveau monarque en lui élevant une statue. Mais trop avare pour en faire les frais, il acheta à vil prix la statue du roi de Pologne à l'artiste, qui ne savait qu'en faire, et, à l'aide de quelques coups de ciseau, il la fit convertir en une statue du roi d'Angleterre, Charles II. Au grand amusement de ceux qui eurent connaissance de ce bon tour, Jean Sobieski, terrassant le Turc, fut salué comme le grand Charles Stuart écrasant Cromwell. Le courtisan polonais voulait faire un hommage flatteur à son prince sans bourse délier; le courtisan anglais, s'attirer la faveur du sien au plus bas prix possible. Quelle récompense méritaient-ils tous deux?

Riflemen, « carabiniers à pied » formant la nouvelle milice urbaine, créée il y a six ans. Chaque comté a sa milice, commandée par le lord-lieutenant de ce comté.

Autrefois la milice se recrutait par la conscription; chaque citoyen tirait au sort, et quand le sort lui était défavorable, il devait trouver un remplaçant, s'il ne voulait pas servir lui-même. Aujourd'hui les miliciens s'engagent volontairement, et reçoivent une prime comme les soldats de l'armée régulière. Le comté de Middlesex a cinq régiments de milice ; les comtés d'York et de Lancastre, chacun huit. En Angleterre et dans le pays de Galles, il y a quatre-vingt-seize régiments de milice, dix-sept en Écosse, quarante-quatre en Irlande.

C'est dans le but avoué de résister à une invasion française que cette milice a été créée. A Brighton, il y a quatre ans, pendant l'exercice à feu, les carabines ont été dirigées vers les rivages de Boulogne et de Calais, aux cris de : « *Venez maintenant, si vous l'osez !* »

Les carabines mises aux mains du peuple anglais pourront servir à autre chose qu'à repousser une descente des Français, si la réforme électorale et bien d'autres réformes se font encore longtemps attendre. Deux cents *policemen*, tenant en main un petit bâton, ne suffiront plus à contenir l'impatience de vingt-cinq à trente mille hommes habitués au maniement des armes et réunis devant la porte d'un Parlement sourd à leurs justes demandes.

Voilà une éventualité que l'aristocratie n'a pas prévue en créant des milices.

Mob. « Foule, plèbe anglaise, » souffreteuse, patiente, déguenillée, d'autant plus timide et taxable qu'elle est plus dédaignée et taxée. *Odi profanum vulgus et arceo*, disait tout haut Horace, en poëte grand seigneur qu'il était ; *I hate the* mob *and shun it,* dit tout bas le grand seigneur anglais, sans être aucunement poëte.

La guerre civile qui, depuis trois ans, désole l'Amérique, a donné naissance à plusieurs expressions qui des bords du Mississipi ont passé en Angleterre, et d'Angleterre en France.

Nordiste, homme du Nord, partisan du Nord, du gouvernement fédéral, de l'abolition de l'esclavage, de la liberté humaine, pour toutes les couleurs d'épiderme.

Sudiste, homme du Sud, confédéré, républicain qui veut la liberté pour lui, l'esclavage pour les autres ; partisan de la confédération du Sud, admirateur de ses tristes doctrines.

Secession, séparation, division ; c'est le nom donné à l'acte des États de l'Union américaine qui ont brisé cette union pour se constituer en république du Sud, république qui fonde son indépendance sur l'esclavage.

Secessioniste, membre et fauteur de la sécession.

Esclavagiste, propriétaire d'esclaves ; ami, partisan admirateur de l'esclavage. Démocrate qui se hérisse au seul nom de monarchie, pour qui tout pouvoir est une tyrannie, mais qui ne dédaigne point celui de gouverner à coups de fouet un petit peuple de cinq ou six cents nègres qui travaillent pour le nourrir, le vêtir, l'enrichir, ce qui a pour effet de l'endurcir à tous les sentiments humains.

Absenteism, « absentéisme, » nom donné à l'absence continuelle de leurs domaines des grands propriétaires irlandais. Cette résidence des *landlords* à l'étranger, où ils dépensent leurs énormes revenus, est une des principales causes de la misère de l'Irlande. N'exerçant aucune influence bienfaisante sur leurs fermiers, ils leur deviennent complétement étrangers, et finissent souvent par être traités par eux en ennemis. De là ces meurtres fréquents de propriétaires et de leurs intendants, appelés *agrarians crimes*, « crimes agraires ; » de là aussi cette émigration qui, depuis vingt ans, a jeté sur le sol américain trois millions d'hommes, ou la moitié de la population de l'Irlande.

Orangemen, « Orangistes. » Ce nom fut donné, en 1689, et comme marque de mépris, par les catholiques irlandais aux protestants d'Irlande qui se déclarèrent partisans de Guillaume d'Orange. Pour les catholiques, Jacques II était toujours le roi légitime.

Les *Orangemen*, qui furent d'abord les libéraux, et qui aujourd'hui se confondent avec le parti *tory*, n'ont cessé, depuis deux siècles, de persécuter les catholiques irlandais. Ayant à leur tête le duc de Cumberland, depuis roi de Hanovre, ils firent la plus vive opposition à l'émancipation des catholiques en 1829. Leur hostilité contre les catholiques se manifeste encore par de fréquentes avanies (1).

Lynch-Law, « loi de *Lynch*, » qui consiste à saisir et à exécuter un criminel, *hic et nunc*, sans aucune forme de jugement. C'est un individu, nommé *Lynch*, qui a mis cette coutume barbare à la mode aux États-Unis. La foule, en poussant des cris de mort, chasse devant elle le coupable et le pend au premier arbre qu'elle rencontre.

Alien-Bill, Bill ou loi concernant les étrangers résidant en Angleterre. Ce fut en 1792 que Pitt le proposa et le fit passer à la Chambre des communes, malgré la vive opposition de Fox et de ses amis. L'éloquence de Pitt fut soutenue en cette occasion par celle de Burke, ennemi acharné de la France. L'année suivante, lord Granville fit adopter ce bill par la Chambre des lords. L'objet avoué de cette loi était d'empêcher la propagation en Angleterre des principes révolutionnaires qui triomphaient en France.

Tout étranger en abordant les rivages d'Angleterre devait se faire enregistrer et obtenir un permis de séjour qu'on n'accordait qu'après une rigoureuse enquête et qu'au

---

(1) « Depuis trois jours, la ville de Belfast est le théâtre d'une véritable guerre civile entre *orangemen* et catholiques ; il y a des morts et un grand nombre de blessés de chaque côté. La lutte s'étend contre les deux régiments d'infanterie envoyés en toute hâte pour rétablir l'ordre. Comme toujours les Irlandais sont écrasés. »
      (20 août 1864.)

moindre soupçon l'on retirait. Pour sortir du royaume, il fallait à l'étranger un passe-port, comme pour y entrer il lui avait fallu une déclaration du capitaine qui l'avait amené. D'autres précautions injurieuses étaient encore prises contre les Français.

C'est ainsi que ces principes de liberté dont s'enorgueillissent les Anglais furent alors méconnus et violés. Souvent depuis, l'*alien-bill* a été remis en vigueur par des votes du Parlement, en 1802, 1803, 1816, 1818; il fut sur le point de l'être en 1846.

QUELQUES ÉPISODES DU RÈGNE D'ÉLISABETH.

Les ruines du passé comme les institutions actuelles attestent que dans le cœur du peuple anglais vivent, avec une égale force, l'attachement pour ses princes et l'amour de sa propre indépendance.

A l'une des extrémités de ce parc de Richmond dont nous avons parlé déjà, les gens du peuple montrent avec respect et attendrissement aux étrangers les ruines du palais où la grande reine *Bess* (Élisabeth) fut retenue prisonnière par l'ordre de sa sœur Mary; puis, tout à côté, le vieux if à l'ombre duquel elle s'assit plus d'une fois en versant des larmes au souvenir d'Essex, son malheureux favori.

Ce fut dans ce même château qu'elle mourut du chagrin

que lui causa le tragique dénoûment de son amour. Un accès de jalousie fit tomber la tête d'Essex, un long repentir brisa le cœur d'Élisabeth.

C'est avec le même respect, qu'à la Tour de Londres, on montre sous la *porte des Traîtres* une pierre sur laquelle s'est assise Élisabeth, quand, par un ordre secret de sa sœur Mary, elle fut enfermée dans un cachot de cette tour. Amenée dans une barque au seuil de cette porte sinistre qui s'ouvre sur la rivière et que les prisonniers ne repassaient jamais, la jeune princesse ne voulut pas descendre sur la rive. Mais elle y fut brutalement forcée par les gardes qui la conduisaient.

Elle sauta donc hors de la barque, se trouva dans l'eau jusqu'à mi-jambes, et fut sur le point de s'évanouir de frayeur et de froid. La voyant dans cet état, le bon vieux comte de Sussex demanda qu'elle fût transportée dans une chaise; ce que le gouverneur de la Tour refusa durement. Tremblante de tous ses membres et ne pouvant plus se soutenir, la future reine d'Angleterre s'assit en pleurant sur la pierre boueuse qui formait le seuil de la *porte des Traîtres*, et y resta près de dix minutes sous une pluie torrentielle.

A quelques pas de la Tour, dans l'église de Sainte-Marie-le-Bow, se trouve l'épitaphe suivante en l'honneur d'Élisabeth :

Fame blow aloud and to the world proclaim
There never ruled such a dame;
The word of God was ever her delight,
In it she meditated day and night.
Spain's rod ! Rome's ruin ! Netherland's relief !
Earth joy ! England's *gem* ! World's Wonder ! nations's chief !
She was and is — what can there more be said ? —
On earth the chief, *in heaven the second maid !*

« La renommée de sa trompette sonore proclame ceci au monde :
« Jamais une telle femme n'exerça le gouvernement.
« La parole de Dieu fit toujours ses délices,
« Elle la méditait nuit et jour.
« Elle fut le fléau de l'Espagne ! la ruine de Rome, le soutien
[de la Hollande !
« La joie de la terre, la perle d'Albion ! la merveille du monde !
[le chef des nations !
« Elle fut et est encore, — que peut-on dire de plus ? —
« Sur terre, la première, au ciel, la seconde des vierges ! »

Le loyal poëte, quel qu'il soit, à qui est due cette inscription, a été emporté un peu loin par son admiration pour sa reine. Dans cette singulière combinaison de qualités, il eût pu s'abstenir de mentionner celle qu'exprime le dernier vers. Élisabeth qui ne voulait autour d'elle que de beaux hommes et des femmes plus ou moins laides, qui punissait de mort les infidélités de ses amants, désignés par un euphémisme de cour sous le nom de favoris, Élisabeth, disons-nous, ne fut ni la première des vierges sur la terre et encore moins la seconde dans le ciel. Elle fut une grande reine, qui se fit redouter des nations étrangères, malmena durement une noblesse ambitieuse et hautaine, et rendit le peuple anglais plus heureux qu'il ne le fut jamais avant elle ni depuis.

Elle épargnait, elle aimait son peuple, les travailleurs et les pauvres.

Elle avait trouvé un ingénieux moyen d'appauvrir ceux des seigneurs à qui une grande fortune donnait trop d'influence ; c'était de leur faire de fréquentes visites qui les obligeaient à des dépenses considérables. Telles furent celles qu'elle fit aux châteaux de lord Burghley, du chancelier Hatton, à Kenilworth, résidence princière de son favori Leicester, et à un très-grand nombre d'autres seigneurs. Elle quittait rarement ses hôtes sans en recevoir de riches présents. Ces voyages de politique et d'agrément sont décrits avec beaucoup d'intérêt dans un vieux livre de l'époque : *The Queens progress*, « les voyages de la reine. »

Élisabeth traitait comme un maître d'école fait de ses écoliers les nobles qui, sans la consulter, exécutaient un projet de quelque importance. Un lord *Mountjoy* (Montjoie) voulant se faire un nom dans la carrière des armes, se rendit en France à l'insu de la reine et prit du service en Bretagne, où un général anglais commandait quelques troupes. Il reçut bientôt une dépêche royale lui intimant l'ordre de revenir immédiatement à Londres.

« Jouez-moi encore un pareil tour, lui dit la reine, en le voyant, et je vous mettrai à jamais hors d'état de courir

27

ainsi à l'aventure. Vous irez à la guerre quand je vous y nverrai. Jusque-là vous demeurerez à la cour, où je vous donne loisir et permission de lire et de discourir tant que vous voudrez sur la guerre (1). »

La prison et l'échafaud faisaient promptement justice des plus turbulents. Les autres tremblaient devant la colère de la reine, qui lâchait de gros jurons contre ceux de ses courtisans qui la servaient mal. Quant aux femmes, elle les châtiait vertement du pied et de la main (2).

Aussi n'est-ce point par l'aristocratie, mais par le peuple que la mémoire d'Élisabeth est vénérée et son règne appelé le règne de l'âge d'or. Elle protégea toujours les faibles et les petits. C'est ce qui l'a faite si grande pour ses contemporains et pour la postérité. Quant aux faiblesses de la femme, c'est à son temps qu'il faut surtout les imputer, comme semblent le prouver plusieurs traits de sa vie. Par exemple, elle désapprouva toujours l'article de

(1) Sir Robert Nauton's Frag. *Reg. in lord Burleygh's.*

(2) A aucune époque de la monarchie, la noblesse française n'a été traitée de la sorte, et, disons-le à son honneur, elle n'eût pu l'être. C'est cependant la noblesse anglaise que M. de Montalembert place avec admiration au-dessus de la noblesse de France et de tous les États de l'Europe. « La noblesse britannique, dit-il, a toujours conservé cette possession de soi, cette indépendance de la force que la noblesse des autres pays d'Europe a si misérablement sacrifiée aux puérilités de l'étiquette et aux jouissances de l'antichambre. » *De l'Avenir politique de l'Angleterre,* chap. VI.

la réformation protestante qui permettait le mariage des prêtres, quoiqu'elle ne pût en empêcher l'exécution.

Parker, archevêque de Canterbury, avait écrit un traité sur la légitimité du mariage des prêtres, et, joignant l'exemple au précepte, s'était marié, même avant la promulgation du statut qui abolissait le célibat. Quelque temps après, l'heureux prélat invita Élisabeth à une fête magnifique qui dura plusieurs jours. Au moment de quitter les hôtes qui l'avaient si bien fêtée, la reine, se tournant vers la nouvelle maîtresse du palais archiépiscopal de Lambeth, lui dit d'un ton sec :

« Je ne puis me résoudre à vous appeler madame, j'aurais honte de vous appeler mademoiselle, encore moins puis-je vous appeler *archevêquesse*; je me borne donc à vous dire : Merci pour votre réception. »

Ce mot fait honneur à la fille de Henri VIII, laquelle ne suivit pas tous les mauvais exemples que lui avait donnés son père.

Ce prince eut une déplorable influence sur les mœurs de ses sujets. Comme le Tibère romain, il avait sa Caprée au village de Blackmore, comté d'Essex. Là, à côté d'un ancien prieuré, ce prince dissolu, qui s'était lui-même proclamé pape, fit construire pour ses maîtresses une rangée de petites maisons à laquelle il donna le nom de *pays de Jéricho*. De là ce mot du temps, que répétaient

en riant les courtisans, pendant les fréquentes et mysté-
rieuses absences du roi :

« — Où est Sa Majesté?

« — *Au siége de Jéricho.* »

Envoyer quelqu'un à *Jéricho* est un quolibet encore en usage chez le peuple anglais.

Les grands de tous les ordres se conduisaient *regis ad exemplar.* Sur le bord de la Tamise, dans le bourg de Southwark, aujourd'hui faubourg de Londres, un certain évêque de Winchester possédait dix-huit belles maisons entourées de jardins. Pour en retirer un plus grand revenu, le bon évêque, dit la chronique, louait ces maisons à des dames et demoiselles de légère vertu, et pour s'assurer ce monopole, il avait obtenu *un privilége par acte du Parlement.* Les fragiles habitantes de ces lieux furent, en conséquence, considérées comme faisant partie de la propriété de l'évêque, qui leur faisait payer leur loyer fort cher, ou selon l'expression populaire, les *plumait,* ce qui fit surnommer ces dames : *les oies* de l'évêque de Winchester (1).

A quelque pas de là se trouve une des églises de cet évêque, appelée *Sainte-Marie-Overree,* bâtie en 1365, par le vieux poëte Gower, auteur du poëme *Confessio Amantis.* Une église, et une grande église encore, bâtie aux

(1) *The bishop of Winchester's geese.*

frais d'un poëte, voilà qui étonne, car c'est un fait rare. Mais entrez dans cette église et lisez l'épitaphe ou plutôt l'épigramme suivante, due à l'esprit narquois des vieux temps, et votre étonnement cessera :

> This church was built by Gower the rhymer,
> Who in Richard's gay court was a fortunate Climber;
> Should any one start, 'tis but right he should know
> Our wight was a lawyer as well a poet.

> « Cette église fut bâtie par le rimeur Gower,
> « Qui à la cour joyeuse de Richard fut un heureux grimpeur (1);
> « Passant, si vous en êtes surpris, sachez
> « Que notre poëte était en même temps homme de loi. »

Au quatorzième siècle, comme aujourd'hui, les hommes de loi, paraît-il, faisaient de belles fortunes.

(1) Fit habilement son chemin.

PRONONCIATION & ÉTYMOLOGIE

DE TOUS LES MOTS ANGLAIS CONTENUS DANS CE VOLUME.

OBSERVATIONS.

Dans tous les mots anglais de plus d'une syllabe il y en a une qui exige une articulation plus forte que les autres, c'est la syllabe la plus importante, celle de la racine du mot. Cette articulation, qui s'appelle accent tonique, est indiquée par le signe (') dans les grammaires, prosodies et dictionnaires, signe qui ne s'écrit jamais dans aucun autre livre, la langue anglaise n'ayant point d'accents écrits. Ainsi, dans les mots *hun'ter*, « chasseur, » *car'pet*, « tapis, » la voix s'élève davantage sur les syllabes *hun'* et *car'* que sur les deux autres. Quelquefois l'accent tonique se place sur la dernière syllabe : *desert'*, « un désert. »

Pour figurer la prononciation de certaines voyelles et diphthongues, nous avons dû employer souvent l'accent aigu ordinaire du français : *Steak*, « tranche, » se prononce *Sték*; *fare*, « chère, carte à payer, » se prononce *fére*. Pour distinguer l'accent aigu de l'accent tonique, on remarquera que le premier se place, comme on vient de voir, sur une voyelle ou une diphthongue, tandis que l'accent tonique est placé à la fin d'une syllabe, laquelle est séparée par un trait des autres syllabes du même mot : *Sil'-ver*, « argent, » *Man'ches-ter*, Manchester; qui se prononcent : *Sil-'veur*, *Mane'tchess-teur*.

Dans les mots servant à indiquer la prononciation, le *e* souligné a pour objet d'adoucir la prononciation de la consonne précédente : man*e*, « homme, » pocket*e*, « poche, » au lieu de *man* et *pocket*. Quelquefois, au lieu d'un *e*, nous avons, pour le même objet, doublé la consonne : Sher'-i-dann, au lieu de Shéridan.

Enfin aux mots en *ing*, comme *stocking*, « bas, » *shocking*, « choquant, » nous avons ajouté *ne* pour indiquer que dans ces mots la dernière syllabe se prononce comme dans *digne, ligne*.

A la fin des mots, *y* se prononce à peu près comme un *é* fermé : *penny, pené, baby, babé*.

INDEX

Athenæum, s. m. ; A-tshi'-ni-eum.

Ascot, s. m. ; As'-cote.

Abbotsford, s. m.; Ab'-eutce-fôrde ; *abbot*, abbé ; *ford*, gué, le gué de l'abbé.

Attorney, s. m.; œt-eur'-né.

Alderman, s. m. plur. *men* ; aul'-deur-mane, *ald* et *old*, vieux; *man*, homme.

Alien-Bill, s. m.; él-iene-bil. *Alien*, étranger, *bill*, loi.

Absenteisme, s. m. ; ab'-cen'-te-izm.

Anti-corn-law-league, s. f. ; an'-ti-kôrne-là-ligue. *Corn*, blé ; *law*, loi ; *league*, ligue.

Ale, s. f. ; éle.

Allsopp, s. m.; aul-sop.

Abergavenny, s. m.; ab-eur-ga-ven'-né, on prononce souvent abeurgani.

Aberdeen, s. m.; Ab'-eur-dine.

Brougham, s. m.; Brou-hame.

Buck-Hound, s. m.; beuk-haoun-d *buck*, chevreuil ; *hound*, chien courant.

Bull-dog, s. m.; boul-dogue; *bull*, taureau ; *dog*, chien.

Beau, s. m.; bô.

Bun, s. m.; beune.

Beefsteak, s. m.; bîf-stéke ; *beef*, bœuf ; *steak*, tranche.

Bill of Fare, bil ov fére,

Bread, s. m.; bred.

Boar-Hound, s. m. ; bôre-haoun d ; *boar*, sanglier ; *hound*, chien courant.

Barnum, s. m.; Bar'-neume.

Blue-Stocking, s. f.; bliou-stock'-igne; *blue*, bleu; *stocking*, bas.

Box, s. f.; boxe.

Bedlam, s. m.; Bed'-lame.

Bedlamite, s. m.; bed'-lam-aïte.

Broken-down, adj.; brô'-kn-daoune; *broken*, rompu; *down*, en bas.

Bowling-Green, s. m. ; bô-ligne-grine; *bowling*, jouant à la boule ; *green*, gazon.

Betting, s. m. ; bet'-igne.

Betting-Book, s. m.; bet'-igne-bouk; *betting*, pariant; *book*, livre.

Boating, s. m. ; bô-tigne ; de *boat*, bateau.

Bowie-knife, s. m. ; bô-oui-naïfe ; de *to bow*, courber; *knife*, couteau.

Bar-Room, s. m. ; bâr-roume; de *bar*, barrière, et *room*, chambre.

Bank-note, s. f.; ban'k-nôte; de *bank*, banque, et *note*, note, billet.

Bank, s. f. ; ban'k.

Boarding-House, s. f.; bôr-digne-haouce ; de *boarding*, vivant en pension, et *house*, maison.

Boarding-Sckoul, s. f.; bôr-digne-skoul; de *boarding*, vivant en pension, et *school*, école.

Bath, s. m ; bâtsh, bain.

Bridge, s. m.; bridje; pont.

Book, s. m.; bouk ; livre.

Bookseller, s. m.; bouk-sel-eur ; *seller*, vendeur.

British-Museum, s. m.; britiche-miou-zi'-eume ; de *british*, breton, *museum*, musée.

Bradford, s. m.; brad'-fôrd et brad-feurd.

Botany-Bay, s. f. ; Bot'-a-ni-bé; *botany*, botanique; *bay*, baie.

Birmingham, s. f.; Beur-migne-hame.

Block-House, s. m.; *block*, bloc de bois ou de pierre; *house*, maison, blockaus.

Breeder, s. m.; brî'-deur; to *breed*, élever, nourrir.

Baronet, s. m.; bar'-eun-ete.

Brother Jonathan, s. m.; Breutzh'-eur djon'-a-tshane; *brother*, frère.

Blue-Books, s. m. plur.; bliou-boukce; *blue*, bleu.

Baggage, s. m.; bagu-édje.

Bethsy, s. f.; Bé-tshé.

Ben, s. m.; Béne.

Breakspeare, s. m.; Brek'spére; Briselance; *break*, briser; *spear*, lance.

Byron, Baï'-reune, s. m.

Bacon, Bé'-keune, s. m.; lard.

Brighton, Braï-teune, s. f.; ville brillante; *bright*, brillant; *ton*, ville.

Burke, Beurk, s. m.

By jove ! baï djôve; exclamation.

By-heavens ! baï hev'-v'-nze; exclamation.

By-hell ! baï hel; exclamation.

Black-leg, s. m.; blak-legue; *black*, noir; *leg*, jambe.

Ballast, s. m.; bal'-aste.

Barmaid, s. f.; bar'-méde; *bar*, barrière; *maid*, jeune fille.

Bass, s. m.; bace.

Bella; be-la.

Bury, s. m.; ber'-é; bourg.

Cab, s. m.; kab'.

Cabman, s. m.; kab'-mane; *cab*, fiacre; *man*, homme.

Carriage, s. m.; kar-idje; to *carry*, porter; voiture, transport.

Cherry, s. f. ; tche'r-é.

Coke, s. m. ; kôke.

Cod-Fish, s. m.; kod-fiche ; *cod*, morue ; *fish*, poisson.

Chester-Cheese, s. m. ; tchest'-eur-tchize : *chester* (la ville de); *cheese*, fromage.

Coffee, s. m.; kof-i.

Coffee-House, s. m.; kofi'-haouce; *coffee*, café; *house*, maison.

Chop, s. f. ; tchope ; cotelette.

Cracknell, s. m. krak'nell.

Closing-Stakes, s. m. plur. ; kloz'-igne-stékce ; *closing*, terminant ; *stakes*, enjeux.

Cockney, s. m.; kok'-né.

Cold-Cream, s. f.; kôld-krîme ; *cold*, froid ; *cream*, crème.

Catch-Weights, s. m. plur.; katche-ouétce ; *catch*, attrape ; *weights*, poids.

Cricket, s. m.; krik'-cte.

Cricket-Ground, s. m.; krik'-cte-graoun'-d ; *cricket*, crosse ; *ground*, terrain.

Crown, kraoune, s. f.

Cent, s. m., cen't.

Carpet, har'-pcte, s. des deux genres.

Crystal-Palace, s. m. ; kris'-tal-pal'-éce ; cristal ; *paléce* palais.

Chimist, s. m. ; kim'-iste ; s'écrit aussi *chemist*.

Cutter, s. m. ; keut'eur ; *to cut*, couper.

Clipper, s. m.; klip'-eur ; *to clip*, courir en toute hâte.

Cow-Catcher, s. m.; kaou-kat'cheur ; *Cow*, vache ; *catcher*, attrapeur.

Clergyman, s. m.; kleur'-dji-manc ; *clergy*, clergé; *man*, homme.

County-Court, s. f. ; kount'-i-kôrte ; *county*, comté ; *court*, cour.

Clown, s. m. ; klaoune.

Coroner, s. m.; hor'-ô-neur.

Commodore, s. m.; kom'-ô-dôre.

Chairman, s. m. ; tchère-mane ; *chair*, chaise ; *man*, homme.

Covenant, s. m.; keuv'-nan't ; *conventus*, alliance.

Covenanter, s. m. ; keuv'-nan'-teur.

Club, s. m.; kleube.

Clan, s. m.; klane.

Claymore, s. f. ; klé-môre.

Chiltern-Hundreds, s. m. plur. ; tshii'teurne-heune-dredz ; *chiltern*, nom de pays ; *hundreds*, centuries.

Chartistes, s. m. plur.; tchart'-istee.

Chancellor, s. m. ; tchan'-cel-eur.

Cheque, s. m.; tchéque.

Cwt. Cette abréviation, qui s'écrit dans les comptes et factures, ne se prononce jamais.

Cubit, s. f.; kiou'bite.

Canterbury, s. m. ; Kane'-teur-beu'-ré.

Castlereagh, s. m; Kas's'lri.

Cambridge, s. m. ; Kamm'-bridge ; *Cam*, rivière d'Angleterre ; *bridge*, pont.

Cavendish-square, s. m. ; Kav'-eun-dish-skouère.

Covent-Garden, s. m. ; Keu'-venn-t gar'-d'n ; *covent*, couvent; *garden*, jardin.

Cary, s. f.; abréviation de Caroline ; Kar-y.

Charley, s. m.; diminutif de Charles ; Tshâr-lé.

Constable, s. m.; keun'-sta-bl' ; connétable (comte de l'étable) agent de police.

Comfort, adj.; keum'-feur-te.

Comfortable s. m.; keum'-feur-téble.

Caster, cester ; terminaison dérivée du latin *castra*; kas-teur, ces'teur.

Daily-News, s. m.; Dé'-li-niouze; *daily*, quotidien; *news*, nouvelles.

Daily-Telegraph, s. m.; Dé'-li-tel'-eg-raf; télégraphe quotidien.

Dispatch, s. m.; dis-patche; dépêche.

Dog-Cart; dog'-karte.

Dandy, s. m.; dan'-dé.

Dandyism, s. m.; dan'-di-izm.

Derby, s. m.; Deur'-bé.

Dead-Heat, s. f.; ded-hite; *dead*, morte; *heat*, chaleur.

Disqualify, verb. act.; dis-koual'-i-faï.

Dock, s. m.; dok.

Drawback, s. m.; drâ-bak; *draw*, tirer; *back*, en arrière.

Dollar, s. m.; dol'-eur.

Devonshire, s. m. ; Dev'-eun-sheur.

Durham, s. m. Deur'-am.

Drag, s. m.; drag'.

Dartmouth, Dârt'-maoutsh.

Dublin, s. f.; Deub'-line.

Doomsday-book, s. m.; doum's-dé-bouke; *doom*, jugement; *day*, jour; *book*, livre.

Dick, s. m.; abréviation de Richard, Dik.

Dicky, s. m.; abréviation de Richard, Dick'-é.

Dickens, s. m.; Dik'-innz.

Dryden, s. m.; Draï'-dene.

Detective, s. m.; di'-tekt'-ive.

Dutchman, s. m.; deutch'-mane; *dutch*, hollandais; *man*, homme.

Deligrout, s. m.; del'-i-graoute; *grout*, sauce, coulis.

Evening-Star, s. m. ; I'-v'n-igne-stâr; *evening*, soir; *star*, étoile.

Express, s. m. ; eks-prece', exprès.

Edinburgh-Review, s. f.; Ed'-in-beurgue-ri-viou ; Édimbourg; *review*, revue.

Encore ! an'-kôr ; exclamation.

Encored, part. pass. ; an'-kòrde.

Excise, s. f.; ek-saïz'.

Epsom, s. m.; Ép'-seume.

Entry, s. f. ; en't'-ré.

Emperor's-Plate, s. m.; Em'-per-eur's-pléte ; empereur ; *plate*, pièce d'argenterie.

Exhibition, s. f. ; eks-hi-bich'-eunc.

English-spoken ; in'-gliche-spôk'n ; *english*, anglais ; *spoken*, parler.

Edinburgh, s. f.; Ed'-in-beurgue.

Eaton-Square, s. m.; it'-eun-skouère.

Express-train, s. m.; eks-prece'-tréne ; train à grande vitesse.

Edge-rail, s. m.; edje-réle ; *edge*, rebord ; *rail*.

Esquire, s. m.; es-kouaïre.

Exchequer, s. m.; eks-tchek'-eur.

Ell, s. f.; el.

Engine, s. f.; en'-djine ; engin.

Emily, s. f.; Ém-i-lé.

Englishman, s. m.; in'-gliche-mane ; *english*, anglais ; *man*, homme.

Four-in-hands, s. m. pl. ; fôre-ine-han'-dze; *four*, quatre ; *in*, dans ; *hands*, mains.

Fodder, s. m. ; fod'-eur; *to feed*, nourrir.

Fork, s. f.; fôrk.

Fashion, s. f. ; fach'-eune.

Fashionable, adj. ; fach'eune-a-bl'.

Fox, s. m. ; foks.

Fox-Hunt, s. f. ; foks-heun'-t; *fox*, renard ; *hunt*, chasse.

Fox-Hunting, s. f.; foks-heun'-t-igne ; même signification que le précédent mot.

Foreign-Office, s. m. ; fôr'-ine-of'-ice; *foreign*, étranger ; *office*, administration.

Freeholder, s. m. ; fri'-hôld-eur ; *free*, libre ; *holder*, teneur.

Freetrader, s. m. ; fri'-tré-deur; *free*, libre ; *trader*, commerçant.

Freetrade, s. s. ; fri'-tréde ; *free*, libre ; *trade*, commerce, échange.

Florin, s. m. ; flôr'-ine.

Farthing, s. m. ; far'-tzhigne.

Furnished-apartements, s. m. plur.; feur'-nich'd-a-pârt'-men-tce ; appartements meublés.

Fixed-price, fixs't'-praïce ; *fixed*, fixé ; *price*, prix.

Fleet-Street, s. f. ; Flite-strite; *fleet*, flotte ; *street*, rue; *fleet* est ici le nom d'un ancien ruisseau qui coulait en cet endroit.

Fence, s. f. ; fen'ce.

Feargus, s. f. ; Fir'-guceuce.

Financial-Reformes, s. f. plur.; fin'-an'chl-ri-form'-ze.

Field-Sports, s. m. plur. ; fild'-spôrt'-z; *field*, champ; *sports*, jeux.

Fan, s. f. abréviation de Fanny ; Fan'.

Fanny, s. f. ; Fa'-né.

Fathom, s. f. ; fatzh'-eume.

Ferkin, s. m. ; feur'-kine.

Foot, s. m. ; foûte.

Furlong, s. m. ; feur'-longue.

Flat-chase, s. f. ; flate-tchéce ; *flat*, plate ; *chase*, chasse, course.

Frenchman, s. m. ; Fren'-che-mane; *french*, français ; *man*, homme.

Grass-cloth, s. f.; grass'-klotsch ; *grass*, herbe ; *cloth*, étoffe.

Green-Park, s. m. ; Grine'-pârk ; *green*, vert ; *park*, parc.

Grosvenor-Square, s. m. ; Grô'-ce-ven-eur-skouère.

Grosvenor-Place, s. m. ; Grô'-ce-ven-eur-pléce.

Great-Eastern, s. m. ; Grete-is'-teur'-n ; *great*, grand ; Orien-tal, *Eastern*.

Groom, s. m.; groume.

Gentry, s. f.; djen't'-ré.

Goldsmith, s. m. ; gôld'-smitsh ; *gold*, or ; *smith*, forgeur.

Gallon, s. m.; gal'-eune.

Gill, s. m. ; guil.

Gladstone, s. m. ; Glad-stône ; *glad*, joyeux ; *stone*, pierre ; Pierrejoyeuse.

Guy-Fawkes, s. m. Gaï-Faukce.

Guide-rope, s. m. ; gaïde-rôpe ; *guide*, guide ; *rôpe*, corde.

Guardian, s. m. ; gar'-di-ane; *to guard*, garder.

Globe, s. m. ; glôbe.

Galignani, s. m. ; Ga-li-gna'-ni.

Grog, s. m.; grog'.

Ginger-Beer, s. f. ; djin-djeur'-bire ; *ginger*, gingembre ; *beer*, bière.

Gretna-Green, s. m. ; Gret'-na-grine

Gin, s. m. djine.

Goblin, s. m. ; Gob'-line, démon, lutin.

Gentleman, s. m. ; djen-tl'-mane; *gentle*, gentil ; *man*, homme.

Go-Ahead, locution ; gô-à-hed ; *go*, va ; *ahead*, en tête.

Grey-Hound, s. m. ; gré'-haoun'd ; *grey*, gris ; *hound*, chien courant.

Gig, s. m. ; guig.

Goodwood, s. m.; Goud'-ououd ; *good*, bon ; *wood*, bois.

Gentlemen-Riders, s. m. ; djen'-tl'-mene-raïdeur-ze ; *gentle-men*, messieurs ; *riders*, cavaliers.

Guild, s. f. ; *guild*.

Guildhall, s. m. ; guild'-haulle ; *guild*, association ; *hall*, maison, édifice.

Great-Britain, s. m. ; Grete'-bri'-téne ; *great*, grande ; *Britain*, Bretagne.

God save the Queen *ou* the king, God séve tzhi kouine *ou* tzhi kin'-gne ; *God*, Dieu ; *save*, sauve ; *the*, le, *king*, roi, ou *the Queen*, la reine.

Guinea, s. f. ; guin'-î, guinée.

Gold, s. m. ; gôld, or.

Groat, s. m. ; grôte.

Great and small apartments ; gréte an'd smaul a-pârt'-men-t-ze, grands et petits appartements.

Ham, s. m. ; hame ; jambon ; ce mot est aussi l'abrégé de *Hamlet*, hameau.

Hot-and cold joints ; hote an'd kôld djoïn' tze ; *hot*, chauds, *and* et ; *cold*, froids ; *joints*, pièces de viandes.

Humour, s. f. ; hïou'-meur.

Horse Breaker, s. m. ; horce-bré-keur ; *horse*, cheval ; *breakeur*, dompteur.

Horse Breaking, s. m. ; horce-bré-k-igne ; action de dompter un cheval.

Hedge, s. f. ; hedje, haie.

Handicap, s. m. ; han'd'-i-kap ; *hand*, main ; *in*, dans ; *cap*, casquette.

Hunter, s. m. ; heun't'-eur ; chasseur.

Huntsman, s. m. ; heun'ts'-mâne ; *hunt*, chasse ; *man*, homme.

Hunting-Box, s. m. ; heun't'-igne-hôkse ; *hunting*, chassant : *box*, boîte, petite maison.

Harrier, s. m. ; har'-ri-eur ; lévrier.

Hard-Forward-Riders, harde-for'-ouàrde-raï-deur-ze ; *hard*,

28.

dur, hardi ; *forward*, en avant ; *riders*, cavaliers; cavaliers casse-cou.

Horse-guard, s. m.; horce-gârde ; *horse*, cheval ; *guard*, garde.

High-life, s. f. ; haï-laïfe ; *high*, haute ; *life*, vie; le grand monde.

Habeas corpus, ha-bi-as kor'-peu'ce; aie ton corps.

Half-crown, s. f. ; haf'-kraounce ; *half*, demi ; *crown*, couronne; 3 francs, 12 centimes 1/2.

Half-penny, s. m. ; haf'-pen'-né ; *half*, demi ; *penny*, sou.

Hand-Book, s. m. ; han'd'-bouk ; *hand*, main ; *book*, livre; manuel, guide.

Hyde-Park, s. m. ; Haïde-Pàrk.

Harry, s. m. ; Hà'-ri.

Hurdle-race, s. m. ; heurdle-rèce ; *hurdle*, claie, palissade ; *race*, course.

Income-tax, s. f.; in'-keume-takse ; *income*, revenu; *tax*, taxe.

Ironsides, s. m. plur. ; aïreunn-saïdze; côtes de fer; *iron*, fer ; *sides*, côtés.

Ind and Coope, s. m.; Aïnde an'd Koupe.

Inexpressibles, s. f. plur. ; in'-eks'-pres'-i-bl'ze ; pantalons.

John-Bull, s. m. ; Djone-Boull ; *John*, Jean ; *Bull*, taureau.

Jenny-Lynd, s. f. ; Djen'-nilin'd.

Jockey, s. m.; djok'-key.

Jockey-Club, s. m. ; djok'-key-kleube.

Jem, s. m. ; Djéme ; diminutif de James.

Joe, s. m. ; abréviation de Joseph ; Djô.

Johnson, s. m. ; Djeune-seune ; *John*, Jean ; *son*, fils.

Job, s. m. ; djob ; ouvrage, affaire.

Johnny, s. m. ; diminutif de John ; djon'-ni.

Keepsake, s. m.; kip'-séke ; *keep*, garder ; *sake*, pour l'amour de...

Kate, s. f. ; abréviation de Katharine ; Kéte.

Kitty, s. f. ; abréviation du même nom.

Lunch, Lunchoen, s. m.; leune'-ché, leune'cheune ; second déjeuner, goûter.

Lovelace, s. m.; leuv'-léce, damoiseau.

Lynch-Law, s. f.; lynnché-laû ; *law*, loi.

Lecture, s. f.; lek'-tchieure.

Lloyd, s. m.; l'loïde.

Lambeth, s. m.; lam'-betsh.

Leicester-Square, s. m.; Les'-teur-skoüère.

London, s. f.; Leune-deune.

Liverpool, s. f.; Liv'-eur-poule.

Leeds, s. f.; lîdze.

Longrines, s. f. plur.; lone-gri'-nze.

Lady, s. f.; lé'-di.

Ladyship, s. f.; lé'-di'-chipe ; *lady*, dame ; *ship*, terminaison qui marque la dignité.

Lord, s. m.; lôrde.

Lordship, s. f.; lôrd'-chipe ; *lord*, seigneur.

Laird, s. m.; lèr'd.

Lack of rupees, s. m. ; lac ove roupize.

Lasting, s. m.; last'-igne ; *lasting*, qui dure longtemps.

Long-ell, s. f.; lon'-*gue*-el ; *long*, long ; *ell*, aune.

Lotty, s. f.; abréviation de Charlotte ; Lot'-ie.

Lobster, s. m.; lobs'-teur.

Landlord, s. m.; lan'd'-lôrde ; *land*, terre ; *lord*, seigneur.

Londrès, s. m.; lone-drèce.

Landlady, s. f.; lan'd'-lé-di ; *land*, terre ; *lady*, dame.

Luggage, s. m.; leug'-édje.

Lizzy, s. f.; abréviation de Eliza ; Liz'-ie.

£, dans les comptes et factures, cet £ barré signifie livre sterling.

Morning-Star, s. m., môr'-nigne-stâr ; *Morning*, matin ; *star*, étoile.

Morning-Herald, s. m.; môr'-nigne-her'-âld; *herald*, héraut.

Morning-Advertiser, s. m.; mor'-nigne-ad-ver-taï'-zeur; *advertiser*, annonceur.

Mail-Coach, s. f. ; mèle-kôtche ; *mail*, malle ; *coach*, coche.

Mustard, s. f.; meust'-ard.

Macadam, s. m.; mak'-ad-ame.

Manikin, s. m.; man'-i-kine.

Mac-Farlane, s. m.; mak'-far-lène.

Magna-Charta, s. f.; mag'-na-kar'ta.

Mob, s. f.; mobb.

Mansion-House, s. f.; mane'-cheune-haouce; *mansion*, grande; *house*, maison.

Money, s. f.; meun'-i.

Matches, s. f. plur.; match'-èze ; paris, luttes, allumettes.

Mail, s. f.; méle.

Moreen, s. f.; mo-rîne.

Merionetshire, s. f.; mer'-i-on-eth-chïre.

Manchester, s. f.; Mane'-tchess-teur.

Museum, s. m.; miou-zî-'eume.

Midshipman, s. m.; mid'-chip-mane ; *mid*, milieu ; *ship*, vaisseau ; *man*, homme.

Mistress, s. f.; mis'-trece ; *magistra*, maîtresse.

Mister, s. m.; mis'-teur ; *magister*, maître.

Master, s. m.; mâs'-teur ; *magister*, maître.

Mayor, s. m.; maï'-ieur ; *major*, plus grand.

Minster, s. f.; mine'-steur ; monasterium.

Morning-Post, s. m.; môr'-nigne-pôste ; *morning*, matin ; *post*, poste.

Morning-Chronicle, s. m. ; môr'-nigne-kron'-ikl' ; chronique du matin.

Molly, s. f.; mô-li, diminutif de Marie, Mariette, Marion.

Moore, s. f.; Moure.

Montmouth, s. m.; Monte'maoutsh.

Meeting, s. m.; mit'-igne; *to meet*, rencontrer.

Marlborough, s. m.; Mârl'-beur-ô.

Madge, s. f.; abréviation de Margaret ; Médje.

Meg, s. f.; abréviation pour Margaret; Mégue.

Margery, s. f.; pour Margaret; Mâr'-dge-ri.

Margaret, s. f.; Mar'-*gua*-rete; Marguerite.

Mat, abréviation de Mathias et de Matilda.

Nursery-stake, s. m. ; neurs-eur-i-stéke ; *to nourse*, nourrir, soigner.

Nordiste, s. m.

Newgate, s. f. ; niou-guéte ; *new*, nouvelle; *gate*, porte.

New-Bond-Street, s. f.; niou-bon'd-strîte.

Newstead-Abbey, s. f.; niou'sted-ab'é ; château de Byron ; *abbey*, abbaye.

Nobility, s. f.; nô-bil'-i-ti ; noblesse.

Nugget, s. m.; neug'-éte.

Nelly, Nell, s. f. ; diminutifs d'Eleonor ou Helen; Né'-li.

Newton, s. m.; Niou'-teune ; *new*, nouvelle ; *ton*, ville ; Neuville.

Newcastle, s. f. ; Niou'-kas'-sl' ; *new*, neuf; *castle*, château ; Châteauneuf.

Oaks, s. m. plur.; ôk'-ce ; chênes.

Odds, s. m. ; odz'*e*, impair, irrégulier.

Outrun, v. a. ; aoute-reune ; *run*, courir; *out*, surpasser.

Orangemen, s. m. plur. ; or'-rann-je-mene ; orange ; *men*, hommes.

Oxford-Street, s. f.; Oks'-feur'd-strite ; *ox*, bœuf; *ford*, gué.

Old-Bond Street, s. f. ; ôld-bon'd-strite.

O'Connor, s. m. ; ô'-kon'-neur.

Old-Nick, s. m. ; ôld-nik ; *old*, vieux ; *Nick*, Nicolas; le diable.

Oxford, s. f.; Oks'-feur'd.

O my eyes ! exclamation ; ô maï aïz (populaire).

O my sides! exclam. ; ô maï saïd'-ze (pop.).

O my goodness! exclam.; ô maï goud'-nece (pop.).

O lord ! exclam. ; ô lôrde.

O my ! exclam.; ô maïe (pop.).

O my poor old soul! exclam.; ô maï poure ôld sôle (pop.); ô ma pauvre vieille âme.

Pen, s. f. ; penn; plume.

Pound, s. f. ; paoun'd ; livre poids, 16 onces; livre sterling, 25 francs.

Placer, s. m. ; pléce'-eur.

Prize-medal, s. f.; praïze-med'-all.

Post-paid, pôst'-pede ; port payé.

Prepaid, pri-pede ; payé d'avance, en parlant des lettres.

Packet, s. m.; pak'-ett.

Peccadily, s. f. ; Pik'-a-dil'-i.

Pall Mall, s. f. ; pel-mel'.

Park-lane, s. f. ; pârk-léne ; *lane*, ruelle.

Prince-consort, s. m. ; prin'ce-kone'-sôrte.

Porter, s. m. ; pôr-teur.

Premier, s. m. ; prim'-i-eur.

Puritan, s. m. ; piou'-ri-tane.

Papiste, s. m. ; pé'-piste.

Pickpocket, s. m.; pik'-pok'-ete ; *to pick*, enlever ; *pocket*, poche.

Pence, s. m. plur.; penn-ce; plur. de penny.

Post office, s. f. ; pòst'-of-ice ; *post*, poste ; *office*, bureau.

Polly, s. f. ; abréviation de Mary ; Pô-li.

Palm, s. f. ; pàm*e*.

Punch, s. m.; peune'-ch*e*.

Press, s. f.; próce ; presse.

Pony, s. m.; pó-né.

Pleasure-Ground, s. m.; plezj-eure-graoun'd*e*; *pleasure*, plaisir ; *ground*, terrain; lieu de récréation.

Pedestrianism, s. m.; ped-es'-tri-an'-isme.

Plumpudding, s. m.; pleume-pou'-dign*e*; *plum*, raisin sec ; *pudding*, pâte, masse.

Pudding, s. m.; pou'-dign*e*.

Pepper, s. m.; pe'-peur.

Pickles, s. f. plur.; pik'-kl'z*e*; conserves au vinaigre.

Potatoe, s. f.; pó-té-tò; pomme de terre.

Paddy, s. f. ; pa'-di ; *pad*, voleur de grand chemin à pied.

Puff, s. m. ; peuf ; boursouffler, faire mousser, faire le charlatan.

Puffiste, s. m.; peuf'-ist*e*.

Post-Match, s. f. ; pòst'-match*e* ; *post*, poteau ; *match*, lutte.

Penny-Boys, s. m. plur.; pen'-é-boï-z*e*; *penny*, 2 sous; *boys*, garçons.

Prescription, s. f.; pri-skrip'-cheun*e*.

Pontoon, s. m.; pon'-toun*e*.

Port-Wine, s. m.; pôrte-ouaïne ; *port*, porto ; *wine*, vin.

Pale ale, s. f. ; péle-éle ; *pale*, pâle ; *ale*, bière.

Public-house, s. f.; peub'-lik-haouce.

Publican, s. m. ; peub'-li-kane.

Penny, s. m.; pé-né; sous anglais, deux sous de France.

Palmerston, s. m.; Pàm'-eur-steune.

Portsmouth, s. f.; Por'-ts'-maoutsh.

Plymouth, s. f.; Pli-maoutsh.

Portman square, s. m.; pôrt'-mane skouère.

Queen's Plate, s. f. ; kouin'-ze pléte ; *queen*, reine ; *plate*, pièce d'argenterie.

Queen's Cakes, s. m. plur.; kouin'-ze kék'e ; *cakes*, gâteaux.

Queen's Bench, s. f.; kouin-ze béneche : *bench*, banc.

Quarter, s. m. ; kouart'-eur ; quartier, mesure.

Quaker, s. m.; koué'-keur ; *to quake*, trembler ; *quaker*, trembleur.

Quakeress, s. f. ; koué'-keur-resse.

Racer, s. m.; ré'-ceur ; *race*, course; cheval de course.

Riding-Coat, s. f. raï'd'-igne-kòte : *riding*, allant à cheval, *coat*, habit.

Races, s. f.; ré'-cèze; courses.

Run-Away, adj.; reune-aoué; *run*, courir ; *away*, hors du chemin.

Racing, s. m.; ré'-cigne; synonyme de races.

Rump, s. m.; reum'p ; croupion.

Rib, s. f.; ribb ; côte d'animal.

Revolver, s. m.; ri-vôlv'-eur ; *to revolve*, tourner.

Reference, s. f. ; ref'-er-en'ce ; renseignement.

Riflemen, s. m. plur.; raïfl'-mene ; *rifle*, carabine ; *men*, hommes.

Rump Parliament, s. m.; reum'p par'-li-men't ; parlement-croupion.

Riot-Act, s. m.; raï'-eute-akt ; *riot*, tumulte ; *act*, ordonnance, loi.

Royal-Exchange, s. f.; roï'-al-eks'-chéne'-dje ; la Bourse.

Reading-Room, s. f.; rid'-igne-roume ; *reading*, lisant ; *room*, chambre.

Regent-Street, s. f.; rì'-djen't-stritc ; *regent; street*, rue.

Regent's Park, s. m. ; ri'-djen't-ze-pârk.

Rail, s. m.; rèle ; bande de fer.

Return-ticket ; ri-teurn'-tik'-éte ; *return*, retourner; *ticket*, billet; abrégé de étiquette.

Reduced-Fares, s. m. plur.; ri-diouce'd-fêrze *; reduced*, réduit ; *fares*, prix.

Recorder, s. m.; ri-kôrd'eur ; *to record*, rapporter.

Respectability, s. f.; ris-pekt-a-bil'-i-té.

Rout, s. m. ; râoute; assemblée nombreuse.

Rubber, s. m.; reub'-eur.

Robert, s. m.; Rob'-eur't.

Rob, s. m., abréviation de Robert; Rob.

Russell-Square, s. m. ; reus'-éle-skouère; russell, roux, Leroux.

Railway, s. m.; réle'-oué ; *rail*, bande de fer ; *way*, chemin.

Standard, s. m. ; stan'd'-arde ; étendard ; étalon, type.

Sun, s. m.; seune ; soleil.

Sport, s. m.; spôrte ; jeu.

Sportsman, s. m. ; spôrts'-mane.

Stake, s. m.; stéke ; enjeu.

Stone, s. f. ; stône ; pierre ; poids de 14 livres.

Sweep-Stake, s. f.; souip'-stéke; *to sweep*, enlever tout, faire rafle.

Stud-Book, s. m.; steude-bouk ; *stud*, haras ; *book*, livre.

Stable-Boy; ste'-bl'-boï ; *stable*, écurie ; *boy*, garçon.

Selling-Stakes, s. m.; sel'-igne-stékes ; *selling*, vendant.

Stud, s. m. ; steude.

Stock-Fish, s. m.; stok'-fiche ; *stock*, provision ; *fish*, poisson ; poisson salé.

Stores, s. f.; stòre-ze ; provisions, amas.

Spoon, s. f.; spoune; cuiller.

Stand, s. m.; stan'd ; pavillon, appui, soutien.

Stew, s. m.; stiou ; cuire à l'étuvée ; ragoût.

Sample, s. m.; sam'-pl' ; échantillon.

Salt, s. m.; saulte; sel.

Saucer, s. f.; sau'-ceur.

Sandwiches, s. f.; plur., sane'-ouit-dchéze.

Spleen, s. m.; splîne; humeur noire; *spleen*, rate.

Shocking ! exclamation ; chok'-igne; *to shock*, choquer.

Stick, s. m.; stik ; bâton.

Stage, s. m. ; stédje ; théâtre, étape.

Stoff, s. m. ; steuf' ; étoffe.

Stranger's diary, s. m. ; stréné'-djeur'z-daï'a-ri ; *stranger*, étranger ; *diary*, journal.

Short-horns, s. m. plur.; chort'-horne'z; *short*, courtes ; *horns*, cornes.

Steamer, s. m. ; stîm'-eur; *steam*, vapeur.

Stop ! exclam.; stopp ; *to stop*, arrêter.

Steam-Boat, s. m. ; stîme-bôte ; *boat*, bateau.

Steam-Packet, s. m. ; stîme-pak'-ètt ; *packet*, paquet, paquebot.

Smack, s. m.; semaque.

Sloop, s. m. ; sloup.

Schooner, s. m. ; skou'-neur.

Smuggler, s. m.; smeug'-leur; *to smuggle*, frauder ; fraudeur.

St-Paul's, s. f. ; sen't-Paulze.

Stuffing-box, s. f. ; steuf'-igne-boxe ; *stuffing*, bourrant ; *box*, boîte.

Solicitor, s. m.; sô-lic'-i-teur.

Shopkeeper, s. m.; chop'-kip-eur; *shop*, boutique ; *keeper*, gardien.

Shop, s. f. ; chopp.

Speaker, s. m. ; spi'-keur; *to speak*, parler; parleur.

Stockbroker, s. m. ; stok'-bró'-keur ; *stock*, fonds publics ; *broker*, courtier.

Stockjobber, s. m. ; stok'-djob'-beur ; *jobber*, agioteur.

Sam, Sammy, s. m. ; abréviations de Samuel ; Sâme, Sam'i.

Suky, s. f. ; abréviation de Suzanne ; Seu'-ké.

Sally, s. f. ; abréviation de Sarah; Sal'-lé, Sâl'-é.

Sudiste, s. m.

Speech, s. m. ; spîtche ; discours ; *to speak*, parler.

Secession, s. f. ; si-cech'-eune.

Secessionistes, s. m. plur. ; si-cech'-eun'-istess.

Shilling, s. m. ; chil'-igne.

Six pence, s. m. plur. ; sixe-penn-ce.

Soda-water, s. f.; sô'-da-oua'-teur; *soda*, soude; *water*, eau ; eau de Seltz.

Sherry, s. m. ; cher'-ri ; Xérès.

Scotch-ale, s. f. ; skotche-éle ; *scotch*, écossais.

Stout, s. m. ; staoute ; fort.

Share, s. f.; chère ; portion, part, action ; *to share*, partager.

Shareholders, s. m. plur. ; chère-hôld'-eur'ze ; *holder*, teneur, possesseur; actionnaires.

Stock-Exchange, s. m. ; stok'-ex-tchenn'-dje; Bourse pour les fonds publics.

Stock, s. m. ; stok'.

Silver, s. m. ; sil'-veur; argent.

Steel-Pens, s. f. plur.; stîle-pen'-ze; plumes d'acier ; *steel*, acier.

Saving-Bank, s. f. ; sé-vi'gne-bann'k ; *saving*, sauvant, épargnant ; *bank*, banque.

Street, s. f. ; strîte ; rue.

Square, s. m. ; skouère ; carré, place.

Sydenham, s. m.; sy-denn-ham.

St-Giles, s. m. ; sen't-djaïl-esse ; Saint-Gilles.

Strand, s. m. ; strann'd ; rivage.

Shakspeare, s. m. ; Chék-spîre.

Sheridan, s. m. ; Cher'-i-dann.

St-Léger, s. m. ; sen't-lé-djeur.

Starting, s. m.; start'-igne ; partant.

Starting-post, s. m. ; start'-igne-pôste.

Sârah, s. f. ; sé'-ra ; Sara.

Sirloin, s. m.; seur'-loïne ; *sir*, baronnet; *loin*, aloyau.

Tandem, s. m.; tan'-demm.

Tilbury, s. m. ; til'-beur'é.

Times, s. m. plur.; taïmze; les temps.

Turf, s. m. ; teurf ; gazon, courses.

Trial-stake , s. f.; traï'-al-stéke ; *trial*, épreuve; *to try*, éprouver.

Truck, s. m. ; treuk; *waggon* à marchandises.

Tattersall, s. m. ; tat'-teur-sâle.

Trotting, s. f.; trot'-tigne; trottant.

Turfite, s. m. ; teur'-fîte.

Toast, s. m.; tôste; santé (boire à la); rôtie de pain beurrée.

Tea, s. m. ; tî ; thé.

Toast-Rack , s. m.; tôste-rack; porte-rôtie; *rack*, ratelier.

Tea-cup, s. f. ; tî-keup; *cup*, coupe; tasse à thé.

Tom-Thumb, s. m.; tom-tsheumme; *thumb*, pouce; *Tom*, Thomas; nain, Petit-Poucet.

Tory, s. m.; tô'-ri.

Tenant ; ten'-annt ; tenancier.

Three-Pence, s. m. plur. ; tshri-penn'-ce ; six sous de France.

Tunnel, s. f. ; teun'-nell ; souterrain.

To be or not To be ; tou bi or not tou bi ; *to be*, être ; *or*, ou ; *not*, non; *be*, être, ne pas être.

Tread-Mill ; tred'-mil*e*.

Trafalgar-square, s. m. ; tra-fal'-gâr'-skouère.

Trinity-House, s. f. ; trin'-i-té-haouc*e*; *Trinity*, Trinité.

Time is money ; taïme-iz meu'-né ; *time*, temps ; *is*, est ; *money*, argent.

Terminus, s. m. , teur'-mi-neuc*e*.

Trough-ticket; s. m. ; tshrou-tik'-étt ; *trough*, d'un bout à l'autre ; billet d'aller et de retour.

Tom, s. m. ; abréviation de Thomas ; Tomm.

Thomas Moore, s. m. ; Thomasc*e*-Moure.

Thackeray ; s. m. ; Tshak'-e-rai.

Tender, s. m. ; tenn'-deur ; garde, protection.

Tramway, s. m. ; tram'-oué.

Troy-Weight, s. m. ; troï-ouét*e*; kilog. 0,373,096.

Tramroad , s. m. ; tram'-rôd*e* ; chemin de fer à ornière creuse.

Ticket, s. m. tik'-ett ; billet, carte.

Tommy, s. m. ; abréviation de Thomas, Tom'-i.

Usquebaugh, s. m. ; euc*e*'-koui-bau ; scubac.

Victoria, s. f. ; Vic-tô'-ria.

Victoria-Park; vik-tô'-ri-a-pârk.

Verandah, s. f. vér'-an*e*-da.

Velvet, s. m.; vel'-vet*e* , velours.

Waggon, s. m. ; ouag'-eun*e* ; chariot, voiture de chemin de fer.

29.

Watchman, s. m. ; ouatch'-mane ; *watch*, veilleur ; *man*, omme ; veilleur de nuit.

Waiter, s. m. ; oué'-teur ; *to wait*, servir, serviteur.

Waitress, s. f. ; oué'-tresse.

Water-closet, s. m. ; ouâ'-teur-kloz'-ett ; *water*, eau ; *closet*, cabinet.

Wakefield, s. m. ; ouéke'-fildd ; *to wake*, veiller ; *field*, champ.

Waterman, s. m.; ouâ'-teur-mane ; batelier.

Will, s. m.; Willy, s. m. ; abréviations de William ; Ouil ; Oui'-li.

Wey, s. m. ; oué.

Washington, s. m.; ouâche'-igne-teun ; *wahsing*, lavant ; *ton*, ville.

Waterloo-Place, s. f. ; oua'-teur-lô-plèce.

William, s. m. ; Ouil'-iam.

Winner, s. m.; oui'-neur ; *to win*, gagner; qui gagne le prix aux courses.

Weights, s. m. plur.; ouét'-ze; *to weigh*, peser; poids.

Whist, s. m.; houiste.

Warren, s. m.; oua'-renn.

Whip, s. m.; houip ; fouet.

West-End, s. m.; ouest-enn'd ; ouest; *end*, fin.

Whigs, s. m.; houigze.

Work-House, s. f.; oueurk'-haoucé ; *work*, travail ; *house*, maison.

Warrant, s. m. ; ouar'-annt ; mandat, garantie.

Writ, s. m.; rite ; *to write*, écrire ; mandat d'arrêt, ordre.

Westminster, s. m.; Ouest'-mine'-s-teur.

Whisky, s. m. houisk'-i.

Water, s. f.; ouâ'-teur.

Wrapper, s. f.; rap'-eur ; *to wrap*, envelopper; couverture de voyage.

Wiltshire, s. m. ; ouilt'-chère.

Yacht, s. m.; yôte.

Yachting, s. m.; yô'-ti-gne.

Yankee, s. m.; yann-kîe ; *english*, anglais.

Yole, s. f. ïôle ; petit bateau.

Yard, s. m.; ïârde; mesure de trois pieds.

A, B ; é, bi.

B, D ; bi, di.

C, B ; ci, bi.

C, E ; ci, i.

D, D ; di, di.

A, M ; é, em'.

F, R, S ; éf, ar, ece.

F, R, S, G ; éf, ar, ece, dji.

F, R, G, S ; éf, ar, dji, ece.

F, R, A, S ; éf, ar, é, ece.

R, A ; ar, é.

F, R, C; éf, ar, ci.

K, G ; ké, dji.

K, H ; ké, étche.

K, C, H ; ké, ci, étche.

G ; dji.

U, B, R ; ïou, bi, ar.

V, C ; vi, ci.

L, L, D ; el, el, di.

C, L, L ; ci, el, el.

M, D ; em', di.

H, M, S ; étche, em', ece.

H, H, R, H ; étche, étche, ar, étche.
K, G, C ; ké, dji, ci.
M, P ; em', pi.
P, C ; pi, ci.
L, C ; el, ci.
Q, B ; kiou, bi.
K, B ; ké, bi.

FIN.

TABLE DES MATIÈRES

CHAPITRE VIII

FIN DE LA TABLE.

Clichy. — Imp. de Maurice Loignon et Cie, rue du Bac-d'Asnières, 12.

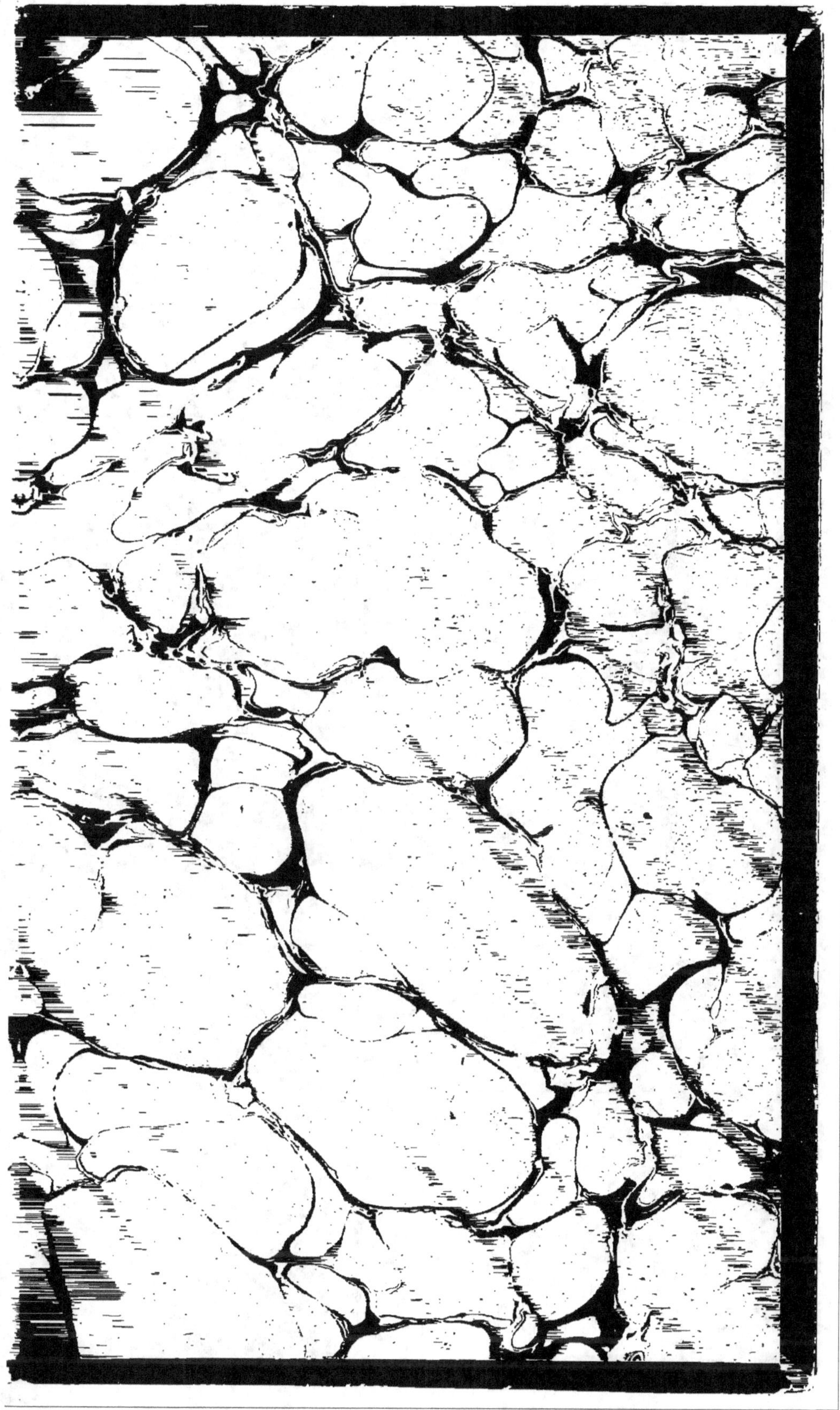